GEHEN ODER BLEIBEN?

GEHEN oder BLEIBEN?

**EIN BUCH FÜR ADVENTISTEN
DIE MIT ZWEIFELN RINGEN**

REINDER BRUINSMA

Originaltitel: *Facing Doubt – A Book for Adventist Believers 'on the Margins'*
Zweite überarbeitete Ausgabe, © 2017 Reinder Bruinsma

Übersetzung und Lektorat: Werner E. Lange
Korrektorat: Erika Schultz
Einbandgestaltung: Mervyn Hall, Alphen aan den Rijn (Niederlande)
Satz: Pre Press Buro Booij, Maarsbergen (Niederlande)
Druck: Lightning Source, La Vergne (Tennessee, USA)
Verlag: Flankó Press, London (Großbritannien)

Die Bibelzitate sind – falls nichts anderes vermerkt ist – der Bibel nach der Übersetzung Martin Luthers (revidierter Text 1984), durchgesehene Ausgabe in neuer Rechtschreibung, © 1999 Deutsche Bibelgesellschaft, Stuttgart, entnommen.

Ansonsten bedeuten:

GNB *Gute Nachricht Bibel*, revidierte Fassung, durchgesehene Ausgabe in neuer Rechtschreibung, © 2000 Deutsche Bibelgesellschaft, Stuttgart;

NLB *Neues Leben. Die Bibel,* © 2002, 2005 SCM Hänssler im SCM-Verlag GmbH & Co. KG, Holzgerlingen. Originaltitel: *Holy Bible, New Living Translation,* © 1996, 2004, 2007 Tyndale House Publishers Inc., Wheaton, Illinois, USA.

Das Werk ist einschließlich aller seiner Teile urheberrechtlich geschützt. Jede Verwertung außerhalb der engen Grenzen des Urheberrechtsgesetzes ist ohne Zustimmung des Verlages unzulässig und strafbar. Das gilt insbesondere für Vervielfältigungen, Übersetzungen, Mikroverfilmungen und die Verarbeitung in elektronischen Systemen. Alle Rechte vorbehalten.

ISBN: 978-0-9957068-0-4

Inhalt

Vorwort zur Originalausgabe ... 7
Vorwort zur zweiten Ausgabe ... 9
Kapitel 1: Gehen oder Bleiben? ... 11

TEIL I: FRAGEN – UNGEWISSHEITEN – ZWEIFEL

Kapitel 2: Das Christentum in der Krise ... 23
Kapitel 3: Neuere Entwicklungen im Adventismus ... 37
Kapitel 4: Existiert Gott und andere grundsätzliche Zweifel ... 71

TEIL II: ANTWORTEN FINDEN

Kapitel 5: Der Sprung in den Glauben ... 93
Kapitel 6: Warum wir in der Kirche bleiben sollten ... 125
Kapitel 7: Kann ich das noch glauben? ... 145
Kapitel 8: Und was ist mit diesen Lehren? ... 169
Kapitel 9: Was genau muss ich alles glauben? ... 191
Kapitel 10: Wie können wir mit Zweifeln umgehen? ... 217

Vorwort zur Originalausgabe

Dieses Buch wurde von einem Siebenten-Tags-Adventisten für Siebenten-Tags-Adventisten geschrieben. Aber es ist weder eine offizielle Veröffentlichung der Freikirche noch wird es von einem gemeinschaftseigenen Verlag herausgegeben. Tatsächlich habe ich nicht einmal versucht, es durch einen der offiziellen Kanäle der Freikirche zu veröffentlichen, obwohl in der Vergangenheit meine Bücher gewöhnlich das Impressum eines unserer adventistischen Verlage trug. Aber dieses Buch ist anders; und ich weiß, dass es für jene, die über die Annahme eines Manuskriptes durch einen adventistischen Verlag zu entscheiden haben, schwierig geworden wäre, es zur Veröffentlichung zu empfehlen, selbst wenn sie persönlich es gern gedruckt sehen mögen. Ich schätze die Gelegenheit, es durch die Flankó Press in London zu veröffentlichen.

Meine besondere Zielgruppe für dieses Buch ist ein Teil in der adventistischen Kirche, den ich hier als „Gläubige am Rande" bezeichnen werde. Ich habe speziell für jene in unserer Mitte geschrieben, die Zweifel und Sorgen haben; für jene, die sich fragen, wohin sich ihre Kirche entwickelt; für jene, die Schwierigkeiten haben, so zu glauben, wie sie es früher getan haben, und mit dem Dilemma ringen: *Soll ich die Kirche verlassen, oder soll ich bleiben?* Ich habe dieses Buch auch für jene geschrieben, die die adventistische Freikirche bereits aus verschiedenen Gründen verlassen haben. Ich hoffe, dass es von vielen in dieser Kategorie gelesen wird und zumindest einige von ihnen bewegen wird zurückzukehren.

Ich weiß, dass ich mich in diesem Buch angreifbar mache. Ich werde sehr offen über die Tatsache sprechen, dass es in meiner

Kirche allerlei Zustände gibt, die ich nicht mag; dass auch ich viele Zweifel und unbeantwortete Fragen habe; dass ich einigen Leitern unserer Kirche kritisch gegenüberstehe und ebenso bestimmten Entwicklungen, die ich sehe und in die sich anscheinend große Teile der Kirche bewegen.

Das Manuskript dieses Buches ist von einigen meiner Freunde und Kollegen gelesen worden. Sie haben viele hilfreiche Kommentare gegeben; ihre Beiträge schätze ich sehr. Wie stets hat auch meine Frau Aafje das Manuskript gelesen, viele Tippfehler eliminiert und mir geholfen, den Text in anderer Hinsicht zu verbessern.

Oberflächlich gesehen mag es den Anschein haben, dass ich sehr negativ über viele Angelegenheiten in meiner Kirche denke und pessimistisch über ihre Zukunft bin. Das wäre jedoch eine falsche Schlussfolgerung. Zwar habe ich ernste Befürchtungen bezüglich meiner Kirche, aber ich bin nicht dabei, sie aufzugeben. Ich versuche, auf lange Sicht zu denken. Ich glaube, dass gegenwärtige Wolken verschwinden können, wenn neue Winde zu wehen beginnen. Das Letzte, das ich möchte, ist, irgendeinen Leser zu entmutigen durch meine Analyse, was in der Christenheit im Allgemeinen und im Adventismus im Besonderen geschieht. Ich wäre am Boden zerstört, falls mein Buch Menschen vom Glauben und von ihrer Kirche wegtreiben würde. Im Gegenteil hoffe ich von ganzem Herzen, dass es vielen Lesern helfen wird, einen neuen „Sprung des Glaubens" zu wagen und sich dann mit ihrer Gemeinde (wieder) zu verbinden.

Ich habe dieses Buch geschrieben, weil ich um alle jene tief besorgt bin, die am Rande gelandet sind. Ich hege nicht die Illusion, dass das Lesen dieses Buches alle Zweifel plötzlich verschwinden lassen wird. Aber ich hoffe – und bete dafür –, dass es den Lesern und Leserinnen helfen wird, Prioritäten in ihrer Glaubenserfahrung zu setzen, ihre Verbindungen mit ihrer Gemeinde zu erneuern oder zu stärken, und es zu wagen, in kreativer Weise mit ihren Unsicherheiten und Zweifeln zu leben.

Zeewolde (Niederlande)
im Sommer 2016

Vorwort zur zweiten Ausgabe

Einige Leser der ersten englischen Ausgabe dieses Buches sind sehr kritisch gewesen; manche haben sogar gemeint, dass ich mich nicht länger als Adventist bezeichnen oder zumindest meine Beglaubigung als Pastor dieser Kirche zurückgeben sollte. Aber das Buch ist auch auf viel Interesse gestoßen und hat seitens vieler Leser Dankbarkeit und sogar Enthusiasmus hervorgerufen. Viele von denen, die am Rande der Kirche stehen, haben mir geschrieben oder mich auf andere Weise wissen lassen, dass sie ihre eigene Situation in dem Gelesenen entdeckt haben und dankbar sind, dass ich so offen die Anliegen erörtert habe, mit denen sie ringen. Viele haben geäußert, dass ihnen das Lesen dieses Buches geholfen hat; und einige haben mir erzählt, dass es sie tatsächlich bewogen hat, sich wieder mit ihrer Gemeinde zu verbinden.

Dieses Buch ist inzwischen in verschiedene Sprachen übersetzt worden, und weitere Übersetzungen sind in Vorbereitung. Reaktionen aus aller Welt zeigen mir, dass es ein Bedürfnis füllt und ich mich durch seine Veröffentlichung auf einen Dienst eingelassen habe, der für viele ein Segen ist.

Diese zweite Ausgabe, die auch die Grundlage für die deutsche Übersetzung ist, hat sehr von der kritischen Durchsicht und der fachkundigen Beratung Werner Langes profitiert, dem früheren Buchlektor des deutschen Advent-Verlages. Seine vielen Vorschläge haben mich überzeugt, dass einige wesentliche Verbesserungen in der Art und Weise, wie dieses Buch strukturiert ist und wie die Argumente präsentiert werden, vorgenommen werden sollten. Sein Angebot, die deutsche Übersetzung zu besorgen, habe ich dankbar angenommen. Mein Dank gilt auch

Erika Schultz, die die Übersetzung Korrektur gelesen hat, und dem Vorstand des Adventistischen Wissenschaftlichen Arbeitskreises (AWA), der die Verbreitung der deutschen Ausgabe unterstützt.

Ich hoffe, dass *GEHEN oder BLEIBEN?* ähnlich wie die englische Ausgabe ihren Weg zu vielen Deutsch sprechenden adventistischen Mitgläubigen findet, die am Rande ihrer Gemeinde stehen. Und für all ihre folgenden Bemühungen, andere Adventisten auf dieses Buch aufmerksam zu machen, werde ich sehr dankbar sein.

Zeewolde
im Sommer 2017

KAPITEL 1

Gehen oder Bleiben?

Zur Zeit der Abfassung dieses Buches bin ich seit fast zehn Jahren im Ruhestand; aber bis jetzt bin ich ziemlich aktiv geblieben. Ich predige weiterhin in Adventgemeinden in verschiedenen Teilen der Niederlande, in denen ich lebe, und regelmäßig auch darüber hinaus. Ich halte weiterhin Lehrvorträge in verschiedenen Ländern und nehme an vielen Veranstaltungen der Kirche teil. Und ich schreibe auch weiterhin, wodurch ich Reaktionen von nah und fern erhalte. Mein wöchentlicher Blog[1] wird von Tausenden in aller Welt gelesen. Insbesondere er hat vielen bewusstgemacht, dass ich dazu neige, sehr offen in dem zu sein, was ich über meine Kirche und meinen Glauben äußere.

Manchmal sagen Gemeindeglieder zu mir: „Jetzt, da du pensioniert bist, kannst du natürlich offener sein und Dinge sagen, die du nicht sagen konntest, als du noch im Dienst warst." Das mag zum Teil wahr sein, aber jene, die mich gut kennen, können bestätigen, dass ich mein ganzes Leben lang immer sehr freimütig geredet und niemals versucht habe zu verbergen, was ich denke und wer ich bin. Das bedeutet nicht, dass ich es immer für richtig hielt zu sagen, was ich denke – zu jeder Zeit, überall und jedem gegenüber. Aufrichtigkeit ist nicht gleichbedeutend mit Torheit. Ich habe stets versucht, mir selbst treu zu bleiben, aber auch verantwortungsbewusst zu reden und zu handeln.

Dass mir heute mehr als in der Vergangenheit viele Adventisten von ihrer Besorgnis über gegenwärtige Entwicklungen in unserer

---

1. www.reinderbruinsma.com.

Kirche erzählen und ihre Zweifel über ihren Glauben und über spezielle adventistische Lehren ausdrücken, ist zum Teil damit zu erklären, dass sie meine Bereitschaft bemerkt haben, ihnen zuzuhören, ohne sie zu beurteilen, und sie spüren, dass wir Seelenverwandte sind mit ähnlichen Zweifeln und Sorgen. Aber ich glaube nicht, dass dies der einzige oder der wichtigste Grund dafür ist. Wir müssen der Tatsache ins Auge sehen, dass die Zahl der Gemeindeglieder stetig wächst, die Schwierigkeiten haben, die gegenwärtigen Entwicklungen in ihrer Kirche zu akzeptieren; die den Eindruck haben, dass sie nicht länger alles unterschreiben können, was ihnen einst als „die Wahrheit" gelehrt wurde; und die in vielem, was in den Gemeinden geschieht, keine Relevanz mehr erkennen.

Es ist verlockend, im Detail einige der Geschichten zu berichten, die mir Adventisten in der jüngeren Vergangenheit erzählt haben; aber ich will ihr Vertrauen in mich nicht missbrauchen. Ich möchte, dass sie dieses Buch lesen, aber nicht, dass sie sich in dem wiedererkennen, was sie lesen, oder befürchten müssen, dass andere sie erkennen. Die adventistische Familie mag ziemlich groß sein, aber zugleich ist sie auch überraschend klein. Ich bin immer wieder erstaunt, wie viele Gemeindeglieder einander kennen und wie leicht Geschichten verbreitet werden, insbesondere in diesem Zeitalter der sozialen Medien.

Viele von denen, die mit mir gesprochen haben, mir E-Mails oder Botschaften über Facebook gesandt haben, haben mir berichtet, dass sie durch eine Glaubenskrise gehen und nicht länger an Gott glauben können oder zumindest an viele Dinge, die ihnen über ihn erzählt wurden. Viele von denen, die über das, was in unserer Kirchenorganisation geschieht, gut informiert sind und die Ansichten einiger der obersten Leiter kennen, haben ihren Respekt vor den höheren Rängen unserer Kirche verloren. Andere fragen sich offen, ob sie in einer Kirche bleiben wollen, von der sie den Eindruck haben, dass sie zunehmend konservativer und fundamentalistischer wird. Konkrete Anliegen wie die Rolle der Frau in unserer Kirche und die Haltung der Kirche gegenüber Homosexuellen und Lesben sind wahre Stolpersteine für viele Gemeindeglieder in der westlichen Welt – und nicht nur dort! In diesem Buch werde ich darlegen, dass sich die Kirche der Siebenten-Tags-Adventisten in einer Krise größeren Ausmaßes befindet. Und ich werde nicht schweigen über die Zustände und Entwicklungen, die mich in meiner Kirche beunruhigen, und über die Zweifel, von denen mir nicht nur andere berichten, sondern die auch meinen eigenen Glauben betreffen.

GEHEN ODER BLEIBEN?

Wir können nicht erörtern, was in der adventistischen Kirche geschieht, ohne zugleich zu betrachten, was in der christlichen Welt im Allgemeinen passiert. Unsere Kirche existiert nicht isoliert von der übrigen christlichen Welt, sondern hat Teil an vielen der Trends, die wir dort finden. Wir müssen die unleugbare Tatsache akzeptieren, dass in der heutigen Situation die christlichen Kirchen nicht gut dastehen. Im nächsten Kapitel werde ich näher darauf eingehen, bevor ich im dritten Kapitel den Fokus auf die adventistische Kirche lege.

Trotz allem, was in ihrer Kirche geschieht, sind viele Christen immer noch zufrieden mit ihr. Ihre Glaubensgemeinschaft ist und bleibt ein wichtiger Teil dessen, wer sie sind und sein wollen. Sie sind weiterhin aktiv in ihrer Ortsgemeinde und investieren große Mengen ihrer Zeit und Kraft in deren Leben und Betrieb. Sie unterstützen deren Aktivitäten großzügig und ebenso missionarische und humanitäre Projekte in aller Welt. Sie besuchen die Gottesdienste – oftmals mehr als nur einmal in der Woche. Sie lesen ihre Bibel treu und regelmäßig, kaufen religiöse Bücher und DVDs, sehen sich religiöse Programme im Fernsehen an und hören christliche Musik. Sie reden mit anderen über ihren Glauben und laden Leute zu speziellen Gemeindeveranstaltungen ein. *Sie können sich einfach ein Leben ohne ihre Kirche nicht vorstellen.*

Sie müssen nicht überzeugt werden, in ihrer Kirche zu bleiben. Sie bleiben nicht, weil es ihnen an der Initiative oder Vorstellungskraft mangelt, andere Optionen in Betracht zu ziehen. *Sie bleiben, weil sie bleiben wollen!*

Es gibt jedoch eine stetig wachsende Anzahl von Christen, die sich entschieden haben, ihre Kirche zu verlassen. Die meisten Konfessionen berichten von einer ständigen Abwanderung ihrer Mitglieder – von Männern und Frauen, die sich so weit wegbewegt haben, dass sie nicht mehr als Gemeindemitglieder im eigentlichen Sinne des Wortes angesehen werden können. Kirchenadministratoren in vielen Ländern berichten von wachsenden Zahlen von Leuten, die die Streichung ihres Namens aus dem Kirchenbuch verlangen. Einige verlassen ihre Gemeinde wegen irgendeines bitteren Konfliktes, der ungelöst geblieben ist. Einige versäumen es einfach, sich wieder einer Ortsgemeinde anzuschließen, wenn sie in eine andere Stadt oder einen anderen Stadtteil gezogen sind oder nachdem sie einen Bruch ihrer Ehe oder eine andere persönliche Krise erlebt haben.

Es gibt tatsächlich viele verschiedene Gründe, weshalb Menschen ihre Kirche durch die Hintertür verlassen. Es mag ein Punkt kommen, an dem ein spezielles Ereignis ihre Entscheidung fördert, aber häufig ist es das Ende eines langen Prozesses. Einige fragen sich mehr und mehr, ob eine bestimmte Lehre ihrer Kirche eine biblische Basis hat. Häufig fühlen sie sich unwohl über Ereignisse in ihrer Ortsgemeinde oder sind zunehmend unzufrieden mit einigen Entwicklungen oder Entscheidungen ihrer Kirche – oder beides zugleich. Viele haben den Eindruck, dass die Predigten in ihrer Gemeinde nicht mehr für ihr tägliches Leben relevant sind, oder finden, dass die Erwartungen ihrer Kirche an ihren Lebensstil zu sehr Vorschriften gleichen oder unrealistisch sind. Andere kommen einfach mit einigen der einflussreichen Leute in ihrer Gemeinde nicht aus. Wieder andere haben allmählich begonnen, die Bibel in einer Weise zu interpretieren, die sich von dem unterscheidet, was offiziell als die korrekte Herangehensweise zur Heiligen Schrift angesehen wird. Und einige stellen sogar die grundlegenden Elemente des christlichen Glaubens infrage.

Eine große Umfrage, die vom Office of Archives and Statistics der Kirche der Siebenten-Tags-Adventisten 2012 durchgeführt wurde, bestätigt, dass Gemeindeglieder unsere Kirche aus sehr unterschiedlichen Gründen verlassen. Gemäß dieser Umfrage liegen viele Gründe im sozialen Bereich, wobei „vermeintliche Heuchelei bei anderen Gemeindegliedern" die Liste anführt. Eine bedeutende Anzahl erwähnte jedoch auch Zweifel als den Hauptauslöser für ihren Austritt aus der Kirche: „anhaltende Zweifel" an adventistischen Lehren, an der Wahrheit des Christentums und sogar Zweifel an der Existenz Gottes.[1]

So interessant – und alarmierend – das Ergebnis dieser Untersuchung auch sein mag, hat es dennoch eine begrenzte Nützlichkeit für unseren beabsichtigten Zweck. Diese Umfrage war nicht auf die westliche Welt beschränkt, aber ihr wird unser hauptsächliches Augenmerk gelten. Darüber hinaus hatten die Befragten bereits die Kirche verlassen, während dieses Buch sich in erster Linie an jene wendet, die das noch nicht getan haben und noch darüber nachdenken, ob sie die Kirche verlassen oder bleiben wollen. Dennoch ist es aufschlussreich zu sehen, inwiefern Zweifel über den Inhalt des Glaubens eine wichtige Rolle in vielen Fällen des Verlassens unserer Kirche spielen.

Anscheinend hat die adventistische Weltkirchenleitung erst kürzlich die Größe des Problems der Abwanderung aus den Gemeinden wahrgenommen und erkannt, dass die Verbleibquote neuer Mitglieder ziemlich miserabel ist. Dr. David Trim, der Direktor des Office of Archives and Statistics (die bereits weiter oben erwähnte Institution), berichtete, dass von 100 getauften Gemeindegliedern 43 innerhalb weniger Jahre die Adventgemeinde wieder verlassen. Er gab auch bekannt, dass in den vergangenen Jahren die adventistische Kirche ihre Gemeindelisten „bereinigen" und zwischen 2002 und 2012 fast sechs Millionen Mitglieder streichen musste, weil diese einfach nicht mehr da waren (und dies schloss keine Todesfälle ein). Von 1965 bis Ende 2014 wurden etwa 33 Millionen Menschen getauft und wurden adventistische Gemeindeglieder. Im gleichen Zeitraum haben 13 Millionen die Gemeinde wieder verlassen.[2] Diese traurigen Zahlen schließen nicht die Hunderttausende junge Leute ein, die in der Gemeinde aufgewachsen sind, aber sich nicht zur Taufe entschieden haben und sich eher früher als später

---

1. https://www.adventistarchives.org/why-did-they-leave.pdf.
2. https://news.adventist.org/en/all-news/news/go/2015-10-13/church-accounts-for-lost-members/.

einfach davongemacht haben. Viele Eltern, die ihren Glauben und ihre Gemeindezugehörigkeit immer noch wichtig finden, müssen die – oft traumatische – Erfahrung machen, dass ihre Kinder einen anderen Weg wählen. In den großen Kirchen evangelischer Prägung in den Vereinigten Staaten von Amerika bleiben lediglich 37 Prozent der jungen Leute in ihrer Kirche.[1] Roger L. Dudley, ein adventistischer Forscher, fand in einer zehnjährigen Studie in den USA, die im Jahr 2000 veröffentlicht wurde, heraus, dass zwischen 40 und 50 Prozent der jungen Adventisten ihre Gemeinde verlassen, bevor sie die mittzwanziger Jahre erreicht haben.[2] Zweifellos würde eine ähnliche Studie heutzutage – über 17 Jahre später – ein noch weniger ermutigendes Bild zeigen.

Damit will ich nicht andeuten, dass das Verlassen der Gemeinde eine Angelegenheit ist, die hauptsächlich junge Leute oder kürzlich Bekehrte betrifft. Gemeindeglieder aus allen Altersgruppen verlassen unsere Kirche, die als Gemeindeleiter oder in anderen Funktionen ihrer Gemeinde gedient haben, und selbst pensionierte Pastoren – manchmal nach einer Jahrzehnte langen Gemeindemitgliedschaft.

GEMEINDEGLIEDER AM RANDE

Bleiben oder Gehen? Für viele ist dies kein Dilemma (mehr). Die einen bleiben, weil sie in ihrer Gemeinde glücklich sind und sich erfüllt fühlen. Andere verlassen die Gemeinde, weil sie ihnen nicht mehr wichtig ist oder tatsächlich zu etwas Negativem in ihrem Leben geworden ist. Für viele andere ist die Situation jedoch unklar. Man könnte sie als Gläubige *am Rande* der Gemeinden bezeichnen. Sie stehen an der Seitenlinie. Viele halten sich an der Hintertür auf. Sie sind noch drinnen, aber fragen sich, wie lange noch. Oder sie sind gerade draußen, wissen aber immer noch genau, was in der Kirche passiert, und fragen sich, ob sie vielleicht zu irgendeiner zukünftigen Zeit sich wieder hineinbegeben und

---

1. http://edition.cnn.com/2015/05/12/living/pew-religion-study/.
2. Roger L. Dudley, *Why Our Teenagers Leave the Church*, Review and Herald, Hagerstown (Maryland) 2000, S. 60.

erneut aktive Gemeindeglieder werden oder still irgendwo hinten im Gemeindesaal sitzen sollen.

Viele erwägen zu gehen, aber zögern, alle Verbindungen mit ihrer Gemeinde zu kappen. Sie fragen sich, ob etwas mit ihnen verkehrt ist. Was hat sie auf den Weg des Zweifelns geführt und veranlasst, sich allmählich von ihr zu lösen? Viele haben die meisten ihrer Freunde und oftmals auch einige ihrer Verwandten in der Kirche. Sie befürchten, dass ihr soziales Leben erheblichen Schaden nehmen wird, wenn sie die Gemeinde verlassen. Wird das ihre Beziehungen zu Familienmitgliedern verkomplizieren oder bedeuten, lebenslange Freunde zu verlieren – oder noch Schlimmeres? Ist es das wirklich wert, dieses Risiko einzugehen?

IST DIES EIN BUCH FÜR DICH?

Ich bin ein Mitglied der Kirche der Siebenten-Tags-Adventisten und mein ganzes berufliches Leben lang ein Pastor. Ich möchte es geradeheraus sagen: Mein Bestreben ist, dass dieses Buch positiv ist. Es schmerzt mich – mehr als ich beschreiben kann – zu sehen, dass Menschen in meiner Umgebung unsere Kirche verlassen. Sicher bin ich auch selbst sehr besorgt über manche Entwicklungen in meiner Kirche; aber als ein Mitgläubiger und als Pastor und als jemand, der sein Leben dem Dienst dieser Kirche gewidmet hat, möchte ich alles tun, was ich kann, um anderen zu helfen, die mit Zweifeln und Ungewissheiten ringen.

Die Probleme, mit denen die adventistische Kirche ringt, und die Herausforderungen, vor denen viele Gemeindeglieder stehen, sind nicht einzigartig für Adventisten. In der einen oder anderen Form sind sie auch in anderen Kirchen verbreitet; aber in diesem Buch spreche ich hauptsächlich Menschen in den Adventgemeinden an. Aber meine Zielgruppe sind nicht sie alle. Mein Ziel besteht nicht darin, jenen Menschen Unterstützung zu bieten, die fest in der Kirche verankert sind. Ich hoffe, dass diese Gruppe einige der anderen Bücher und Artikel liest, die ich von Zeit zu Zeit schreibe, und sich in ihrem Glauben gestärkt fühlt, wenn ich in ihrer Gemeinde predige. Dieses Buch ist nicht in erster Linie für sie gedacht, obwohl ich hoffe, dass viele es sich besorgen werden – und wenn auch nur deshalb, um es einem

Verwandten oder Freund weiterzugeben, der vom Lesen profitieren könnte.

Dieses Buch ist auch nicht in erster Linie für jene gedacht, die ihre Gemeinde vor langer Zeit verlassen haben und in ihrem Leben keine Verwendung mehr für die Kirche haben – sei es die adventistische oder eine andere Kirche. Freilich, falls es jemand aus dieser Kategorie liest und etwas Hilfreiches darin findet, wäre es umso besser. Aber dieses Buch ist nicht in erster Linie mit ihnen im Sinn geschrieben. Und im Übrigen weiß ich auch nicht, wie ich sie erreichen soll.

Ich wende mich speziell an jene, die sich unsicher sind, ob sie bleiben oder gehen sollen – jene, die daran zweifeln, ob ihre Kirche ihnen noch etwas zu bieten hat. Dieses Buch ist für jene gedacht, die ernsthafte Zweifel an wichtigen Aspekten des Glaubens haben, mit dem sie aufgewachsen sind oder den sie gelehrt bekommen haben und den sie einst als „die Wahrheit" angenommen haben; für jene, die große Schwierigkeiten haben, bestimmte Entwicklungen in unserer Kirche zu akzeptieren; und für all jene, die den Eindruck haben, dass sie die Adventgemeinde nicht länger als ihre wahre geistliche Heimat ansehen können.

Ich behaupte nicht, alle Antworten auf die Fragen zu haben, die Gemeindeglieder in dieser Kategorie stellen. Ich habe keine sofort wirksamen Rezepte, um alle Zweifel und Unsicherheiten zu beseitigen. Ich kann und will nicht alle Entscheidungen, Pläne und Projekte unserer Kirche verteidigen. Einige Male war ich selbst versucht, mich zur Hintertür der Kirche zu begeben. Ich stimme mit einigen Aspekten der traditionellen adventistischen Theologie nicht überein, und ich weigere mich, die Bibel in der wortwörtlichen (und oftmals fundamentalistischen) Weise zu lesen, die in dieser Zeit populär zu sein scheint. Deshalb stelle ich hiermit kein Handbuch mit einfachen Antworten zur Verfügung, das dir sagt, wie du alle deine Zweifel loswerden kannst, und in wenigen Augenblicken dein Vertrauen in die Kirche der Siebenten-Tags-Adventisten und in all die Personen, die sie leiten und in ihr wirken, wiederherstellen wird.

Ich möchte es noch einmal wiederholen: Ich werde versuchen, mit mir selbst und mit dir als Leser völlig aufrichtig zu sein.

Ich hoffe, dass das Lesen dieses Buches eine bedeutungsvolle und bereichernde Erfahrung für dich sein wird. *Ich für meinen Teil möchte in meiner Kirche bleiben.* Und was mir noch wichtiger ist: *Ich möchte meinen Glauben nicht verlieren.*

Als ich darüber nachdachte, ob ich dieses Buch schreiben sollte, erzählte mir jemand von einem Buch, das kürzlich in Australien erschienen ist. Im adventistischen Buchladen in Melbourne kaufte ich ein Exemplar, als ich dort zu Besuch war. Ich las es mit großem Interesse, umso mehr, als es viele meiner eigenen Gedanken und Empfindungen wiedergab. Es trägt den Titel *Why I Try to Believe* und wurde von Nathan Brown geschrieben, dem Leiter des adventistischen Verlages in Australien.[1] Ich hatte das Vergnügen, mit dem Autor ungefähr eine Woche, nachdem ich sein Buch durchgelesen hatte, gemeinsam zu essen. Es war sehr interessant, über unsere jeweilige geistliche Reise zu sprechen.

Ryan Bell, ein früherer Pastor der Adventgemeinde in Hollywood (USA), der sich entschieden hatte, ein Jahr lang als Atheist zu leben, schrieb das Vorwort für Nathan Browns Buch. Bell wusste nicht, wohin ihn sein Atheismusprojekt führen oder wie es ihn verändern würde. Offensichtlich war es nicht etwas, über das er an einem Tag nachgedacht und es am nächsten Tag begonnen hat. Ich kenne nur Bruchstücke von seiner persönlichen Geschichte, aus Bemerkungen von Leuten, die ihn kennen, und indem ich seine Berichte auf Facebook gelesen habe; aber ich vermute, dass seine Entscheidung dazu der Höhepunkt eines langen und schmerzhaften Prozesses war. Nun sind einige Jahre vergangen, seitdem Bell sein Experiment begann. Es ist offensichtlich, dass er sein Experiment mit dem Atheismus nicht nach zwölf Monaten beendet hat. Soweit ich aus der Entfernung in Erfahrung bringen konnte, lebt er weiterhin als Atheist.

Nathan Brown und Ryan Bell sind seit vielen Jahren befreundet. Nathan gesteht ein, dass er viele Zweifel hat, aber er hat absichtlich einen anderen Weg gewählt als sein Freund Ryan.

---

1. Nathan Brown, *Why I Try to Believe: An Experiment in Faith, Life and Stubborn Hope*, Signs Publishing, Warburton (Australien) 2015.

Er möchte seinen Glauben nicht aufgeben, sondern will versuchen zu glauben trotz vieler Zweifel und Unsicherheiten; und er hofft, dass seine Offenheit und Aufrichtigkeit seine Leser anregen wird, dem Glauben in ihrem Leben eine neue Chance zu geben. Ich habe persönlich vom Lesen seines Buches profitiert. Zwar schreibe ich aus einem anderen Blickwinkel, aber in der selben Hoffnung.

Ich weiß nicht, was mein Buch bei jenen bewirken wird, die es lesen. Wird es zumindest einige überzeugen, dass Gott für sie weiterhin Bedeutung hat, das Lesen seines Wortes sie inspirieren und ihr Glaube – auch wenn er manchmal schwach und schwankend ist – ihnen inneren Frieden bringen kann? Wird es zumindest einigen helfen, in ihrem Versuch zu glauben beharrlich weiterzumachen? Können wir gemeinsam einige Wege erkunden, um kreativ und hoffnungsvoll mit unseren Zweifeln und Fragen zu leben? Wird es einigen Lesern helfen, auf eine neue und sinnvolle Weise eine Beziehung zu ihrer Gemeinde herzustellen trotz mancher Momente, in denen vieles, was dort geschieht, irrelevant oder sogar falsch erscheint? Ich hoffe, dass mein Buch das bewirken wird. Und ich fühle mich bereits – nachdem die englische Ausgabe dieses Buches seit fast einem Jahr auf dem Markt ist – sehr belohnt. Offensichtlich hat mein Werk einige positive Auswirkungen. Darüber hinaus ist dieses Buchprojekt für meine eigene Seele gut gewesen. Denn ich selbst gehöre genauso zur Zielgruppe dieses Buches wie die Gemeindeglieder, die ich eben beschrieben habe.

TEIL 1

Fragen - Ungewissheiten - Zweifel

KAPITEL 2

Das Christentum in der Krise

Während eines Teils meiner Kindheit lebte meine Familie in einem Ort etwa 35 Kilometer nördlich von Amsterdam. Die Einwohner – weniger als 1000 Leute – waren alle Weiße und – soweit ich weiß – alle Niederländer. Die meisten würden sich selbst als religiös bezeichnet haben. Jene, die keiner Kirche angehörten, waren die Ausnahme und passten nicht recht in das soziale Gefüge. Etwa 60 Prozent der Einwohner waren reformiert, etwa 40 Prozent katholisch. Die Katholiken lebten vorwiegend in einem Teil des Ortes. Die Reformierten gehörten entweder der Niederländisch-reformierten Kirche oder der Christlich-reformierten Kirche an. Die einzigen Ausnahmen waren eine ältere Dame, die zu den Zeugen Jehovas übergetreten war, und meine Familie. Wir waren Siebenten-Tags-Adventisten. Die Leute wussten, dass wir in irgendeiner Art evangelisch waren, mehr oder weniger wie die Christlich-Reformierten. Sie hatten natürlich bemerkt, dass wir aus irgendeinem merkwürdigen Grund in einer benachbarten Kleinstadt samstags statt sonntags in die Kirche gingen. Wie viele kleinere Orte in den Niederlanden war auch unsere Ortschaft religiös gespalten. Kinder aus reformierten Familien spielten nicht mit denen aus katholischen. Die Katholiken gingen zu Geschäften, die von anderen Katholiken geführt wurden. Und so weiter.

Ich weiß, dass in größeren Städten meines Heimatlandes die Situation etwas anders war; aber im großen Ganzen war in diesen noch nicht lange vergangenen Zeiten, als ich jung war, das soziale Leben viel einfacher und transparenter als heutzutage. Einerseits war die Gesellschaft viel homogener. Es gab wenige Leute mit fremder Abstammung, und sie waren sehr verstreut. Mein Heimatland war christlich, abgesehen von einigen Juden, die den Holocaust überlebt hatten, und ein geringer Prozentsatz von „Ungläubigen". Moscheen und Hindu-Tempel waren praktisch unbekannt, und dunkelhäutige Leute waren die Ausnahme. Über 40 Prozent der Niederländer waren Katholiken; die übrigen gehörten ungefähr einem halben Dutzend reformierten Glaubensgemeinschaften an.

Das ist erst 50 oder 60 Jahre her. In der Zwischenzeit hat sich das Bild dramatisch verändert. Nach mehreren Einwanderungswellen sind die Niederlande eine extrem vielfältige Nation. Heutzutage haben mindestens 19 Prozent der Einwohner keine europäische Herkunft, und viele haben spanische, portugiesische, griechische, ungarische oder andere Wurzeln. Nur noch 23 Prozent der Bevölkerung gehören der römisch-katholischen Kirche an, und lediglich 15 Prozent einer der reformierten oder protestantischen Kirchen – wobei die meisten sich in ihrer Kirche selten sehen lassen (nur 4,1 % der Katholiken besuchten 2010 wenigstens einmal im Monat einen Gottesdienst).[1] Heutzutage sind etwa sechs Prozent der Einwohner Muslime. Neben Moscheen und einigen Synagogen gibt es in den Großstädten auch buddhistische Tempel und Versammlungsstätten für allerlei andere nichtchristliche Religionen. Mindestens 40 Prozent der Einwohner fühlen sich keiner Glaubensgemeinschaft zugehörig.

DIE WESTLICHE WELT HAT SICH VERÄNDERT

Was in den Niederlanden geschehen ist, hat sich auch in vielen anderen Teilen der westlichen Welt ereignet. Die großen Städte in Westeuropa, den Vereinigten Staaten, Kanada und Australien sind völlig kosmopolitisch geworden, und in den meisten von ihnen ist ein wesentlicher Prozentsatz der Bevölkerung fremdländisch geboren.

---

1. https://wiki2.org/en/Roman_catholicism_in_the_Netherlands.

Die religiöse Szene hat sich in der westlichen Welt ebenfalls dramatisch verändert. Obwohl in den beiden letzten Jahrhunderten Christen sehr aktiv darin gewesen sind, die christliche Botschaft in alle Welt zu bringen, und Hunderte Millionen Menschen Christus angenommen haben, hat sich der prozentuale Anteil der Christen an der Weltbevölkerung nicht wesentlich erhöht. Verlässliche Statistiken besagen, dass im Jahr 1900 ungefähr ein Drittel aller Bewohner der Erde sich als Christen betrachteten; am Beginn des gegenwärtigen Jahrhunderts ist der Anteil immer noch derselbe.[1]

Aber obwohl der globale Prozentsatz der Christen während der letzten Generationen stabil geblieben ist, hat das Christentum in der westlichen Welt (heute oft als der Norden bezeichnet) deutlich an Stärke verloren im Gegensatz zu der sogenannten sich entwickelnden Welt, die heute allgemein als der Süden bezeichnet wird. Eine der wichtigen Entwicklungen in der jüngeren christlichen Geschichte ist die Verlagerung der Präsenz und des Einflusses des Christentums vom Norden in den Süden. Gemäß Philip Jenkins, einer Autorität in den Entwicklungen der gegenwärtigen religiösen Welt, ist die Bewegung des Christentums vom Norden in den Süden ein wahrhaft globales Phänomen. Trotz des enormen Bevölkerungswachstums hat sich die Anzahl der Christen im Norden zwischen 1910 und 2010 nur wenig verändert – von 502 auf 509 Millionen. Dies steht im Gegensatz zur Christenheit im Süden. Die beste Schätzung für die Anzahl der Christen auf der Südhalbkugel sind im Jahr 1910 856 Millionen, während ein Jahrhundert später ihre Anzahl auf 1,3 Milliarden gestiegen ist.[2]

Römisch-katholische Experten schätzen, dass im Jahr 2025 die Gesamtzahl der Katholiken in Nordamerika und Europa ungefähr dieselbe sein wird, wie sie es im Jahr 2000 gewesen ist. In Afrika

---

1. Einige spezialisierte Institutionen sammeln solche Daten. Eine gute, jährlich aktualisierte Quelle ist das *International Bulletin of Missionary Research*.
2. Philip Jenkins, *The Next Christendom: The Coming of Global Christianity*, Oxford University Press, New York 2011.

wird jedoch ein Anwachsen der Katholiken in diesen 25 Jahren von 120 auf 228 Millionen erwartet, in Lateinamerika von 461 auf 606 Millionen und in Asien von 110 auf 160 Millionen![1]

Ähnliche Entwicklungen finden sich auch in der Kirche der Siebenten-Tags-Adventisten. Seit 1980 hat sich die Mitgliederzahl in Nordamerika verdoppelt, während sie in Europa um etwa 30 Prozent gestiegen ist – wobei dieses Wachstum vielfach auf Immigration beruht. Aber in der gleichen Zeitperiode ist die Mitgliederzahl in Mittelamerika von 646 000 auf mehr als 3,5 Millionen gestiegen. Eine erstaunliche Wachstumsrate gab es auch in Südamerika und eine noch größere in Afrika, wo die Mitgliederzahlen über fünf bzw. zehn Mal so hoch sind wie 1980.[2]

Noch bedeutsamer sind die Statistiken über die Anzahl der Christen in den USA und Europa, die die Gottesdienste ihrer Kirche auch besuchen. Es ist sehr schwierig, verlässliche Zahlen zu erhalten. Viele Kirchen sind sehr zögerlich, diese Art der Information weiterzugeben, während viele Kirchenmitglieder dazu neigen, die Anzahl ihrer Gottesdienstbesuche zu hoch anzugeben. Aber die Zahlen, die man finden kann, sind ziemlich alarmierend. Einige Beispiele müssen genügen, doch sie illustrieren, was passiert. Während einige Umfragen in den USA berichten, dass etwa 40 Prozent der Bevölkerung regelmäßig eine Kirche besuchen, zeigen andere Berichte, dass der Prozentsatz weniger als die Hälfte beträgt.[3] In Polen – eines der religiösesten Länder in Europa – ist die Anzahl der Katholiken, die regelmäßig die Messe besuchen, von 53 Prozent 1987 auf weniger als 40 Prozent gegenwärtig gesunken.[4] Mit etwa 2,5 Prozent der Bevölkerung, die mehr oder minder regelmäßig ihre Kirche besuchen, hat Dänemark den niedrigsten Prozentsatz von

---

1. http://www.stjohnadulted.org/WorldChristianity1.PDF
2. Die Zahlen stammen aus den jährlichen Statistiken des Office of Archives and Statistics unserer Kirche (www.adventistarchives.org).
3. http://www.churchleaders.com/pastors/pastor-articles/139575-7-startling-facts-an-up-close-look-at-church-attendance-in-america.html.
4. http://worldnews.nbcnews.com/_news/2013/03/05/17184588.

Gottesdienstbesuchern in Europa; aber in den anderen skandinavischen Ländern ist der Prozentsatz auch nicht viel höher.[1]

Die Situation in Deutschland möchte ich hier differenzierter schildern. Während sich die Anzahl der Katholiken in den letzten 25 Jahren um etwa 17 Prozent verringert hat (2015 23,8 Millionen, 29 % der Bevölkerung),[2] ist während dieser Zeit die Zahl der Gottesdienstbesucher von 6,2 Millionen (21 %) auf 2,5 Millionen (10,5 %) zurückgegangen. 1965 betrug der Gottesdienstbesuch sogar noch 41 Prozent.[3] Die Anzahl der evangelischen Kirchenmitglieder in Deutschland ist seit der Wiedervereinigung 1990 um 24 Prozent auf 22,3 Millionen im Jahr 2015 gesunken; der Gottesdienstbesuch betrug im Jahr 2014 an einem „normalen" Sonntag (Invokavit) laut Zählung nur 761 300 Personen (3,5 %).[4]

Zudem ist die Anzahl der Menschen in der westlichen Welt, die offen bekennen, dass sie Atheisten oder Agnostiker sind, rapide gestiegen. Das Gallup-Institut führte 2012 eine internationale Umfrage durch und fand heraus, dass in 57 Ländern nicht weniger als 30 Prozent der Befragten sagten, dass sie „überzeugte Atheisten" seien. Ein ähnlicher Prozentsatz ergab sich aus einer Umfrage in 65 Ländern im Jahr 2015.[5]

DIE GRUNDLEGENDE VERÄNDERUNG

Die Welt, in der wir leben, hat sich in noch einer weiteren, grundlegenderen Weise verändert. Ohne Übertreibung kann man sagen, dass die Welt – insbesondere die westliche Welt – in eine neue Ära eingetreten ist. Um die Begriffe zu benutzen, die Teil des heutigen Fachjargons sind: die *Moderne* ist von der *Postmoderne*

---

1. https://viaintegra.wordpress.com/european-church-attendance/.
2. Laut https://de.wikipedia.org/wiki/Mitgliederentwicklung_in_den_Religionsgemeinschaften
3. https://de.statista.com/statistik/daten/studie/2637/umfrage/anzahl-der-katholischen-gottesdienstbesucher-seit-1950/(die Angaben beruhen auf Zählungen an zwei normalen Sonntagen).
4. https://de.statista.com/statistik/daten/studie/36781/umfrage/gottesdienstbesucher-der-evangelischen-kirche-an-zaehltagen/, zu Weihnachten waren es elfmal so viele.
5. https://en.wikipedia.org/wiki/Demographics_of_atheism.

abgelöst worden. Einige argumentieren, dass in der westlichen Welt der Postmodernismus bereits eine Sache der Vergangenheit ist und wir nun in eine Phase des Post-Postmodernismus eintreten – oder wie immer man das auch nennen mag. Aber ich bin überzeugt, dass zumindest einige hervorstechende Aspekte der postmodernen Weltsicht noch sehr beherrschend sind.

Es mangelt nicht an Büchern, die die hauptsächlichen Merkmale von postmodern denkenden Männern und Frauen auflisten. Jene, die sich eingehender damit beschäftigen wollen, sollten solche Bücher lesen.[1] Einer der Aspekte, die den größten Einfluss auf das Christentum haben, ist die postmoderne Weigerung, an etwas Absolutes zu glauben. Der Postmodernismus behauptet, dass wir alle unsere *eigenen Wahrheiten* haben und die Vorstellung einer *absoluten* Wahrheit unhaltbar sei. Gesellschaften und Kulturen haben ihre eigenen „Wortspiele" und ihre eigene Art zu funktionieren. Alles ist subjektiv, relativ, unsicher, vorläufig oder unklar.

Enorm wichtig im Zusammenhang mit dem, was wir in diesem Buch erörtern werden, ist die Tatsache, dass postmodern denkende Personen eine enorme Abneigung gegenüber religiösen Institutionen mit ihren hierarchischen Machtstrukturen, festgelegten Glaubensbekenntnissen und Lehren haben, die in Beton gegossen sind und an denen festgehalten wird. Verbunden damit ist die Abneigung, sich in einer Organisation – ob religiös oder anderweitig – zu engagieren, und das Zögern, tiefe, langfristige Verpflichtungen einzugehen. Dies wirkt sich nicht nur stark auf die Funktionsfähigkeit von Clubs und Vereinen aus, sondern auch auf persönliche Beziehungen und kontinuierliche Gemeindeaktivitäten. Darüber hinaus möchten postmoderne Gläubige selektiv vorgehen. Sie nehmen die Dinge an, mit denen sie übereinstimmen, aber verwerfen Lehren und religiöse Traditionen, die ihnen nicht oder nicht mehr gefallen. Dennoch sind postmodern denkende Menschen offen für Spiritualität.

---

1. Siehe zum Beispiel mein E-Book, das von Amazon.com heruntergeladen werden kann: *Present Truth Revisited: An Adventist Perspective on Postmodernism*, 2014.

Mysterien sind akzeptabel. Eine nicht rationale, New Age-artige Herangehensweise an die wichtigen Fragen des Lebens ist populär. Die Betonung hat sich von religiöser *Wahrheit*, die in Lehren kodifiziert ist, auf persönliche *Erfahrungen* verlagert.

Man erkennt die postmoderne Herangehensweise vieler „westlicher" Menschen an die Religion und die Kirche schnell. Absolute Aussagen über die Wahrheit werden weitgehend ersetzt durch das, was „für mich in Ordnung ist". Einige biblische Gelehrte behaupten, dass es so viele legitime Wege gibt, die Bibel zu interpretieren, wie es Bibelleser gibt. In der westlichen Welt ist das Christentum *eine religiöse Option unter einer Reihe von Weltreligionen* geworden – wobei alle als gleich wertvoll angesehen werden, aber als historisch und kulturell beeinflusste Antworten der Menschen auf das mysteriöse Jenseits.

ETWAS GESCHICHTE KENNEN

Es ist wichtig zu verstehen, in welcher Art von Welt wir heute leben und zu welcher Gesellschaft wir gehören, aber es ist auch wichtig, etwas von der Geschichte zu kennen. John Michael Crichton (1942–2008), ein amerikanischer Autor von Science-Fiction-Büchern und ein Produzent von Filmen und Fernsehprogrammen, ließ einen Professor Johnston (eine Figur in seinem Buch *Timeline*) sagen: „Wenn du die Geschichte nicht kennst, dann kennst du gar nichts. Du bist wie ein Blatt, das nicht weiß, dass es Teil eines Baumes war."[1] Diese Wahrheit gilt für alle Lebensbereiche und sicherlich auch für den Bereich der Religion und der Kirche. Wenn wir vernünftig über religiöse Angelegenheiten und gegenwärtige Trends in der Religion und der Kirche sprechen wollen, ist das nur möglich, wenn wir die Dinge in einen historischen Zusammenhang stellen. Zu verstehen, was in den heutigen Kirchen geschieht, ist unmöglich, ohne etwas über ihre Geschichte, ihre vergangenen Erfahrungen und ihre Höhen und Tiefen zu wissen. Es erfordert zumindest eine gewisse Kenntnis der Kirchengeschichte, um mit

---

1. http://www.brainyquote.com/quotes/topics/topic_history. html#GxsDIcsLvCTD3HqI.99.

dem umzugehen, was in unserer heutigen Zeit in der religiösen Welt vor sich geht, und um die neuen Wege zu verstehen, in denen der Glaube von vielen Leuten in der westlichen Welt im 21. Jahrhundert praktiziert und erfahren wird.

In ähnlicher Weise ist es für Siebenten-Tags-Adventisten eine Voraussetzung, um die gegenwärtigen Entwicklungen in ihrer Kirche zu verstehen und die Art und Weise, wie viele Gemeindeglieder darauf reagieren, sich bewusst zu sein, wie ihre Glaubensgemeinschaft in die größere religiöse Szene des Christentums und speziell des Protestantismus hineinpasst. Sich mit den Anliegen zu beschäftigen, um die es vorrangig in diesem Buch geht, erfordert eine Kenntnis der Herkunft und der Entwicklung des Adventismus, aber auch der Vergangenheit des Christentums und dem Hintergrund des allgemeinen religiösen Klimas in unserem heutigen postmodernen Zeitalter. Dies ist das Anliegen dieses und des folgenden Kapitels.

EIN GEMISCHTES BILD

Die Geschichte des Christentums zeigt uns ein sehr gemischtes Bild von Ereignissen und Entwicklungen. Das Neue Testament beschreibt die junge Gemeinde als eine lebendige Gemeinschaft, die sich in wenigen Jahrzehnten auf viele Teile des Vorderen Orients und Europas und sogar weiter nach Asien und Afrika ausbreitete. Dieses phänomenale Gemeindewachstum erfolgte nicht ohne Probleme und Herausforderungen. Und auch wenn die folgende Aussage von Paulus als eine literarische Übertreibung angesehen werden muss, deutet sie doch an, dass etwas Außergewöhnliches geschah. Er schrieb an die Christen der Gemeinde in der Stadt Kolossä in Griechenland, das Evangelium sei bereits „in der ganzen Welt verbreitet worden" (Kol 1,23b NLB).

In den folgenden Jahrhunderten wuchs die Kirche weiter. Die christliche Theologie entwickelte sich, zum Teil wegen vieler Irrlehren, die auftauchten und bekämpft werden mussten, und wegen der zahlreichen Fragen über die neue Lehre, die Antworten verlangten. Die Autoren der christlichen Schriften im zweiten und dritten Jahrhundert und die sogenannten „Kirchenväter" der folgenden Jahrhunderte gaben der Theologie und Organisation der Kirche eine Struktur. Man wurde sich einig, welche Schriften als zum neutestamentlichen Kanon gehörig angesehen werden sollten. Die grundlegenden christlichen Lehren über das Wesen Gottes und das Geheimnis der Trinität, über die Verbindung von Gottheit und Menschheit in der Person Christi, über die Persönlichkeit des Heiligen Geistes und über die Grundlage unserer Erlösung wurden in langen Diskussionen und Konzilsbeschlüssen herausgearbeitet. An verschiedenen Bischofssitzen tauchten starke Leiter auf, und die Bischöfe einiger christlichen Zentren – darunter vor allem Rom – gewannen beständig an Prestige und Autorität.

Die Kirche trat in eine neue Phase ihrer Geschichte ein, als am Beginn des vierten Jahrhunderts der römische Kaiser Konstantin sich entschied, das Christentum anzuerkennen und ihm einen privilegierten Status in seinem Reich zu geben. In der folgenden Zeit erwies sich dies als ein zweifelhafter Segen. Zwar erlaubte es der Kirche, sich weiter auszubreiten, ohne Verfolgungen erleiden zu müssen (die gerade in der Zeit zuvor das Leben vieler Christen mühselig gemacht und vielen das Leben gekostet hatten), aber es verband die Kirche auch zunehmend mit der weltlichen Politik mit all deren negativen Konsequenzen.

Mit der Zeit entwickelte sich die mittelalterliche Kirche mit dem Bischof von Rom in hervorragender Stellung, was zum Wachstum des Papsttums als dem angesehenen Zentrum der kirchlichen Autorität führte. Vielerorts wurde die Reinheit des Evangeliums Christi in eine merkwürdige Mischung von wahrem Glauben und heidnischem Aberglauben verwässert. Als „heidnische" Völker bekehrt wurden – oftmals durch Zwang statt durch innere Überzeugung – drangen viele unchristliche Vorstellungen und Praktiken in die Kirche ein. Zugleich ließen sich die Theologen oft ungebührlich beeinflussen durch die Schriften von nicht-christlichen Philosophen der klassischen Ära (insbesondere Aristoteles), deren Einfluss selbst in der heutigen katholischen Theologie festzustellen ist. Die Bischöfe waren oft mehr damit beschäftigt, Macht und Reichtum zu erwerben und Kämpfe um politischen Einfluss auszutragen, als für eine gute seelsorgerische Betreuung und solide religiöse Unterweisung der Gläubigen zu sorgen, die ihrer Obhut anvertraut waren. Unmoral und politische Intrigen haben häufig das Verlangen, ein wahrer Nachfolger Christi zu sein, verdunkelt oder ersetzt.

Nach einigen Jahrhunderten haben die schlechten Zustände in der Kirche zum Aufkommen von verschiedenen Reformbewegungen geführt, die von mutigen Männern wie John Wycliffe und Jan Hus (oft auch Johannes Huss genannt) geleitet wurden, und schließlich zur „Reformation" der Kirche im 16. Jahrhundert führten. Diese Reformation – eingeleitet durch Martin Luther – wurde ausgelöst durch die Wiederentdeckung der herrlichen Wahrheit, dass wir durch die Gnade Gottes statt durch unsere eigenen Werke oder durch die Vermittlung der Priester oder durch das Bezahlen von Geld für Ablässe u. a. erlöst werden. Sie gab auch die Bibel in die Hand des gemeinen Volkes und führte zur Abschaffung zahlreicher Missbräuche und falscher Lehren, die in die Kirche eingedrungen waren.

Nicht alle Reformatoren waren gleichermaßen konsequent; und in der Rückschau müssen wir eingestehen, dass viele Bereiche, in denen auch Reformen nötig gewesen wären, heruntergespielt oder ignoriert wurden. Und in den folgenden Jahrhunderten wurde selten erkannt, dass die Kirche auf dem Weg zur weiteren Wiederherstellung aller Lehren und Praktiken Christi vorangehen muss. *Ecclesia semper reformanda est* – die Kirche ist immer zu reformieren.[1]

Obwohl die römisch-katholische Kirche dann ebenfalls erkannte, dass Veränderungen erforderlich waren – und allerlei wurden sogar auf dem Konzil von Trient (1545–63) eingeführt –, wurde der tiefe Abgrund zwischen dem Katholizismus und dem Protestantismus eine bestimmende Realität im Christentum, nachdem eine frühere Spaltung im Jahr 1054 bereits eine

---

1. Dieser Ausspruch wird oft Martin Luther oder dem Kirchenvater Augustin zugeschrieben, stammt aber vermutlich erst von einigen reformierten Theologen im 17. Jahrhundert (nachgewiesen bei dem Calvinisten Jodocus van Lodenstein von Amsterdam um 1675) und wurde von dem Theologen Karl Barth wieder aufgegriffen (siehe https://en.wikipedia.org/wiki/Ecclesia_semper_reformanda_est).

dauerhafte Kluft zwischen den orthodoxen Kirchen des Ostens und der katholischen Kirche des Westens verursacht hatte.

Der römische Katholizismus war sehr erfolgreich darin, seine vielen verschiedenen Arten der Erfahrung und Ausprägung – wie beispielsweise das breite Spektrum der Mönchsorden – unter seinem kirchlichen Dach zusammenzuhalten. Er erlebte Zeiten der Stärke, aber auch Zeiten des Niedergangs und der relativen Schwäche. Tragischerweise bildeten die evangelischen Kirchen von Anfang an keine geeinte Front. Das Luthertum und der Calvinismus entwickelten sich auf verschiedenen Wegen, und die Zersplitterung der evangelischen Christenheit in viele Glaubensgemeinschaften hat sich seitdem immer weiter fortgesetzt trotz mancher Erfolge in Wiedervereinigungen aufgrund von ökumenischen Bemühungen.

Trotz ihrer theologischen Differenzen und ihrer großen Vielfalt in ihrer Glaubenspraxis und Verwaltungsform kann man die verschiedenen evangelischen Konfessionsgemeinschaften in einige Hauptrichtungen einteilen: die traditionell „konservativen" Kirchen, die traditionell mehr „liberalen" Kirchen, die evangelikalen Gemeinschaften und die seit 100 Jahren schnell wachsenden pfingstlerischen und charismatischen Kirchen. Zeiten des Niedergangs und geistlicher Trägheit folgten häufig Erweckungswellen und Aufbrüche zu missionarischer Aktivität. Sie kennzeichneten viele der Entwicklungen im 19. Jahrhundert.

Die Kirche der Siebenten-Tags-Adventisten entstand am Ende einer großen Erweckungsbewegung in den Vereinigten Staaten in der Mitte des 19. Jahrhunderts. Die Aktivitäten von William Miller (1782–1849) waren ein wichtiger Teil der letzten Phase der zweiten großen Erweckung der nordamerikanischen Christenheit. Unsere Kirche wuchs zwar über das Erbe Millers hinaus, verlor aber nie ihren amerikanischen Charakter und zeigt noch immer viele Züge des Milieus, aus dem sie stammt und in dem sie sich entwickelte.

Im 20. Jahrhundert hat das Christentum Millionen von Menschen auf aller Welt inspiriert, und tut das auch weiterhin in unserem Jahrhundert. Die organisierte Christenheit bietet immer noch eine faszinierende Reihe von Überzeugungen, Aktivitäten und Diensten an. Die Mission ist immer noch ein großes

Unternehmen, wie die Statistiken über die Anzahl von Missionsgesellschaften, ihren Missionaren und ihrem Budget zeigen. Aber dies ist nur ein Teil des Bildes. Das Christentum muss zunehmend mit anderen religiösen und nichtreligiösen Weltanschauungen konkurrieren – selbst in jenen geographischen Bereichen, in denen sie lange ihre unbestrittene Machtbasis hatte. Ein schneller und gründlicher Prozess der Säkularisation und das Aufkommen eines unterschwelligen – und manchmal gar nicht unterschwelligen – postmodernen Denkens sind zu einer großen Herausforderung für den christlichen Glauben und für kirchliche Organisationen und Institutionen geworden. All dies hat den Adventismus auf mehr Weisen beeinflusst, als vielen ihrer Leiter und Gemeindeglieder bewusst ist oder sie zugeben wollen.

Diese kurze Übersicht über 20 Jahrhunderte Kirchengeschichte ist natürlich nicht nur sehr oberflächlich und unvollständig, sondern wird auch den vielen Erscheinungen, Vorstellungen und Personen nicht gerecht, die Teil dieser Geschichte sind. Es ist wichtig festzuhalten, dass die Berichte über die dunkelsten Perioden der christlichen Vergangenheit: die Verfolgung bibeltreuer Christen, den Verkauf von Kirchenämtern (Simonie)[1] und Ablassen, die Skandale der Päpste aus dem Hause Borgia und die Grausamkeiten der Inquisition sicherlich kein vollständiges und zutreffendes Bild geben. Selbst in den dunkelsten Zeiten arbeiteten Männer und Frauen in und für die Kirche mit großer Frömmigkeit und unter enormen persönlichen Opfern. Wundervolle Kunstwerke wurden geschaffen und inspirierende geistliche Bücher geschrieben. Wir verdanken den Werken von scharfsinnigen und brillanten Theologen aller Zeitalter viel. Wir finden im Leben vieler Mystiker, geistlicher Innovatoren und Sozialaktivisten der Vergangenheit inspirierende Rollenvorbilder. Augustin, Anselm, Abelard, Franz von Assisi, Hildegard von Bingen, John Wesley, Jonathan Edwards und viele andere stechen als echte Nachfolger Christi hervor, auch wenn einige ihrer

---

1. Simonie bezeichnet den Kauf von Kirchenämtern mit Geld; der Begriff leitet sich aus der Geschichte mit dem Zauberer Simon in Apg 8,18–20 ab.

theologischen Ansichten und Methoden unvollkommen gewesen sein mögen. Auf der anderen Seite waren einige Lehren und Handlungen von evangelischen Helden wie Martin Luther und Johann Calvin abstoßend. Luthers Rolle in einigen der politischen Auseinandersetzungen seiner Zeit ist bedauerlich, und den Antisemitismus seiner späten Lebensjahre finden viele evangelische Christen heutzutage verwerflich. Johann Calvin ist nicht nur für seinen wertvollen theologischen Beitrag (abgesehen von seiner Lehre der doppelten Prädestination) in seiner *Institutio* bekannt, sondern auch für seine Rolle in der Hinrichtung von Michael Servetus in Genf, der mit dessen Konzept der Dreieinigkeit nicht übereinstimmte. Dieses Muster von großem Mut und richtigen geistlichen Einsichten in Verbindung mit bedeutsamen Irrtümern im Urteilen und in der Theologie ist charakteristisch für viele Leiter der Vergangenheit – selbst für solche, die bedeutende Beiträge zum Christentum leisteten.

Im nächsten Kapitel werden wir uns vom Christentum im Allgemeinen abwenden und uns auf die Zustände in der adventistischen Kirche konzentrieren. Nicht alles ist in Ordnung, und ich glaube, dass wir tatsächlich von einer Krise sprechen können. Während es viele gute Dinge und Elemente gibt, die wir schützen und für die Zukunft beibehalten müssen, gibt es auch Dinge, von denen sich viele adventistische Gemeindeglieder mit gutem Grund distanzieren. Ich selbst zähle mich zu ihnen. Und für viele, die am Rande unserer Kirche stehen, stellt sich die Frage, ob das Gute immer noch das überwiegt, was sie als problematisch oder schlecht empfinden.

KAPITEL 3

Neuere Entwicklungen im Adventismus

Die meisten Siebenten-Tags-Adventisten, die die Geschichte ihrer Bewegung studiert haben, erkennen die vielen wunderbaren und inspirierenden Entwicklungen der Vergangenheit dankbar an. Sie haben allen Grund, über das Wachstum ihrer Kirche zu staunen. Aus einer kleinen Gruppe enttäuschter Männer und Frauen im ländlichen Gebiet der nordöstlichen Ecke der USA – die wie Zehntausende weiterer Anhänger William Millers getäuscht worden waren, die Wiederkunft Christi im Jahr 1844 zu erwarten – ist eine Kirche mit über 20 Millionen getauften Mitgliedern in über 200 Ländern der Erde geworden.

Aber die Annalen der Adventgeschichte enthalten auch dunkle Seiten und zeigen kein einheitliches Bild von weisen Entscheidungen, theologischem Scharfblick, echtem Opfersinn und wahrer Hingabe. Wir haben hässliche Lehrauseinandersetzungen und manche krassen Machtkämpfe erlebt. Im Großen und Ganzen war unsere Kirche erfolgreich, aber mitunter mussten wesentliche Initiativen abgebrochen werden, und nicht alle Institutionen florierten oder überlebten.

Im Folgenden werde ich auf einige dieser Angelegenheiten näher eingehen. Aber an dieser Stelle möchte ich betonen, dass ich – obwohl ich einige negative Tatsachen über das Christentum im Allgemeinen erwähnt habe – nicht den christlichen Glauben oder christliche Werte aufgegeben habe. Und wenn ich meine eigene Kirche kritisiere, geschieht das nicht, weil ich mit ihr ein

Hühnchen zu rupfen habe oder weil ich von den adventistischen Kirchenorganisationen, bei denen ich beschäftigt war, schlecht behandelt worden bin und nach einer Gelegenheit Ausschau halte, mich zu rächen. Meine Kirche liegt mir sehr am Herzen, und ich habe großen Respekt vor den meisten ihrer Leiter der Vergangenheit und Gegenwart. Der größte Teil meines sozialen Netzwerkes erstreckt sich in dieser Kirche. Während meines ganzen beruflichen Lebens war ich ein Angestellter dieser Kirche, und weitgehend hat sie mich gut behandelt. Ich hatte viele interessante und erfüllende Aufgaben und die Gelegenheit, in über 80 Länder zu reisen. Als Pensionär erfreue ich mich immer noch regelmäßiger Einladungen zu Lehrvorträgen an adventistischen Universitäten, und ich predige immer noch gern.

All dies bedeutet jedoch nicht, dass ich über alles glücklich bin, was in meiner Kirche geschieht, oder dass ich mit all ihren offiziellen Verlautbarungen übereinstimme. Es bedeutet auch nicht, dass ich blind bin gegenüber dem Ringen vieler Gemeindeglieder, mit denen ich bei Gemeindebesuchen in meinem Heimatland spreche oder deren E-Mails und Reaktionen auf meine Artikel, Bücher oder meinen wöchentlichen Blog ich lese – von Adventisten aus aller Welt, aber insbesondere aus Westeuropa und den Vereinigten Staaten. Deshalb muss ich die Themen, die Anlass zur Besorgnis geben, recht ausführlich in diesem Kapitel behandeln. Ich tue das, weil ich meine Kirche liebe und die Menschen gern habe, die zweifeln und ringen und vielfach Gläubige am Rande der Gemeinde sind – unsicher darüber, ob sie bleiben oder gehen wollen.

Ich glaube, dass die gegenwärtige Krise im Adventismus nicht recht verstanden werden kann, wenn man sie getrennt betrachtet von der Krise in vielen christlichen Kirchen der westlichen Welt und von dem, was mit Religion und Glauben generell in den letzten Jahrzehnten geschehen ist. Ich beziehe mich auf die Vergangenheit der christlichen Kirchen im Allgemeinen und der adventistischen Kirche im Besonderen, weil ich völlig überzeugt bin, dass wir aus vergangenen Erfahrungen lernen müssen. Das kann – so glaube ich – unsere Zuversicht stärken, dass schließlich die Dinge auf irgendeine Weise gut ausgehen werden. Ereignisse und Personen der Vergangenheit haben viele inspiriert und ihnen geholfen, den Mut zu finden, in der Gegenwart auszuharren. Aber es gab auch Fehler, unglückliche Entscheidungen und bedauernswerte Statements, die als schmerzliche Lektion für die Gegenwart und die Zukunft dienen können. Sie zu erkennen wird uns hoffentlich die Entschlossenheit geben, Veränderungen herbeizuführen und unseren Glauben mit größerer Tiefe anzusehen. George Santayana (1863–1952), ein amerikanischer Philosoph, sagte einmal: „Jene, die sich nicht an die Vergangenheit erinnern, sind verdammt, sie zu wiederholen."

DIE VERBESSERUNG DER ÖFFENTLICHEN WAHRNEHMUNG

In meiner Jugendzeit und auch noch Jahre danach wurden die adventistischen Gemeindeglieder in den Niederlanden (und ebenso in Deutschland) gedrängt, an einer alljährlichen Kampagne teilzunehmen, um Geld für die adventistische Mission zu sammeln. Die behördlichen Bestimmungen erlaubten uns nicht, Leute direkt um eine Spende zu bitten. Wir mussten ein speziell dafür vorbereitetes Heft zu einem bestimmten Preis verkaufen. Wenn Leute mehr dafür geben wollten, haben wir sie natürlich nicht davon abgehalten, aber der Verkauf dieser Hefte war die Grundlage der sogenannten „Erntedankarbeit". Später, am Ende meiner 30er-Jahre und Anfang meiner 40er-Jahre, war ich tatsächlich der zuständige Redakteur der Erntedankhefte. Ich muss zugeben, dass ich mich zu der Zeit auf andere verließ, um von Tür zu Tür zu gehen und mein redaktionelles Produkt zu verkaufen.

Ich erwähne dies, weil ein wichtiger Teil des Heftes die Seite mit dem statistischen Bericht war, der die Errungenschaften der adventistischen Missionsarbeit hervorhob. Adventisten arbeiteten in soundso vielen Ländern der Welt, veröffentlichten Bücher in so vielen Hunderten Sprachen und verbreiteten das Evangelium über soundso viele Radiostationen. Besonders hervorgehoben wurde das weite Netzwerk von Tausenden adventistischen Grund-, Mittel- und Hochschulen und den Hunderten Krankenhäusern und Kliniken in aller Welt. Die Gemeindeglieder, die umhergingen, um die Hefte zu verkaufen, versäumten es nie, den Personen an den Haustüren diese wunderbaren Statistiken zu zeigen und darauf hinzuweisen, dass sie durch den Kauf des Heftes diese hervorragenden Bemühungen, der Menschheit zu dienen, unterstützen würden.

In meinen Jugendjahren hatte unsere Kirche gerade die Marke von einer Million Mitgliedern überschritten. Obwohl sie in den 1950er- und 1960er-Jahren wesentlich kleiner als heute war, verspürte ich dennoch einen gewissen Stolz, Teil dieser großen weltweiten Organisation zu sein. Und auch heute begeistert es mich, wenn ich auf meinen Reisen in einer Stadt den Schriftzug „Siebenten-Tags-Adventisten" an einem Gebäude entdecke. In einigen Ländern ist die Wahrscheinlichkeit dafür relativ gering, aber in anderen findet sich dieser Name recht prominent an vielen Orten. Der Eindruck, zu etwas Großem zu gehören, gibt mir immer noch ein gutes Gefühl; und ich weiß, dass dieses Empfinden viele meiner Kollegen und Freunde teilen.

Aber es gab nicht nur Anlass, stolz zu sein. In noch nicht lange vergangenen Zeiten wurden Adventgemeinden in vielen westlichen Ländern als eine fremde (d. h. amerikanische) Sekte angesehen. Leiter anderer Konfessionsgemeinschaften fragten sich, ob Adventisten tatsächlich wahre Christen seien. Wenn Leute etwas über Adventisten wussten, dann waren es häufig die Dinge, die Adventisten „verboten" waren. Unser öffentliches Profil war extrem negativ: Wir waren am meisten für das bekannt, was wir *nicht* taten, statt für die Ideale, für die wir uns einsetzten. Es gab natürlich auch positive Ausnahmen. Einige, die auf ihren Reisen nach Übersee in einem adventistischen Krankenhaus behandelt wurden, bekamen einen positiven Eindruck vom Adventismus, und ebenso Menschen, die mit einem adventistischen Kollegen zusammenarbeiteten, der seinen Glauben in positiver Weise auslebte.

Als vor vielen Jahren unsere Familie in eine neue Stadt zog, erzählte meine Frau unserer Nachbarin, dass wir Siebenten-Tags-Adventisten seien. „Oh nein, nicht schon wieder!", rief sie aus. Sie hatte in Kanada neben einer adventistischen Familie gewohnt, die jahrelang unablässig versucht hatte, sie zu bekehren, und sie wollte nicht, dass sich das wiederholte. Glücklicherweise entwickelte meine Frau mit der Zeit ein gutes Verhältnis zu dieser Nachbarin. Als wir in unsere gegenwärtige Wohnung umzogen, reagierten unsere Nachbarn erfreulicherweise völlig anders. Sie hatten in der Schweiz adventistische Nachbarn gehabt, die sehr angenehm gewesen waren und über die sie nichts als Lob äußerten.

Der Ruf unserer Kirche in dem Mikrokosmos, in dem wir leben, hängt sehr davon ab, wie wir unseren Glauben ausleben, und von unseren sozialen Kompetenzen, mit Leuten umzugehen, die einen anderen oder keinen Glauben haben. Aber in der größeren Gesellschaft liegen die Dinge anders. In vielen Ländern war es für die Kirche der Siebenten-Tags-Adventisten ein harter Kampf, einen positiven Ruf zu erlangen. Allmählich hat sich unser öffentliches Ansehen etwas verbessert. Viele Leiter und Theologen anderer Kirchen sind zu der Überzeugung gekommen, dass Adventisten trotz mancher Besonderheiten doch wahre evangelische Christen sind und als verlässliche Partner in zwischenkirchlichen Aktivitäten akzeptiert werden können. Als mehr und mehr Adventisten in ihrem Berufsleben Respekt erlangten und anderen in positiver Weise über ihre Bindung an den adventistischen Glauben und die Adventgemeinde erzählten, ist der Adventismus in den Augen vieler nicht mehr so merkwürdig und anstößig. Ich hatte selbst das Vergnügen, mit vielen Repräsentanten anderer Kirchen und mit Theologen verschiedenen Hintergrundes in der akademischen Welt umzugehen. In den vergangenen Jahren hat meine Glaubensausrichtung weitgehend aufgehört, eine Barriere zu bilden. Die Tatsache, dass in vielen Ländern die adventistische Kirche – trotz der heftigen Bedenken eines harten Kernes konservativer Gemeindeglieder gegen jegliche Verbindungen mit anderen Christen – in Beziehung mit nationalen Kirchenräten oder ähnlichen Vereinigungen eingetreten ist, hat ebenfalls dazu beigetragen, eine Menge von Verdächtigungen und Abneigungen gegenüber Adventisten abzubauen.

Heutzutage sind viele adventistische Pastoren wesentlich besser ausgebildet, als es ihre Kollegen eine Generation davor waren. Das hat ihnen nicht nur geholfen, professioneller in ihrer

Arbeit zu werden, sondern ihnen auch mehr Selbstbewusstsein gegeben in ihrer Beziehung zu ihren Gemeinden und in ihrem Umgang mit Kollegen anderer Kirchen und mit öffentlichen Amtsträgern. Ich habe in kritischen Momenten oft erlebt, dass meine Glaubwürdigkeit als Pastor, als Autor oder als Kirchenadministrator positiv von der Tatsache beeinflusst wurde, dass ich einen Doktorgrad einer angesehenen britischen Universität besitze. Das hat mir in schwierigen Umständen geholfen, auf gleicher Basis wie Kollegen anderer Kirchen und andere Fachleute akzeptiert zu werden. Eine Anzahl adventistischer Colleges, auf denen unsere Pastoren ausgebildet wurden, haben sich von nichtakkreditierten Bibelschulen zu Institutionen mit Universitätsstatus entwickelt, mit voller Anerkennung durch die für die Akkreditierung zuständigen Organisationen. Dies ist ebenfalls ein Faktor in der wachsenden Respektabilität unserer Kirche in der Gesellschaft gewesen.

DIE EINHEIT DER ADVENTISTISCHEN KIRCHE

Es ist keine Übertreibung zu sagen, dass die Kirche der Siebenten-Tags-Adventisten eine bemerkenswert starke Organisation entwickelt hat. Ihre organisatorische Stärke ist nicht nur an ihrer vierstufigen Organisation der (1) Generalkonferenz mit ihren 13 Divisionen, (2) den Verbänden, (3) den Vereinigungen und (4) den Ortsgemeinden erkennbar. Es wurden detaillierte Richtlinien für die reibungslose Operation der kirchlichen Maschinerie entwickelt mit klaren Wahlprozeduren für die Leiter, eindeutigen Regeln für die Funktion der verschiedenen Einheiten der Kirche und sorgfältig definierten Rechten und Privilegien der Wahlgremien auf den verschiedenen Ebenen. Leiter anderer Kirchen haben des Öfteren ihre Bewunderung oder sogar ihren Neid über die Art und Weise geäußert, wie die adventistische Kirche organisiert ist.

Obwohl jede Kirche stets mehr Geld gebrauchen kann – und gewöhnlich nie aufhört, ihre Mitglieder zu größerer Freigebigkeit aufzurufen –, hat die adventistische Organisation eine solide finanzielle Basis. Das weltweite Aufkommen von Zehnten und Gaben beträgt inzwischen über 3,3 Milliarden US-Dollar.

Dazu kommen noch die viel größeren Zahlen der finanziellen Operationen der Institutionen unserer Kirche.[1]

Die adventistische Kirche ist bemerkenswert geeint geblieben, während die nichtkatholische Christenheit schrecklich aufgesplittert ist. Niemand weiß genau, wie viele christliche Glaubensgemeinschaften es auf der Welt gibt. Viele von ihnen sind recht klein, aber einige Kirchen (z. B. in Afrika), die uns meistens unbekannt sind, haben Millionen Mitglieder. Eine Quelle berichtet, dass es allein in den Vereinigten Staaten gegenwärtig mehr als 1500 religiöse Organisationen gibt und weltweit jeden Tag drei neue religiöse Gemeinschaften entstehen.[2]

Im Laufe der Jahre haben einige Gruppen die adventistische Kirche verlassen und ihre eigene Organisation gegründet. Es gab darüber hinaus einige Dissidenten, die Bücher geschrieben, aber keine eigene Bewegung gegründet haben. Einige bekannte Beispiele waren John H. Kellogg, Dudley M. Canright, Ludwig R. Conradi, Alonzo T. Jones, Ellet J. Waggoner und A. F. Ballenger. Zu den kleineren Gruppen, die mehr oder weniger organisiert waren, gehörten die „Holy Flesh"-Bewegung, die Shepherd's Rod-Bewegung, die berüchtigten Branch Davidians und die Gruppen um Robert Brinsmead.[3] Die wichtigste Spaltung ereignete sich, als sich die sogenannte „Reformbewegung" in Deutschland als Folge der Auseinandersetzungen über die Teilnahme von Adventisten am Ersten Weltkrieg bildete. Diese Gruppe organisierte sich später als unabhängige Glaubensgemeinschaft, die sich 1951 noch einmal aufspaltete. Die größere von ihnen hat gegenwärtig etwa 40.000 Mitglieder in über 130 Ländern. Zusätzlich zu dieser tragischen Abspaltung haben einige andere kleinere Gruppen unserer Kirche den Rücken gekehrt. Aber im Rückblick ist es dennoch erstaunlich zu sehen, wie vereint der Adventismus geblieben ist,

---

1. http://docs.adventistarchives.org/docs/ASR/ASR2014.pdf#view=fit.
2. David F. Wells, *Above Earthly Powers: Christ in a Postmodern World*, Eerdmans, Grand Rapids (Michigan) 2005, S. 108, 109.
3. Siehe Richard W. Schwartz und Floyd Greenleaf, *Light Bearers: A History of the Seventh-day Adventist Church*, Pacific Press, Nampa (Idaho), rev. Ausg. 2000, S. 615–625.

zum Beispiel im Vergleich mit der baptistischen Bewegung. Die Baptist World Alliance berichtet, dass sie 228 verschiedene baptistische Kirchen umfasst,[1] und nicht einmal alle baptistischen Glaubensgemeinschaften sind Mitglieder dieser Allianz! Viele von ihnen haben eine separate nationale oder regionale Organisation und repräsentieren ein weites Spektrum von theologischen Ansichten von ziemlich liberal bis zu extrem fundamentalistisch. Alles in allem kann man also sagen, dass die Kirche der Siebenten-Tags-Adventisten bemerkenswert vereint geblieben ist.

DIE ENTWICKLUNG EINER REIFEN THEOLOGIE

Die adventistische Theologie hat sich mit den Jahrzehnten bemerkenswert verändert. Der adventistische Historiker George R. Knight äußerte, dass die meisten Mitbegründer unserer Kirche und frühen Adventisten einige gegenwärtige Glaubensüberzeugungen nicht als Lehren ihrer Gemeinschaft erkannt hätten und nicht einmal Mitglied einer heutigen Adventgemeinde werden könnten, wenn sie allen 28 Glaubensüberzeugungen zustimmen müssten.[2]

Die Entwicklung der adventistischen Glaubenslehren ist ein faszinierendes Thema, das wir nicht ausführlich in diesem Buch behandeln können (siehe dazu das eben zitierte Buch von George Knight). Ein paar Bemerkungen müssen genügen. Es ist wichtig zu betonen, dass die 28 „Glaubensüberzeugungen" (*fundamental beliefs*) weder vom Himmel gefallen sind noch früh in der adventistischen Geschichte entwickelt wurden. Es begann mit Gläubigen aus verschiedenen freikirchlichen Bewegungen in den USA, die 1844 eine große Enttäuschung erlebt hatten, als sich ihre Erwartung der Wiederkunft Christi nicht erfüllte. Innerhalb einiger Jahre kam die kleine Gruppe zu einem Konsens über einige Glaubenspunkte, darunter die Verbindlichkeit des biblischen Sabbats und eine Erklärung für die Enttäuschung von 1844. Sie

---

1. http://www.bwanet.org.
2. George R. Knight, *Es war nicht immer so. Die Entwicklung adventistischer Glaubensüberzeugungen*, Advent-Verlag, Lüneburg 2002, S. 13f.

entwickelten eine „Heiligtumslehre" und anerkannten, dass sich die biblische „Gabe der Weissagung" in der Person Ellen Whites in ihrer Mitte manifestierte. Sie nahmen auch die Sichtweise des Todes als einem „Schlaf" an und verneinten, dass Menschen eine unsterbliche Seele besitzen, die gleich nach dem Tode in den Himmel oder die Hölle (bzw. das Fegefeuer) geht. Diese Gruppe gewann bald allerlei Anhänger in den Neuengland-Staaten der USA und kam zu der Überzeugung, dass sie einen weltweiten Missionsauftrag hatte: Alle Menschen mussten über das bevorstehende Weltende gewarnt und mit Gottes abschließender Botschaft des drohenden Gerichts (die dreifache Engelsbotschaft von Offb 14) konfrontiert werden. Aber einige Lehren wurden erst ausgearbeitet, als die Jahrzehnte vergingen.

Der frühe Adventismus war ziemlich gesetzlich. Auf der Generalkonferenzversammlung 1888 wurde dieser Missstand angesprochen, aber die Gesetzlichkeit blieb eine ständige Herausforderung. Die offizielle Theologie unserer Kirche hat seitdem in wesentlich stärkerem Maße betont, dass wir nicht durch das Halten der Gebote, sondern allein durch den Glauben an das Opfer Christi für alle Menschen erlöst werden. Und insbesondere seit den 1960er-Jahren wurden die grundlegenden christlichen Lehren wie die Dreieinigkeit, die zwei Naturen Christi, die Persönlichkeit des Heiligen Geistes und die Gerechtigkeit aus dem Glauben stärker betont als zuvor, als der Fokus fast ausschließlich auf den adventistischen Unterscheidungslehren gelegen hatte. Wenn man das Wachstum und die Stärke des Adventismus erörtert, ist es wichtig, sich an das allmähliche Reifen des adventistischen theologischen Denkens zu erinnern.

DER ADVENTISMUS IN DER KRISE?

Aber nicht alles ist in der adventistischen Kirche in Ordnung – ganz im Gegenteil. Viele haben den Eindruck, dass ihre Einheit durch die kürzlichen Entwicklungen sehr gefährdet ist. Ist das tatsächlich der Fall? Könnte es sein, dass der Adventismus – insbesondere in der westlichen Welt – schrumpfen und schließlich verschwinden wird? Falls ja, wäre das auf die allgemeine Malaise des westlichen Christentums zurückzuführen oder gibt es einige spezielle Gründe, warum der Adventismus (zumindest in Teilen der westlichen Welt) nicht überleben mag? Wir sollten nicht zu hastig erklären, dass Gott den Niedergang der adventistischen Kirche verhindern werde. Es ist bereits geschehen, dass christliche Kirchen zurückgegangen und sogar ganz verschwunden sind.

Verschiedene Fachleute haben nahegelegt, dass christliche Kirchen soziale Organisationen sind, die einen vorhersehbaren Zyklus durchlaufen. Ein bekanntes Modell stammt vom Religionssoziologen David O. Moberg (geb. 1922).[1] Er behauptete, dass religiöse Organisationen gewöhnlich fünf aufeinander folgende Stadien durchlaufen. Im *ersten* Stadium wird eine neue Organisation wegen der Unzufriedenheit mit einer existierenden Situation gegründet. Einige wenige Leute kommen zusammen. Es entwickeln sich dabei einige neue Einsichten, die sie dann Gleichgesinnten mitteilen, welche sich dann der Gruppe anschließen. Zu dieser Zeit ist die Leitung überwiegend informell und charismatischer Art. Im *zweiten* Stadium entwickelt die Organisation eine festere Struktur. Die Ziele und Vorstellungen werden geklärt und ein Konsens über Werte und Normen erreicht. Dieses Stadium ist von starken Rekrutierungsaktivitäten gekennzeichnet. Im *dritten* Stadium erreicht die wachsende Organisation einen Zustand größtmöglicher Effizienz mit vielen innovativen Aktivitäten. Die Leiter sind rationaler statt weitgehend charismatisch. Die Organisation wird allmählich zentralisierter und erhält Anerkennung von der Gesellschaft. Das *vierte* Stadium ist weitgehend gekennzeichnet durch eine zunehmende Institutionalisierung, gewöhnlich mit einer wachsenden Bürokratie verbunden. Normen und Werte werden unklarer, und die Mitglieder werden immer passiver. Im *letzten* Stadium beginnt der Zerfall. Die Organisation leidet unter Formalismus, Bürokratie oder Schlimmerem. Die Verwaltungsstruktur ist nicht länger verbunden mit den tatsächlichen Fragen und Bedürfnissen der Gemeinschaft. Die Mitglieder verlieren das Vertrauen in ihre

---

1. David O. Moberg, *Church as Social Institution*, Prentice Hall, Upper Saddle River (New York) 1962; rev. 1984.

Leiter, und neue Randgruppen bilden sich. Dies bedeutet den Beginn des Endes der Bewegung.

Falls dieses Modell eine gewisse Gültigkeit besitzt – wovon ich überzeugt bin –, stellt sich die wichtige Frage, *in welchem Stadium* sich die adventistische Kirche in der westlichen Welt gegenwärtig befindet. Einige wenige mögen sagen, dass wir uns immer noch im dritten Stadium befinden. Das mag in Teilen der Kirche im Süden tatsächlich der Fall sein. Aber ich vermute, dass die meisten Gemeindeglieder in der westlichen Welt, die über diese Angelegenheit sorgfältig nachgedacht haben, darin übereinstimmen werden, dass wir uns wahrscheinlich im vierten Stadium befinden oder sogar im fünften. Wenn dem so ist, müssen wir das nicht notwendigerweise als eine unbedingte Vorhersage oder als unentrinnbares Schicksal verstehen. Aber es ist zumindest eine ernste Warnung, dass wir uns in einer schweren Krise befinden und einige drastische Veränderungen notwendig sind, um das Blatt zu wenden. Ich glaube, dass die Aussage des anglikanischen Bischofs John Shelby Spong über die christliche Kirche im Allgemeinen auch definitiv auf die adventistische Kirche in der westlichen Welt zutrifft: Sie muss sich verändern oder wird sterben.[1]

UNBEHAGEN ÜBER DIE INSTITUTIONELLE KIRCHE

Wenn adventistische Historiker in zehn oder mehr Jahren auf die Entwicklungen in ihrer Kirche zurückblicken, werden sie wahrscheinlich auf die Generalkonferenzvollversammlung 2015 in San Antonio (Texas, USA) als den Moment verweisen, als einige missliche Entwicklungen sichtbarer wurden als jemals zuvor.[2] Dort hatten sich rund 2500 Delegierte aus aller Welt versammelt, um die verantwortlichen Leiter in der Generalkonferenz und den

---

1. Vgl. den Titel seines Buches *Why Christianity Must Change or Die*, HarperCollins, San Francisco 1998.
2. Einige der Aussagen in den folgenden Absätzen stammen aus dem Vortrag, den ich auf der Tagung des Adventistischen Wissenschaftlichen Arbeitskreises (AWA) am 2.-4. Oktober 2015 in Eisenach gehalten habe.

Divisionen zu wählen und Entscheidungen zu treffen, die die Zukunft ihrer Kirche beeinflussen.

Als Gilbert Valentine, ein adventistischer Universitätsprofessor, öffentlich gefragt wurde, wie er diese Generalkonferenzversammlung empfunden habe, verwies er auf einige wesentliche Veränderungen, die ihm aufgefallen waren. Es sei sehr deutlich geworden, erklärte er, dass der Süden sich seines potenziellen Einflusses mehr gewahr geworden und nun mehr als in der Vergangenheit willens war, seine numerische Stärke zu nutzen, um die Wünsche des Nordens zu überstimmen. Er verwies auch auf einige andere Entwicklungen. Er spürte eine Veränderung von einem geistlichen Unterton zu einer politischeren Atmosphäre und eine theologische Bewegung aus der „Mitte" hin zur „Rechten". Für ihn war offenbar, dass die Diskussionen über Veränderungen der *Gemeindeordnung* zeigten, dass dieses Handbuch allmählich den Status einer *Vorschrift* annimmt, die befolgt werden muss, anstatt eine *Beschreibung* zu sein, wie man allgemein mit organisatorischen Angelegenheiten in den Ortsgemeinden umgehen sollte. Die ausführlichen Debatten über Veränderungen in den Glaubensüberzeugungen offenbarten für ihn einen zunehmenden Trend hin zu einem Glaubenscredo. Außerdem beobachtete er, dass die Rolle des Generalkonferenzpräsidenten mehr und mehr „imperial" geworden ist.[1] In vielen Äußerungen mir gegenüber wurden seine Beurteilungen von anderen geteilt. Wir werden auf diese verschiedenen Veränderungen später zurückkommen, werden aber zuerst auf die Besorgnisse vieler über die Art und Weise eingehen, wie die Kirchenmaschinerie in unserer Zeit zu operieren neigt.

Das Organisationsmodell der adventistischen Kirche ist eine Mischung von Elementen, die aus verschiedenen Traditionen übernommen wurden. Der Nachdruck auf die Trennung von Kirche und Staat kommt aus der freikirchlichen Tradition, die

---

1. Laut Audioaufnahme des Vortrages von Gilbert Valentine am 25. Juli 2015 in Glendale (Kalifornien) auf dem Treffen des adventistischen Forums; http://spectrummagazine.org/sites/default/files/LApercent20Forum percent20-percent20Gilpercent20Valentine.mp3.

in der radikalen Reformation (der Täuferbewegung) gründet und durch die Auswanderung verfolgter Christen in die englischen Kolonien in Nordamerika übertragen wurde, wo sie in den Vereinigten Staaten zur verfassungsmäßigen Norm wurde. Der Adventismus übernahm zwar einige organisatorische Elemente aus dem Calvinismus und dem Luthertum, aber die meisten wurden aus dem Methodismus und von der Christian Connexion übernommen,[1] zu denen einige der wichtigen Leiter der frühen Adventbewegung gehört hatten. Die Form und Terminologie von „Vereinigungen" auf regionaler Ebene und der „Generalkonferenz" als oberstes Leitungsgremium stammt aus dem starken methodistischen Einfluss. Die vierstufige Organisationsstruktur der Kirche (Generalkonferenz/Divisionen, Verbände, Vereinigungen, Ortsgemeinden) hat eine deutlich hierarchische Struktur mit katholischem Geschmack angenommen. Und ob wir es mögen oder nicht, hat auch das amerikanische politische System der adventistischen Organisationsstruktur seinen unauslöschlichen Stempel aufgedrückt. Es hat der Kirche eine präsidiale Form der Leitung gegeben, aber unglücklicherweise nicht durchgehend mit einer angemessenen Machtbalance.

Der europäischen Denkweise erscheint das präsidiale System nicht erstrebenswert. Kein europäisches Staatsoberhaupt und kein Ministerpräsident (wie zum Beispiel in Großbritannien oder Deutschland und selbst in Frankreich) hat dieselbe Exekutivmacht und kann die politische Richtung eines Landes in ähnlicher Weise bestimmen oder verändern, wie es der US-Präsident kann. In ähnlicher Weise sind Verbands- und Vereinigungsvorsteher unserer Kirche in Europa zuallererst Teamleiter. Sie leiten die Sitzungen der Exekutivausschüsse, sie schlagen Initiativen vor, müssen aber stets sicherstellen, dass sie die Zustimmung ihrer Ausschüsse haben, und umsichtig sein, wie sie ihre eigenen Initiativen einführen. Ich bin in meinem Heimatland Verbandsvorsteher gewesen und glaube, dass ich das Vertrauen und den Respekt der

---

1. Näheres zur Christian Connexion siehe Gerald Wheeler, *James White*, Advent-Verlag, Lüneburg 2006, Kap. 3.

meisten Kirchenangestellten und Gemeindeglieder besaß; aber mir war immer bewusst, dass meine Macht begrenzt war, und ich wusste, wann ich aufhören musste, meine eigenen Vorstellungen zu stark zu forcieren – wie brillant sie in meinen Augen auch gewesen waren.

Es beunruhigt mich und mit mir viele andere Adventisten in Europa, aber auch selbst in den USA, dass die „Präsidenten" von adventistischen Kirchenorganisationen in vielen Teilen der Welt eine unangemessene Macht besitzen und in einem großen Ausmaß die Agenda der Kirche in ihrer Amtsperiode bestimmen können. Dies trifft insbesondere auf die Art und Weise zu, wie der Generalkonferenzpräsident die Richtung der ganzen Kirche bestimmen kann. An dieser Stelle kann wiederum ein wenig Geschichtskenntnis hilfreich sein, denn sie illustriert, wie vergangene Generalkonferenzpräsidenten ihrer jeweiligen Amtsperiode ihren Stempel aufgedrückt haben.

FÜNF GENERALKONFERENZPRÄSIDENTEN

Reuben Figuhr (1893–1986) leitete die Kirche der Siebenten-Tags-Adventisten von 1954 bis 1966. Adventistische Historiker charakterisieren seine Präsidentschaft als eine Periode der Stabilität und Offenheit. Figuhr war wesentlich weniger besorgt über den Einfluss von „modernen" und „liberalen" Tendenzen, als sein Nachfolger es war. Zwei Hauptprojekte sind Beweis der Willigkeit der Kirchenleitung, theologisches Neuland zu pflügen (oder dies zumindest zu erlauben): der siebenbändige *Seventh-day Adventist Bible Commentary,* herausgegeben von Francis D. Nichol,[1] und die Herausgabe des (seitdem stets) umstrittenen Buches *Seventh-day Adventists Answer Questions on Doctrine.*[2]

---

1. *The Seventh-day Adventist Bible Commentary,* 7 Bände, Review and Herald, Washington D.C. 1953–1957. Zum historischen Hintergrund dieses Projektes siehe Raymond F. Cottrell, „The Untold Story of the Bible Commentary", Spectrum, Jg. 16, Nr. 3 (August 1985), S. 35–51.
2. Review and Herald, Washington D.C. 1957; neu herausgegeben von George R. Knight, *Seventh-day Adventists Answer Questions on Doctrine,* annotated edition, Andrews University Press, Berrien Springs (Michigan) 2003.

Robert Pierson (1911–1989) war dagegen extrem besorgt über die theologische Ausrichtung unserer Kirche und tat alles, was er konnte, um das Blatt zu wenden. Ein genauerer Blick auf seine Präsidentschaft (1966–1979) zeigt verblüffende Parallelen mit dem gegenwärtigen Präsidenten, insbesondere in Bezug auf das Thema „Erweckung und Reformation", das von Pierson begonnen und 2010 durch Ted N. C. Wilson wiedererweckt wurde.[1]

Neal C. Wilson (1920–2010), Teds Vater, war der nächste Generalkonferenzpräsident. Während seiner Amtszeit (1979–1990) erlebte unsere Kirche ein erhebliches Wachstum. 1979 hatte unsere Kirche fast 3,4 Millionen Mitglieder; sie wuchs bis 1990 auf über 5,5 Millionen. Die Initiative der „globalen Mission" war eines der ambitionierten Programme Wilsons, um die Ausbreitung unserer Kirche zu fördern. Auf der Generalkonferenzvollversammlung in Dallas (Texas) 1980 nahm unsere Kirche ihre 27 Glaubensüberzeugungen an.[2] (Sie waren die Grundlage für die Revision, die 2015 in San Antonio beschlossen wurde.) Viele haben Neal C. Wilson als einen Politiker charakterisiert. Eines der Opfer der Kirchenpolitik in seiner Ära war der Theologe Desmond Ford (geb. 1929).[3]

Zur Überraschung der meisten Delegierten wurde auf der Generalkonferenz 1990 in Indianapolis (Indiana, USA) der wenig bekannte **Robert S. Folkenberg** (1941–2015) zum neuen Präsidenten gewählt. Man wird sich an ihn erinnern wegen seiner

---

1. Siehe mein Beitrag „Revival and Reformation – a current Adventist Initiative in a broader perspective", gehalten auf der European Theological Teachers' Convention, Newbold College (Großbritannien), 25.-29. März 2015. Veröffentlicht in Jean-Claude Verrecchia, Hg., *Ecclesia Reformata, Semper Reformanda: Proceedings of the European Theology Teachers' Convention 25-28 March 2015,* Newbold Academic Press, 2016, S. 101-121.
2. Der Originaltext der 27 Glaubensüberzeugungen findet sich u. a. in *Seventh-day Adventists Believe ... A Biblical Exposition of the 27 Fundamental Doctrines,* Ministerial Association, General Conference of Seventh-day Adventists, 1988.
3. Eine Biografie von ihm findet sich in Milton Hook, *Desmond Ford: Reformist Theologian, Gospel Revivalist,* Adventist Today Foundation, Riverside (Kalifornien) 2008.

Faszination mit der neuen Technologie (damals E-Mails und Satellitentelefone), aber auch für seine vielen Initiativen, um das weitere Wachstum unserer Kirche zu fördern. Theologisch war er ziemlich konservativ und wie Pierson besorgt, liberalere Tendenzen einzudämmen. Ein umfassendes Dokument mit dem Titel „Total Commitment" wurde vom Exekutivausschuss (Annual Council) offiziell verabschiedet, kurz bevor Folkenberg 1999 gezwungen wurde, von seinem Amt zurückzutreten. Die Absicht war, die Übereinstimmung mit dem Inhalt dieses Dokumentes zur Voraussetzung für Leitungs- und Lehraufgaben in unserer Kirche zu machen. Das Dokument wurde zwar in die *SDA Working Policy* (Verwaltungsrichtlinien) aufgenommen,[1] aber es erhielt unter seinem Nachfolger wenig Aufmerksamkeit.

Jan Paulsen (geb. 1936) war der erste professionelle Theologe, der 1999 der oberste Leiter unserer Kirche wurde. Die Schwerpunkte seiner Leitung können vielleicht mit denen von Reuben Figuhr verglichen werden. Statt lehrmäßige und religiöse Uniformität zu betonen, bestand sein Ideal für die Kirche in der Einheit in Vielfalt. Aber wie Figuhr wurde er verdächtigt, Sympathien für liberale Tendenzen zu haben, und wie er folgte ihm jemand nach, der einen Feldzug gegen die Gefahren begann (und fortführte), die unserer Kirche von denen drohten, die angeblich von „der Wahrheit" abwichen, wie sie durch eine „schlichte Lesart" der Bibel und eine wörtliche Interpretation der Schriften Ellen Whites zu finden sei.

Seit 2010 wird unsere Kirche geleitet durch **„Ted" Neal C. Wilson** (geb. 1950). Seine Wiederwahl im Juli 2015 in San Antonio war der Beginn seiner zweiten Amtsperiode. Während ein Teil der Kirche sich darüber freute, beklagte ein beträchtliches Segment die Aussicht von mindestens fünf weiteren Wilson-Jahren. Wahrscheinlich hat er mehr als irgendeiner seiner Vorgänger unserer Kirche den Stempel einer fundamentalistischen Tradition aufgedrückt. Es hat den Anschein, dass Wilsons Wiederwahl auch

---

1. Siehe *General Conference Working Policy*, A 15; der Text findet sich auch unter https://www.adventist.org/en/information/official-statements/documents/article/go/0/total-commitment-to-god.

eng mit der zunehmenden Nord-Süd-Spaltung unserer Kirche zusammenhängt.

Sobald er auf der Generalkonferenz in Atlanta (Georgia, USA) als Präsident gewählt worden war, äußerte er seine Hauptanliegen für die Kirche in seiner bedeutsamen Predigt am 3. Juli 2010.[1] Der Titel seiner Predigt „Geht voran" mag durchaus inspiriert worden sein von Ellen Whites „Geht voran"-Botschaft im letzten Band ihrer *Testimonies for the Church*.[2] Dieses Vorangehen sollte sich in einer Reihe verschiedener Bereiche zeigen, welche die Klammer der Botschaften Wilsons auf großen Versammlungen seitdem bildeten. Die Reaktionen auf seine Predigt waren gemischt, wie es auch die auf ähnliche Predigten auf großen Versammlungen in den folgenden Jahren waren. Viele freuten sich darüber, aber viele andere haben mit wachsender Frustration zugehört oder sie gelesen. Tatsächlich haben viele Ted Wilson als den polarisierendsten adventistischen Kirchenleiter bisher bezeichnet.

NEUERE BETONUNGEN

Die Initiative „Erweckung und Reformation" wurde eines seiner übergreifenden Projekte für unsere Kirche in seiner ersten Amtszeit. Es ist natürlich sehr schwierig, in irgendeiner objektiven und messbaren Weise zu bewerten, welche Ergebnisse diese Initiative hatte. Es ist jedoch interessant zu bemerken – wie bereits oben geschehen –, wie ähnlich Ted Wilsons Aufruf zu Erweckung und Reformation dem von Robert Pierson war.

Pierson war sehr besorgt über die angeblich „liberalisierenden" Tendenzen unter seinem Vorgänger Reuben Figuhr und entschlossen, unsere Kirche in eine andere Richtung zu führen. Raymond Cottrell (1911–2003), ein bekannter Lektor des Review and Herald-Verlages und des siebenbändigen adventistischen Bibelkommentars, beschrieb ihn folgendermaßen: „Robert H.

---

1. Eine Abschrift seiner Predigt findet sich in *Adventist Review, GC Session Bulletin*, Nr. 8, 9. Juli 2010; online unter https://de.scribd.com/doc/33861749/Ted-N-C-Wilson-Sermon-Go-Forward zu finden.
2. Ellen G. White, *Testimonies for the Church*, Bd. 9, S. 271; auf Deutsch in *Aus der Schatzkammer der Zeugnisse*, Bd. 3, S. 361.

Pierson war ein gütiger Mann, ein hingegebener Adventist, in jeder Weise ein Gentleman, aber auch eine Person mit klaren Zielen und fester Entschlossenheit, sie zu erreichen." Cottrell sah Robert Pierson, Gordon M. Hyde und Gerhard F. Hasel als „die drei Architekten hinter dem Jahrzehnt des Obskurantismus (1969–1979)". Laut Cottrell versuchte dieses „Triumvirat" in dem Jahrzehnt, die volle Kontrolle über die adventistischen Bibelstudien zu erlangen.[1]

Während der Herbstsitzung des Generalkonferenz-Exekutivausschusses 1973 setzte die Pierson-Administration das Projekt „Erweckung und Reformation" in Gang. Pierson nannte neun Bereiche, denen die Kirche dabei besondere Aufmerksamkeit schenken sollte:
- Eine auf die Wiederkunft Christi unvorbereitete Kirche.
- Den subtilen Angriff auf ihre Botschaft, indem die Inspiration der Bibel und der Schriften Ellen Whites infrage gestellt wird.
- Institutionen, die durch ihre Aufsichtsratsvorsitzenden und ihre Administratoren neu ausgerichtet werden müssen.
- Die Notwendigkeit von Erweckung und erneuter Hingabe in der Leiterschaft der Kirche.
- Eine Kirche, die vom Studium des Wortes Gottes abdriftet, also die Notwendigkeit einer Wiedererweckung des Bibelstudiums.
- Familien, die Hilfe brauchten, mit den modernen Zwängen zurechtzukommen, und die Wichtigkeit, einen „Familienaltar" (gemeinsame Andachten und Gebete) zu errichten.
- Die Notwendigkeit des Zeugnisses mit der „ersten Liebe".
- Die Notwendigkeit des Gebens mit der „ersten Liebe".
- Die Notwendigkeit einer Wiedererweckung von auf der Bibel gegründeten Predigten, die das Thema „Christus unsere Gerechtigkeit" betonen.[2]

---

1. Zitiert laut http://en.wikipedia.org/wiki/Raymond_Cottrell.
2. *Minutes General Conference Committee*, 15. Oktober 1973; siehe http://documents.adventistarchives.org/Minutes/GCC/GCC1973-10a.pdf.

Die Sammlung der Ansprachen auf der Herbstsitzung 1973[1] und Piersons emotionale Abschiedsrede auf der Herbstsitzung 1978, nachdem er das Präsidentenamt aus Gesundheitsgründen niedergelegt hatte, drückten weitgehend dieselben Besorgnisse aus, die auch von Ted Wilson immer wieder genannt worden sind. Dieses etwas ausführlichere Zitat aus seiner Rede verdeutlicht das.

Bedauerlicherweise gibt es einige in der Kirche, die die Inspiration schmälern, die ersten elf Kapitel der Genesis verachten, die kurze Chronologie des Geistes der Weissagung[2] über das Alter der Erde infrage stellen und subtil oder nicht so subtil den Geist der Weissagung attackieren. Es gibt einige, die auf die Reformatoren und zeitgenössische Theologen als eine Quelle und die Norm für die Lehre der Siebenten-Tags-Adventisten verweisen. Es gibt einige, die angeblich der abgedroschenen Phrasen des Adventismus müde sind. Es gibt jene, die die Standards der Kirche, die wir lieben, vergessen möchten. Es gibt jene, die die Gunst der Evangelikalen begehren und sie umwerben; jene, die den Mantel eines besonderen Volkes abwerfen möchten; und jene, die auf dem Weg der säkularen, materialistischen Welt gehen wollen.

Meine Mitleiter, geliebte Brüder und Schwestern – lasst das nicht geschehen! Ich appelliere an euch so ernsthaft, wie ich es an diesem Morgen tun kann: Lasst das nicht geschehen! Ich appelliere an die Andrews-Universität, an das Theologische Seminar, an die Loma Linda-Universität: Lasst das nicht geschehen! Wir sind keine Siebenten-Tags-Anglikaner, keine Siebenten-Tags-Lutheraner – wir sind Siebenten-Tags-Adventisten! Dies ist Gottes letzte Kirche mit Gottes letzter Botschaft![3]

---

1. Robert H. Pierson u. a., *Revival and Reformation*, Review and Herald, Washington D.C. 1974.
2. Gemeint sind die Schriften Ellen Whites.
3. Robert H. Pierson, „Final Appeal to God's People", *Review and Herald*, 26. Oktober 1978.

Man kann nicht umhin, die Ähnlichkeit zwischen der Betonung der „Erweckung und Reformation" von Robert Pierson und der von Ted Wilson einige Jahrzehnte später zu bemerken. Trotz der häufigen Hinweise auf die Rolle des Heiligen Geistes und den sogenannten „Spätregen" ist der Charakter der Betonung Wilsons auf Erweckung und Reformation sehr stark von menschlichen Programmen bestimmt, die sie hervorbringen sollen. Die administrativen und organisatorischen Maßnahmen, um diese Initiative zu fördern, werfen die Frage auf, ob vielleicht zu viel eingefädelt und zu wenig der Initiative des Geistes Gottes selbst überlassen wurde. In der Generalkonferenzverwaltung wurde ein Komitee eingerichtet, und einem der Vizepräsidenten wurde die Aufsicht über diese Initiative übertragen. Ergänzende Initiativen wurden entwickelt wie eine spezielle Webseite[1] und Hilfen für die Gemeindeglieder, um ihre Bibelstudiengewohnheiten und ihr Gebetsleben auf ein höheres Niveau zu bringen, wie zum Beispiel der Bibelleseplan „Revived by His Word"[2] und die 777-Gebetskette[3]. Während der zweiten Amtszeit Wilsons hat die Initiative Erweckung und Reformation anscheinend viel von ihrer ursprünglichen Kraft verloren. Wilson hat sich anderen Projekten zugewandt wie die Evangelisierung der Millionenstädte.

DIE EINSEGNUNG VON FRAUEN ZUM PREDIGTAMT

Während der ersten Amtszeit Wilsons hat das Thema der Ordination von Pastorinnen mindestens ebenso viel Aufmerksamkeit erregt wie die Initiative „Erweckung und Reformation". Es wäre unfair zu sagen, dass Wilsons Sichtweise dieser Angelegenheit der entscheidende Faktor in dem Ringen unserer Kirche mit diesem kontroversen Gegenstand gewesen ist, aber es ist offensichtlich, dass er nicht bereit war, seinen Einfluss dafür zu nutzen, eine Atmosphäre zu schaffen, in der diese Angelegenheit in einer Weise gelöst werden konnte, die in der Kirche eine breite Annahme gefunden hätte.

---

1. http://www.revivalandreformation.org/.
2. http://revivedbyhisword.org/.
3. http://www.revivalandreformation.org/777.

Die Frage, ob Frauen zu einem Gemeindeamt und zum Pastorendienst und zu Leitungspositionen in der adventistischen Kirche eingesegnet werden können, ist seit den 1960er-Jahren intensiv diskutiert worden. In dieser andauernden Debatte spielen theologische, ethische, kulturelle und traditionelle Elemente eine Rolle neben (zunehmend) kirchlichen Richtlinien und Kirchenpolitik. Vielen kommt es ziemlich befremdlich vor, dass eine Kirche, die stolz auf eine Frau als eine ihrer Mitbegründer verweist – die zudem ständig die Wichtigkeit der Arbeit von Frauen in der Kirche betonte –, so zögerlich ist, Frauen völlig gleichberechtigt mit Männern zu behandeln. Es ist verständlich, dass in einigen Regionen der Welt die Gleichstellung der Frauen im geistlichen Dienst immer noch auf starke kulturelle Barrieren trifft, aber in der westlichen Welt können viele Gemeindeglieder einfach nicht verstehen, warum ihre Kirche so sehr hinter den allgemeinen ethischen Normen der Umwelt und vieler anderer Kirchen hinterherhinkt.

Die Jahrzehnte der Diskussionen haben zu einer Situation geführt, die immer schwieriger zu erklären ist. 1984 entschied der Generalkonferenz-Exekutivausschuss schließlich, dass es in Ordnung ist, Frauen als Gemeindeälteste einzusegnen, falls die Kirche in der betreffenden Region der Welt dies für angemessen hält; und später, im Jahr 2000, wurde der Weg zur Einsegnung von weiblichen Diakonen geöffnet. 1987 wurde eine neue Art der Beglaubigung eingeführt. Männer und Frauen, die keine pastoralen Leitungsämter in der Kirche innehatten, konnten eine Beglaubigung als „beauftragter Geistlicher" (*commissioned minister*) erhalten. Bald wurde sie auch für Frauen im Pastorendienst benutzt. Sie gab ihnen die meisten der Rechte von eingesegneten Pastoren, jedoch mit einigen bedeutsamen Ausnahmen. Diese neuartige Beglaubigung ist nur in dem geographischen Bereich gültig, für den die Kirchenorganisation, die die Beauftragung ausspricht, verantwortlich ist. Eine Person mit dieser Beglaubigung kann nicht als Vorsteher einer Vereinigung, eines Verbandes oder einer Division gewählt werden – und erst recht nicht als Generalkonferenzpräsident. Natürlich fehlt dieser Vorschrift jegliche theologische Grundlage und ist nur eine Sache des Regelwerkes. Letzten Endes bleibt es schwierig zu verstehen, warum weibliche Älteste und Diakone ordiniert werden können, während dies für Pastorinnen als unangemessen angesehen wird. Gibt es verschiedene Arten oder Grade der Einsegnung? Welche theologische Begründung kann die gegenwärtige Situation überhaupt erklären?

Im Laufe der Jahre haben verschiedene Komitees das Thema der Frauenordination studiert, zuletzt das internationale „Theology of Ordination Study Committee". Seine mehr als 100 Mitglieder haben sich mehrfach getroffen und zahlreiche Dokumente gelesen und gehört. Es konnte jedoch kein Konsens über die Frauenordination erreicht werden, aber eine Mehrheit zog die Schlussfolgerung, dass dies keine theologische Angelegenheit ist, sondern eher eine der Kultur und der Kirchenregeln. Dies war auch die Schlussfolgerung der Berichte der meisten biblischen Forschungskomitees auf Divisionsebene. Unglücklicherweise wurde all dieses Material während der Diskussion auf der Generalkonferenz in San Antonio ignoriert.

Da das Theology of Ordination Study Committee sich nicht in der Lage sah, eine Empfehlung auszusprechen, wurde den Delegierten eine Frage vorgelegt, auf die sie mit Ja oder Nein antworten sollten: Soll die Kirche den 13 Divisionen (Regionen) erlauben, selbst zu entscheiden, ob sie die Einsegnung von Frauen zu Pastoren in ihrem Teil der Welt gestattet?[1]

Nach einer leidenschaftlichen und zum Teil hässlichen Debatte stimmten 41,3 Prozent der Delegierten mit Ja und 58,5 Prozent mit Nein (wenige enthielten sich). Falls Ted Wilson bereit gewesen wäre, sich seinem Vorgänger Jan Paulsen anzuschließen, der in einem leidenschaftlichen Statement die Delegierten aufgefordert hatte, diese Freiheit den verschiedenen Divisionen zuzugestehen, wäre wahrscheinlich der Ausgang ganz anders gewesen, und die Mehrheit hätte den Antrag angenommen.

---

1. Die Frage war im Original folgendermaßen formuliert: „After your prayerful study on ordination from the Bible, the writings of Ellen G. White, and the reports of the study commissions; and after your careful consideration of what is best for the church and the fulfillment of its mission, is it acceptable for division executive committees, as they may deem it appropriate in their territories, to make provision for the ordination of women to the gospel ministry? Yes or No."

In den Debatten vor und während der Generalkonferenzversammlung spielte eine relativ neue theologische Theorie eine immer wichtigere Rolle – und zweifellos haben wir noch nicht das Letzte von ihr gehört. Ich beziehe mich auf die unbiblische Vorstellung der führenden Stellung von Männern (*male headship*), die eine bestimmte Ordnung der Autoritätsebenen behauptet: Gott – Christus – Männer – Frauen. Diese Theorie hat ihren Ursprung in konservativen calvinistischen Kreisen in den Vereinigten Staaten und wurde in den Adventismus eingeführt von Samuele Bacchiocchi (1938–2008),[1] einem konservativen Kirchenhistoriker und populären Autor, der gern über kontroverse Themen schrieb. Sie basiert auf einer bestimmten Weise, die Bibel auszulegen, auf die wir näher eingehen müssen.

DIE „SCHLICHTE LESART" DER BIBEL

Viele der gegenwärtigen Auseinandersetzungen in der adventistischen Kirche haben mit einer bestimmten Art zu tun, die Bibel zu lesen und zu interpretieren. Vom Beginn seiner Präsidentschaft an hat Ted N. C. Wilson die „schlichte Lesart" der Bibel betont, das heißt die Wichtigkeit, den wörtlichen Sinn des Textes zu akzeptieren. Er erinnert seine Hörer ständig an die Gefahren aller Form der historischen Kritik und empfiehlt das Lesen einiger kürzlich erschienener Bücher über die Bibel und ihrer Interpretation, die vom Biblischen Forschungsinstitut der Generalkonferenz (*Biblical Research Institute*, BRI) herausgegeben worden sind.[2]

---

1. Eine gut recherchierte Studie des Hintergrundes dieser Theorie findet sich in Gerry Chudleigh, *A Short History of the Headship Doctrine In the Seventh-day Adventist Church*, 2014, siehe http://storage.cloversites.com/calimesaseventhdayadventistchurch/documents/a-short-history-of-the-headship-doctrine-in-the-seventh-day-adventist-church%20(1).pdf. Siehe auch den Artikel „Dem Manne ewig untertan?" in Adventisten heute, Februar 2015, längere Online-Fassung verfügbar unter http://www.advent-verlag.de/cms/cms/upload/adventistenheute/AH-2015-02/AH-2015-02-Dem_Manne_ewig_untertan-Langfassung.pdf.
2. *Understanding Scripture: An Adventist Approach*, George W. Reid, Hg., Biblical Research Institute Studies, Bd. 1 (2006); *Interpreting Scripture: Bible Questions and Answers*, Gerhard Pfandl, Hg., Biblical Research Institute Studies, Bd. 2 (2010).

Ohne Zweifel hat Wilsons Herangehensweise an die Bibel die immer schon gegenwärtigen fundamentalistischen Tendenzen im Adventismus gestärkt.

Verbunden mit seinem Beharren auf eine so wörtliche Interpretation der Bibel wie möglich ist Wilsons ständige Betonung der Wichtigkeit der Schriften Ellen Whites; diese sollten der Hauptanhaltspunkt für alles sein, was wir über irgendetwas sagen. Dieser unkritische Gebrauch ihrer Schriften – oft ohne den ursprünglichen Kontext in Betracht zu ziehen – ist von vielen Adventisten wärmstens begrüßt, aber zugleich von anderen sehr kritisiert worden. Wilsons Predigten neigen dazu – trotz aller Proteste –, mit Zitaten aus den Schriften Ellen Whites überladen zu sein, die oftmals selbst die Rolle der Bibel in den Hintergrund drängen.

Die Begeisterung für den „Geist der Weissagung" (wie die Schriften Ellen Whites oft bezeichnet werden) fand einen dramatischen Ausdruck in der weltweiten Kampagne in der ersten Amtszeit Wilsons, zig-Millionen Exemplare des Buches *Der große Kampf* zu verteilen. Diese Initiative wurde sehr unterschiedlich aufgenommen. In einigen Ländern waren die Gemeindeglieder eifrig bedacht, daran teilzunehmen; und spezielle Ausgaben des Buches wurden in großen Auflagen gedruckt. In vielen anderen Regionen wurden jedoch nur gekürzte Ausgaben mit ausgewählten Kapiteln aus dem zweiten Teil des Buches unter dem Titel *Die große Hoffnung* (in der entsprechenden Sprache) herausgegeben, um sicherzustellen, dass die Öffentlichkeit nicht mit dem ganzen antikatholischen Material bombardiert wird, das einen wesentlichen Teil des Buches bildet. In einigen Bereichen der Welt – insbesondere in den westlichen Ländern – war die Teilnahme an dem Projekt fast null oder beschränkt auf kleine Gruppen von meist immigrierten Gemeindegliedern. Viele verurteilten diese Kampagne und bedauerten, dass die Weltkirchenleitung dieses Projekt der Kirche aufdrückte, ohne die ernsten Bedenken zu berücksichtigen, die geäußert worden waren. Von vielen Adventisten wurde es als eine weitere Anweisung von oben und als Illustration angesehen, wie die oberste Verwaltung ihrer Kirche sich nun zu operieren entschlossen hat.

Das Biblische Forschungsinstitut (BRI), das dem Hauptquartier der Weltkirche angegliedert ist, wurde bereits erwähnt. Es war 1975 geschaffen worden mit der Absicht, der Kirchenverwaltung in Fällen von Lehrstreitigkeiten theologischen Rat zu geben und theologische Angelegenheiten zu untersuchen. Es verlor seinen semi-eigenständigen Status, als es 2010 auf Wunsch Wilsons direkt mit dem Amt des Generalkonferenzpräsidenten verbunden und ein Vizepräsident als Direktor eingesetzt wurde. Von da an gab es eindeutig eine stärkere präsidiale Kontrolle der Aktivitäten des BRI. Die Theologen, die ständig im BRI arbeiten, sind schon immer ziemlich konservativ gewesen, und dieser Trend hat sich in den letzten Jahren eindeutig verstärkt und die Kirche weiter auf dem Weg des Fundamentalismus und der lehrmäßigen Rigidität vorangebracht.

DIE GLAUBENSÜBERZEUGUNG ÜBER DIE SCHÖPFUNG

Einer der wichtigen Agendapunkte auf der Generalkonferenzversammlung 2015 war die Revision der 28 Glaubensüberzeugungen unserer Kirche. Dabei war die erhebliche Umformulierung des Artikels über die Schöpfung (Nr. 6) der umstrittenste Aspekt. Die Revision der Glaubensüberzeugungen verursachte eine erhebliche Diskussion vor und während der Vollversammlung; und sie wird ohne Zweifel auch weiterhin diskutiert werden. Zwei Aspekte erfordern unsere besondere Aufmerksamkeit.

Zum einen gibt es den klaren Trend hin zu einer immer detaillierteren Definition der adventistischen Grundlehren. Dieser Trend begann nicht erst 2015 in San Antonio. Viele hoffen jedoch, dass diese Entwicklung bald enden und vorzugsweise sogar umgekehrt wird.

Ein Blick auf die Geschichte der Glaubensüberzeugungen mag für manche Gemeindeglieder Überraschungen bieten. Zu Beginn weigerten sich die Leiter der Siebenten-Tags-Adventisten, irgendeine Zusammenfassung ihres Glaubens zu formulieren. „Wir haben kein Glaubensbekenntnis außer der Bibel" war ihr Motto. Eine Liste von Lehren zusammenzustellen war ihrer Meinung nach ein wichtiger Schritt in die Richtung des „Babylon" der Offenbarung. Es würde alles unvoreingenommene Bibelstudium beenden. Die Kirchengeschichte hatte mehr als genügend bewiesen, dass – sobald ein Glaubensbekenntnis (Credo) offiziell angenommen wurde – es praktisch unmöglich war, daran Veränderungen vorzunehmen. Die frühen Adventisten waren dem Würgegriff der Bekenntnisse der Kirchen entkommen, denen sie vorher angehört hatten, und wollten nicht zu etwas Ähnlichem zurückkehren.

Nach einiger Zeit jedoch war dieser rigide Standpunkt nicht länger haltbar. Die Öffentlichkeit stellte Fragen über den Glauben der adventistischen Kirche, die Antworten erforderten. Daher veröffentlichte James White, einer der frühen Leiter und Herausgeber der offiziellen Literatur unserer Kirche, die erste informelle Zusammenfassung von adventistischen Glaubenslehren. 1872 veröffentlichte die Kirche eine kleine Broschüre mit einer Liste von 25 „grundlegenden Prinzipien". Sie war nicht gedacht, „Einheitlichkeit zu sichern" oder ein „System des Glaubens" zu liefern, sondern sollte lediglich „ein kurzes Statement dessen sein, was von Adventisten mit großem Einvernehmen behauptet wird und wurde"; die Absicht war lediglich, „Anfragen zu beantworten" und „falsche Aussagen zu berichtigen".[1] Erst 1931 wurde ein weiteres Glaubensstatement ausgearbeitet. Diese „Erklärung des Glaubens der Siebenten-Tags-Adventisten" enthielt 22 Lehraussagen; sie diente der Kirche bis 1980. Dann wurde sie durch ein neues Statement von 27 „Glaubensüberzeugungen" (*Fundamental Beliefs*) ersetzt, die von den Delegierten der Generalkonferenzvollversammlung in Dallas (Texas) beschlossen wurde. Ein weiterer Artikel (als Nr. 11 eingefügt) wurde 2005 angenommen. So kam es zu den 28 Glaubensüberzeugungen.

Trotz dieser Entwicklung der Statements über die Glaubenslehren – von einer informellen Liste, um die Öffentlichkeit über die adventistischen Hauptlehren zu informieren, zu einer recht detaillierten Erklärung der adventistischen

---

1. „Seventh-day Adventist Doctrinal Statements", in: Don F. Neufeld, Hg., *Seventh-day Adventist Encyclopedia*, Review and Herald, Hagerstown (Maryland), Ausgabe 1996, Bd. 2, S. 464.

Schlüssellehren, die alle (neuen) Mitglieder annehmen sollen – beharrt unsere Kirche darauf, dass sie kein Glaubensbekenntnis außer der Bibel habe. Dies ist eindeutig nur eine Frage der Formulierung, denn die formulierten Glaubensüberzeugungen dienen zunehmend als ein Glaubensbekenntnis, und von allen Mitgliedern – und noch mehr von allen Kirchenangestellten – wird, zumindest in der Theorie, erwartet, dass sie jedem einzelnen Punkt zustimmen. Viele Gemeindeglieder fühlen sich mit dieser andauernden Entwicklung sehr unwohl und fragen sich, wo sie enden wird.

Dann gibt es noch einen weiteren Punkt. In den letzten Jahren ist deutlich geworden, dass es ein entschiedenes Drängen von den obersten Leitern der Kirche – insbesondere dem Generalkonferenzpräsidenten zusammen mit einer Gruppe konservativer Theologen – gegeben hat, einige Punkte der Glaubensüberzeugungen zu verschärfen. Das besondere Augenmerk galt dabei Art. 6 über die Schöpfung. Bereits der im Jahr 1980 angenommene Text erschien vielen adventistischen Wissenschaftlern und Gemeindegliedern als problematisch; sie meinten, dass weniger wörtlichen Interpretationen der Schöpfungs- und der Sintflutgeschichte Raum gegeben werden sollte.

Dies wurde jedoch als eine Gefahr angesehen, der begegnet werden musste. Deshalb sollte die Formulierung so verändert werden, dass jedes Schlupfloch, die den geringsten Raum gibt für eine theistische Form der Evolution und für jede Interpretation, die von einer „schlichten Lesart" des Textes abweicht, geschlossen würde. Alle, die die neue Formulierung verteidigten, waren zufrieden, als die Abstimmung (nicht unerwartet) in ihrem Sinn erfolgte. Aber viele anwesende Gemeindeglieder und in aller Welt – insbesondere der westlichen Welt – waren enttäuscht oder mehr. Es wurden nichtbiblische Formulierungen in den neuen Text eingeführt, die unterstreichen, dass die sieben Tage der Schöpfungsgeschichte „buchstäbliche Tage" waren, Teil einer Zeitperiode, „die wir heute als Woche" bezeichnen, und betonen, dass die Schöpfung

„vor nicht langer Zeit" geschah.[1] Diese Veränderung war für viele Adventisten ein weiteres tragisches Beispiel für ein stetiges Abrutschen in eine fundamentalistische Lesart der Bibel. Manche meinen, dass die adventistische Kirche denselben tragischen Fehler wie die Römisch-katholische Kirche gemacht hat, als sie Galileo Galilei einen Häretiker nannte.

Später in diesem Buch werden wir mehr über die Rolle von Lehren in der Kirche und im Leben der einzelnen Gläubigen zu sagen haben. Postmoderne Christen sind nicht sehr am lehrmäßigen Kleingedruckten interessiert und wehren sich heftig, in die Zwangsjacke einer Liste von Lehren geschnürt zu werden, der sie zustimmen müssen, wenn sie als ordnungsgemäße Gemeindeglieder akzeptiert werden wollen. Mehr und mehr Menschen zögern, sich der Kirche der Siebenten-Tags-Adventisten anzuschließen, wenn sie allen 28 Glaubensüberzeugungen zustimmen müssen. In typischer postmoderner Weise wollen sie ihre eigene Liste zusammenstellen und die Freiheit besitzen, dies zu tun. Falls das unmöglich ist, wollen sie nicht in das Taufbecken steigen. Und zunehmend sind Gemeindeglieder, die sich irgendwann in der Vergangenheit der adventistischen Kirche angeschlossen haben, nicht länger von der Richtigkeit und/oder Relevanz einiger Artikel überzeugt und fragen sich, wie viele der 28 jemand annehmen muss, um ein echter Adventist zu bleiben.

---

1. Artikel 6 der Glaubensüberzeugungen über „Die Schöpfung" lautet jetzt wie folgt: „In der Heiligen Schrift hat Gott die zuverlässige, historische Beschreibung seines schöpferischen Wirkens offenbart. Er schuf das Universum, und vor nicht langer Zeit hat er in sechs Tagen „Himmel, Erde und Meer gemacht und alles, was dazugehört" und ruhte am siebten Tag. So setzte er den Sabbat als eine beständige Erinnerung an sein vollendetes schöpferisches Werk ein, das er in sechs buchstäblichen Tagen verrichtete, die zusammen mit dem Sabbat die gleiche Zeiteinheit bildeten, die wir heute als Woche bezeichnen. Der erste Mann und die erste Frau wurden als Krönung der Schöpfung „zum Bilde Gottes" geschaffen. Ihnen wurde die Herrschaft über die Erde übertragen und die Verantwortung, sie zu bewahren. Die Schöpfung war nach ihrer Vollendung „sehr gut" und verkündete die Herrlichkeit Gottes. (1 Mo 1; 2; 5 und 11; 2 Mo 20,8–11; Ps 19,2-7; 33,6.9; 104; Jes 45,12.18; Apg 17,24; Kol 1,16; Hbr 1,2; 11,3; Offb 10,6; 14,7)"

FEINDBILDER

Zu den Dingen, die viele Adventisten nicht mögen – insbesondere die am Rande –, gehört der ständige Fokus auf irgendeinen äußeren Feind. Von Beginn an ist der Adventismus misstrauisch gegenüber anderen Konfessionen gewesen. Unser prophetisches Szenario wies auf „Babylon" als dem Gegenüber der wahren Kirche Gottes hin. Die Kirche der Siebenten-Tags-Adventisten wurde als „Gottes letzte Kirche" angesehen, die „Gemeinde der Übrigen" in einer Welt, die dem Untergang geweiht ist. „Babylon" würde schließlich alle anderen religiösen Mächte vereinen, insbesondere die römisch-katholische „Mutterkirche" und ihre „Töchter", die abgefallenen protestantischen und reformierten Glaubensgemeinschaften, die zusammen mit dem Spiritismus eine endzeitliche Nachahmung der Dreieinigkeit bilden würden.

In den letzten Jahrzehnten hatte es den Anschein, dass dieses Denken in Kategorien von „wir" und „sie" allmählich Nuancen bekam. Obwohl die traditionelle adventistische Auslegung nicht verändert wurde, lag viel weniger Betonung auf ihr. Die ziemlich hasserfüllte Ausdrucksweise der Vergangenheit wurde abgemildert. Die adventistische Kirche war mehr und mehr bereit, andere als echte Christen zu akzeptieren – wenn auch mit „geringerem Licht" über die biblische Wahrheit, als es die „Gemeinde der Übrigen" erhalten hatte. Obwohl unsere Kirche keinen ökumenischen Organisationen wie dem Weltkirchenrat beigetreten ist und nationalen Kirchenorganisationen abriet, nationalen Kirchenräten als formale Mitglieder beizutreten, gab es eine größere Bereitschaft, mit anderen Christen in verschiedenen Bereichen zusammenzuarbeiten und sich an Diskussionen und Konsultationen zu beteiligen.

In jüngster Zeit gewinnt anscheinend das Verlangen, zur Isolation zurückzukehren, wieder die Oberhand. Der Generalkonferenzpräsident hat wiederholt davor gewarnt, nichtadventistische theologische Bücher zu lesen, nichtadventistische Pastoren in Adventgemeinden sprechen zu lassen, enge ökumenische Kontakte aufzubauen und an Ausbildungsprogrammen teilzunehmen, die von anderen Christen angeboten werden.

Die Medien, die von solch unabhängigen Diensten wie 3AngelsBroadcastingNetwork (3ABN), Amazing Facts, Amazing Discoveries und verschiedenen inoffiziellen adventistischen Verlagen betrieben werden, bieten eine ständige Kost von alarmierenden und von Verschwörungstheorien gespeisten Endzeitbotschaften, in denen der alte Zorn gegen alles, was katholisch oder ökumenisch ist, erneut enthusiastisch entfacht wird. Für viele Adventisten am Rande genauso wie für viele, die noch fest in der Mitte der adventistischen Herde stehen, sind diese erneuerten Feindbilder schwer erträglich. Viele fragen sich, was dies mit einem Evangelium der Gnade und einem Herrn zu tun hat, der bereits alle bösen Mächte überwunden hat und dessen Wiederkunft die Hoffnung ist, die in unserem Herzen brennt.

HOMOSEXUALITÄT

Die Aufzählung der Besorgnisse speziell jener Adventisten am Rande der Gemeinde muss hier unvollständig bleiben, aber eine wichtige ethische Angelegenheit muss noch erwähnt werden.

Es wurde bereits gesagt, dass viele Gemeindeglieder in der westlichen Welt die Haltung ihrer Kirche in der Frage der Einsegnung von Frauen zum Pastorendienst kaum verstehen können. Einige hat es dazu geführt, die Kirche zu verlassen. Sie wollen zu keiner Organisation gehören, die weiterhin Frauen diskriminiert, und sind überzeugt, dass es dafür keine stichhaltigen theologischen Argumente gibt. Im Gegenteil glauben sie, dass das Evangelium Christi die völlige Gleichberechtigung der Geschlechter verkündet und erfordert.

Viele Adventisten in der westlichen Welt finden es auch zunehmend schwierig, die Position der Kirche bezüglich Homosexualität und gleichgeschlechtlichen Beziehungen zu akzeptieren. Dies trifft insbesondere auf junge Leute zu, aber das Unbehagen über den konfessionellen Standpunkt ist unter Frauen und Männern aller Altersgruppen zu finden. Sie treffen homosexuelle und lesbische Personen; sie arbeiten mit ihnen als Kollegen zusammen oder zählen sie zu ihren Freunden. Einige haben homosexuelle oder lesbische Geschwister. Viele kennen Adventisten mit einer homosexuellen, lesbischen oder anderen sexuellen Orientierung in ihrer Gemeinde und sind sich deren Ringen, voll akzeptiert zu werden, deutlich bewusst.

In der Vergangenheit hat die adventistische Kirche eine Reihe von unglückseligen Statements veröffentlicht, in denen Homosexualität als eine von ernsthaften sexuellen Verirrungen bezeichnet wird.[1] In jüngerer Zeit haben einige Leiter unserer Kirche die Notwendigkeit betont, mit homosexuellen und lesbischen Personen in einer liebevollen und pastoralen Weise umzugehen. Gleichzeitig hat die Kirche die Gemeindeglieder aber in keinem Zweifel darüber gelassen, dass zwar eine homosexuelle *Orientierung* keine Sünde sei, aber jede homosexuelle *Aktivität* völlig unannehmbar ist. Die einzige Option für solche Personen ist, sexuell enthaltsam zu sein.

Gemäß der offiziellen Sichtweise der Kirche wird eine wörtliche Lesart der biblischen Aussagen zur Homosexualität[2] zu der eindeutigen Schlussfolgerung führen, dass ein Christ sich jeglicher homosexueller Aktivitäten enthalten muss und keine gleichgeschlechtliche sexuelle Beziehung eingehen kann. Andere argumentieren jedoch, dass diese Bibeltexte auch in einer anderen Weise gelesen und verstanden werden können und dass die Bibel sich nirgends mit der Art von gleichgeschlechtlichen Beziehungen befasst, die wir heute kennen (zwischen zwei Männern oder zwei Frauen, die einander lieben und ihrem Partner treu bleiben

---

1. Siehe die Statements über „Homosexuality" und „Sexual Behavior" in: *Statements, Guidelines and Other Documents of the Seventh-day Adventist Church,* Communication Department of the General Conference of Seventh-day Adventists, Silver Spring (Maryland) 2010, S. 61, 99f.; online verfügbar unter https://www.adventist.org/fileadmin/adventist.org/files/articles/official-statements/Statements-2010-english.pdf. Eine Titelgeschichte in der Pastorenzeitschrift *Ministry* im September 1981 kündigte an, dass Adventisten einen Weg gefunden hätten, Homosexuelle zu heilen. Die späteren Enthüllungen (Sept. 1987) beschämten die Herausgeber.
2. Die wichtigsten Texte, die von denen zitiert werden, die darauf bestehen, dass die Bibel keinerlei homosexuelle Aktivitäten erlaubt, sind 3 Mo 18,22; 5 Mo 23,18–19; 1 Mo 19,4–14; Ri 19,22–30; Röm 1,21–28; 1 Kor 6,9–10 und 1 Tim 1,8–10.

wollen, solange sie leben).¹ Vielen Adventisten – wiederum insbesondere für jene am Rande der Gemeinden – ist es unmöglich zu akzeptieren, dass homosexuelle und lesbische Personen oftmals kaum in den Gemeinden toleriert und (bestenfalls) als zweitklassige Gemeindeglieder akzeptiert werden, denen kein wichtiges Gemeindeamt anvertraut werden kann, selbst wenn sie getauft sind.

DAS GRÖSSERE BILD

Im vorangegangenen Kapitel habe ich auf die Krise in der gegenwärtigen Christenheit hingewiesen und in diesem Kapitel auf eine Reihe von kontroversen Angelegenheiten im heutigen Adventismus. Ich zögere nicht, von einer realen *Krise* zu sprechen. Nicht alle werden dieser Beurteilung dessen, was in unserer Kirche zurzeit geschieht, zustimmen. Eine allzu verbreitete Herangehensweise besteht darin, sich auf einige Details eines bestimmten Arguments zu fokussieren, einige Punkte zu finden, die als fragwürdig angesehen werden, und dann zu schlussfolgern, dass das ganze Bild unzuverlässig ist. Ich möchte die Leser dazu auffordern, sich zuerst und vor allem das ganze Bild anzusehen und dann zu entscheiden, ob es tatsächlich die Realität in fairer Weise abbildet. Ich glaube, dass mein Bild dies tut.

Im weiteren Verlauf müssen wir drei weitere Elemente im Gedächtnis behalten. 1. Entwicklungen in der heutigen adventistischen Kirche können nicht von ihrer vergangenen Geschichte getrennt werden. Ohne eine gewisse Kenntnis unserer Geschichte können wir die Angelegenheit nicht in der richtigen Perspektive sehen. 2. Viele der Probleme, die in der gegenwärtigen Krise des Adventismus eine wichtige Rolle spielen, sind eine Angelegenheit der Hermeneutik, das heißt der Art und Weise, wie wir die Bibel

---

1. Eine Veröffentlichung, die eine progressive adventistische Sicht der Homosexualität bietet, ist: David Ferguson u. a., Hg., *Christianity and Homosexuality: Some Seventh-day Adventist Perspectives,* Adventist Forum, Roseville (Kalifornien) 2008. Eine traditionelle adventistische Antwort findet sich in Roy E. Gane u. a., Hg., *Homosexuality, Marriage and the Church: Biblical, Counseling and Religious Liberty Issues,* Andrews University Press, Berrien Springs (Michigan) 2012.

lesen und interpretieren. 3. *Veränderungen sind möglich*. Im Verlauf der Adventgeschichte haben sich viele Dinge verändert – einiges zum Besseren und einiges zum Schlechteren. Weitere Veränderungen zum Besseren (aus meiner Sichtweise) sind möglich. Die Kirche kann zu einer weniger fundamentalistischen Herangehensweise an die Bibel wechseln. Die Leiterschaft kann weniger kontrollierend werden und Vielfalt in der Weise, wie der adventistische Glaube in verschiedenen Teilen und Kulturen der Welt praktiziert wird, erlauben oder sogar fördern. Und wir müssen in unseren lehrmäßigen Überzeugungen nicht so rigide sein, wie es oft behauptet wird, wenn wir „wahre" Adventisten bleiben wollen!

Viele Dinge haben sich in unserer Kirche verändert, aber viele dieser Veränderungen beunruhigen Gemeindeglieder am Rande mehr, als dass sie ihnen gefallen. Im Folgenden wird deutlich werden, dass ich auf eine Art der Veränderung hoffe, die einen frischen Wind – ein *aggiornamento*[1] – in meine Kirche bringt. Meine Überzeugung, dass diese Art der Veränderung möglich ist, ist einer der Gründe, warum ich dieses Buch geschrieben habe. Aber echte Veränderung braucht häufig viel Zeit und erfordert daher Geduld. Ein oberflächliches Studium der Kirchengeschichte offenbart die Tatsache, dass den meisten Veränderungen eine lange Inkubationszeit vorausging. Aber Veränderungen werden schließlich kommen, falls genügend Gemeindeglieder sie wollen und dem Geist Gottes erlauben, sie herbeizuführen.

---

1. Italienisch Aktualisierung; *aggiornamento* war das Leitmotiv von Papst Johannes XXIII. zur Einberufung des Zweiten Vatikanischen Konzils.

KAPITEL 4

Existiert Gott und andere grundsätzliche Zweifel

Damals war ich zehn Jahre alt. Mein zwei Jahre jüngerer Bruder Henk fühlte sich nicht wohl, aber unser Hausarzt konnte keine Ursache dafür finden. Dann wurden die Symptome plötzlich so ernst, dass eine sofortige Einweisung ins Krankenhaus nötig war. Zwei Wochen später war Henk tot. Eine Form von rheumatischer Herzkrankheit war nicht rechtzeitig diagnostiziert worden – mit tödlichen Folgen. Meine Eltern waren – gelinde ausgedrückt – nicht vermögend, und deshalb wurde Henk in einem namenlosen Grab auf dem Friedhof des Ortes beerdigt, in dem wir lebten. Ich habe noch seine Schulklasse vor Augen, wie sie um das offene Grab herumstand und für ihren Klassenkameraden sang, und erinnere mich an die Predigt eines unserer beliebten adventistischen Pastoren, der von Amsterdam gekommen war, um die Beerdigung zu halten.

Ich glaubte an Gott auf meine eigene kindliche Weise. In den vier Tagen, in denen der Sarg mit offenem Deckel in unserem kleinen Haus in dem ziemlich engen Flur stand, in dem wir laufend an ihm vorbeigehen mussten, betete ich inbrünstig. Ich kannte die biblischen Geschichten, in denen Leute wunderbarerweise wieder zum Leben erweckt worden waren. Zwar wusste ich, dass dies nur gelegentlich geschehen war und die meisten Toten tot blieben, aber es war doch einige Male geschehen, und ich betete, dass Gott auch für meinen Bruder eine Ausnahme machen würde. Es machte keinen Sinn, dass er nicht länger bei uns war. Warum hat Gott uns dies angetan? Aber trotz all meiner Gebete machte Gott keine Ausnahme. Warum nicht? Warum ließ er Henk sterben?

Nur einige Jahre später standen wir auf demselben Friedhof – dieses Mal, um von meinem Vater Abschied zu nehmen. Er war nur 50 Jahre alt geworden. Nach einem ziemlich vertrackten Leben mit vielen Krankheiten und nach vielen schweren Unglücken und Rückschlägen hatte er Leukämie bekommen. Der ungleiche Kampf mit dieser Krebskrankheit dauerte etwa sechs Jahre – eine schlimme Zeit für ihn und die ganze Familie.

Mein Vater war nicht mehr da. Ich war 14 und musste nun ohne ihn aufwachsen. Tatsächlich hatte ich selbst in den Jahren vor seinem Tod keinen fürsorglichen Vater gehabt wie viele Jungen meines Alters. Darum habe ich stets die innige Beziehung mit einem echten Vater in meinem Leben vermisst. Warum war mir das passiert? Und meiner Mutter, meinen Schwestern? Warum hatte Gott dies zugelassen? Wusste er nicht, dass wir an ihn glaubten? Warum ignorierte er uns; warum half er uns nicht?

Einige Jahrzehnte später – ich war nun um die 40 – starb meine jüngste Schwester mit 32 und hinterließ einen Ehemann und drei kleine Kinder. Ein bösartiger Gehirntumor hatte sein schnelles und tödliches Werk getan. Das schockierte mich und ließ mich fragen: *Warum lässt Gott dies einer jungen Familie zustoßen? Warum müssen diese Kinder ohne Mutter zurechtkommen? Warum, Gott, warum?*

Viele von uns haben bereits schwierige Zeiten erlebt oder werden noch Leidenszeiten erfahren. Wir wissen, dass niemand unsterblich ist und wir eines Tages unsere alten Eltern und ältere Verwandte und Freunde verlieren werden. Aber wir werden uns nie daran gewöhnen, Menschen zu verlieren, die mitten im Leben stehen, oder dass schon Kinder an Krebs sterben.

Mir ist bewusst, dass viele Leute ein viel schwierigeres Leben hatten als ich bis jetzt. Und wenn ich an die vielen Opfer von Kriegen denke, die mit einem lebenslangen Trauma, ohne ihre Eltern, ihren Ehepartner oder ihre Kinder weiterleben müssen, dann klingen Worte hohl, wenn ich zu beschreiben versuche, was sie fühlen mögen. Es stellt sich die bohrende Frage: Warum lässt ein allmächtiger Gott solche Gräueltaten geschehen?

In seinem Bestseller *Wenn guten Menschen Böses widerfährt* (1974 erschienen) schreibt Rabbi Harold Kushner, dass wir ein gewisses Leiden als unvermeidlichen Teil des menschlichen Lebens akzeptieren können, uns aber die Tatsache vor ein Rätsel stellt, dass es so viel unerklärliches Leid gibt. Dies gilt umso mehr, wenn wir nicht nur auf das Leiden Einzelner schauen, sondern auch auf das Leid in viel größerem Maßstab – das Elend ganzer Gemeinschaften oder gar Nationen. Denken wir an die Naturkatastrophen, die unseren Planeten mit verblüffender Häufigkeit treffen; die Erdbeben, die Zehntausende unschuldiger Leute unter den Trümmern von Häusern und Fabriken begraben; die Taifune und Tsunamis, die schreckliche Verwüstungen verursachen und Millionen Menschen tot oder obdachlos zurücklassen. Warum passiert so etwas?

Terrorattacken verursachen schweres Leiden und stören unser Leben. Wir können nicht länger ein Flugzeug besteigen, ohne zuerst unsere halbleeren Wasserflaschen in den Abfall geworfen zu haben, unser Handgepäck durchleuchten zu lassen und durch einen Körperscanner gegangen zu sein. Es gibt Eingangsschleusen mit Metalldetektoren am Einlass von großen öffentlichen Gebäuden, und in den Städten werden wir jeden Tag Dutzende Male von Überwachungskameras gefilmt. Kürzlich las ich in einem Bericht, dass jemand, der einen Tag lang durch die Straßen Londons geht, mindestens 300 Mal gefilmt wird. Dennoch gelingt es Terroristen immer noch, wahllos Männer, Frauen und Kinder zu töten, die lediglich am falschen Platz zur falschen Zeit sind. Warum passiert dies alles? Warum können der IS und Boka Haram, die Drogenkartelle in Südamerika und terroristische Organisationen ihre abscheulichen Praktiken fortsetzen?

Warum hat unsere Welt Kriege mit Millionen Opfern erlebt? Jeder, der sich etwas mit der Geschichte befasst hat, hat nicht nur vom Ersten und Zweiten Weltkrieg gehört, vom Vietnamkrieg, den Massentötungen der Roten Khmer in Kambodscha in den späten 1970er-Jahren und dem Genozid in Ruanda 1994, sondern auch von den andauernden Kämpfen im Sudan, im Jemen, in der Ukraine usw. Beim Schreiben dieses Kapitels habe ich die dramatischen Bilder aus Aleppo und Mosul vor Augen. Die schrecklichen Ereignisse in Syrien haben bereits Hunderttausenden das Leben gekostet. Und dann gibt es noch das Leid in vielen anderen, manchmal bequemerweise vergessenen, Kriegen in der Welt.

ABER WARUM DAS ALLES?

Wir haben über die tiefe Krise in der gegenwärtigen Christenheit und das verbreitete Misstrauen gegenüber institutionellen Kirchen gesprochen. Die Krise reicht jedoch viel tiefer als der zunehmende Vertrauensverlust in Kirchen als Organisationen. Viele von denen, die sich am Rande ihrer Kirche befinden, erleben eine Glaubenskrise. Diese beiden Ursachen mögen natürlich eng zusammengehören, aber eine Glaubenskrise beinhaltet viel mehr als lediglich ein vermindertes Vertrauen in eine kirchliche Organisation. Sie berührt unser Leben auf der tiefsten Ebene.

Viele Christen mit Wurzeln in ganz verschiedenen Glaubensgemeinschaften aus dem religiösen Spektrum – von ganz liberal bis extrem konservativ – erleben Glaubenskrisen. Dies ist natürlich keine neue Erscheinung, aber gegenwärtig sind sie anscheinend intensiver als jemals zuvor. Sie sind auch nicht beschränkt auf irgendeine Altersgruppe. Und niemand sollte denken, dass Adventisten immun dagegen sind. Die meisten jungen Adventisten machen sich keine Gedanken darüber, welche Ereignisse genau vor, während und am Ende der 1000 Jahre von Offenbarung 20 stattfinden werden oder wie sich aus Daniel 8 und 9 das Jahr 1844 ableiten lässt; aber viele von ihnen fragen sich, ob es Gott wirklich gibt oder warum er so viele schreckliche Dinge in der Welt und der Gesellschaft, der sie angehören, geschehen lässt. Sie mögen Gemeindeglieder finden, die ihnen eine Serie von ausführlichen Bibelstunden geben können, um Fragen über das lehrmäßige Kleingedruckte zu beantworten, die aber leider nicht in der Lage sind, auf die wirklichen Probleme einzugehen, die sie beunruhigen. Diese jungen Leute stehen – wie viele aus vorhergehenden Generationen – am Rande ihrer Gemeinde wegen ihrer Enttäuschungen über das, was manche Gemeindeglieder sagen und tun und wegen der Entwicklungen in unserer Kirche. Aber oftmals geht ihr inneres Ringen viel tiefer; sie fragen sich: *Existiert Gott tatsächlich?* Oftmals stellen viele von uns die gleiche Frage, wie der Titel von Philip Yanceys inspirierendem Buch lautet: *Wo ist Gott in meinem Leid?*

GOTT – ALLMÄCHTIG *UND* LIEBEVOLL?

Eine der wichtigsten Fragen, mit denen viele Christen ringen, lautet: Wie können wir all das Leid und Elend in der Welt mit einem allmächtigen und liebevollen Gott in Einklang bringen? Wenn Christen zu erklären versuchen, wie Gott ist, zitieren sie oft die einfache, biblische drei-Wort-Definition „Gott ist Liebe" (1 Joh 4,16). Gott ist Liebe in der reinsten und höchsten Form. Dies zeigte sich laut der Bibel vor allem in der Gabe des Sohnes Gottes, Jesus Christus, der auf die Erde kam, um uns zu erlösen. Aber die Erklärung Gottes umfasst meist auch andere Eigenschaften: Gott ist ewig (er hat stets existiert und wird immer existieren), allwissend (er weiß alles im Voraus), allgegenwärtig (er kann überall gleichzeitig sein) und unwandelbar, aber er ist auch allmächtig, das heißt: Es gibt keine Grenze, was er tun kann. Er wird in der Bibel als der Schöpfer des Universums und all dessen, was darinnen ist, dargestellt. Wir lesen, dass er die Macht hat, „einen neuen Himmel und eine neue Erde" zu schaffen (2 Ptr 3,13), wenn die Weltgeschichte, wie wir sie kennen, zu Ende geht.

Hier haben wir also das Dilemma, das Millionen Menschen – einschließlich vieler Adventisten – nicht lösen können: Falls Gott völlige Liebe ist und unbegrenzte Macht hat, warum gibt es dann all das Leiden? Warum greift Gott nicht ein und schützt die Geschöpfe, die er angeblich liebt? Hat er nicht die Macht dazu oder liebt er uns nicht genügend? Wir möchten gern zu Gott sagen: „Wir fordern dich heraus, dies zu erklären! Verteidige dich selbst! Hilf uns zu verstehen, warum du anscheinend lediglich dasitzt und abwartest, statt einzugreifen und all das Böse und die Zerstörung zu beenden und uns aus der Misere herauszuholen, in der wir uns befinden."

Dies spiegelt sich in der Erfahrung von Steve Jobs wider, dem Genius und Mitbegründer des Apple-Imperiums, der 2011 an Krebs verstarb. In seiner Jugend besuchte Jobs an den meisten Sonntagen eine lutherische Kirche, aber er verlor seinen Glauben im Alter von 13. Er fragte seinen Sonntagsschullehrer: „Wenn ich meinen Finger ausstreckte, weiß Gott im Voraus, welchen Finger ich ausstrecken werde?" Als der Pastor antwortete: „Ja, Gott weiß alles", holte Steve das schockierende Titelblatt der Zeitschrift *Life* vom Juli 1968 aus seiner Tasche hervor, das einige verhungernde Kinder in Biafra (Nigeria) zeigte. Dann fragte er den Pastor, ob Gott auch diese Kinder kenne. Die einzige Antwort, die er erhielt, war: „Steve, ich weiß, dass du das nicht verstehst, aber: Ja, Gott weiß davon." Steve Jobs war mit dieser Antwort nicht zufrieden und verließ die Kirche, um nie wieder zurückzukehren.[1]

Theologen haben einen Fachausdruck für dieses Thema: Sie sprechen von der *Theodizee*. Dieser Begriff leitet sich von zwei griechischen Worten ab: *theos* (Gott) und *dikē* (Rechtsspruch). Mit anderen Worten: Wie rechtfertigt Gott seine offenbare Untätigkeit, wenn wir leiden? Im Internet fand ich die folgende treffende und hilfreiche Definition von *Theodizee*: „die Verteidigung der Güte und Allmacht Gottes angesichts der Existenz des Bösen."[2]

Für die meisten Menschen ist die Frage, wie Gottes Liebe mit seiner unbegrenzten Macht in Einklang zu bringen ist, nicht zu beantworten, und daraus schließen sie: Es gibt keinen liebenden Gott! Jedoch haben Denker zu allen Zeiten sich geweigert, diese fatalistische Schlussfolgerung zu ziehen, und versucht, eine befriedigende Antwort zu finden. Ich habe ziemlich viele ihrer oftmals recht komplizierten Bücher über das Theodizeeproblem gelesen. Das am besten lesbare und aufschlussreiche Buch über dieses Thema, das ich in jüngerer Zeit gefunden habe, ist das Buch von Richard Rice *Suffering and the Search for Meaning*. Der Untertitel verdeutlicht, was er beabsichtigt: Antworten auf das Problem des Leidens zu finden.[3] Rice, ein Theologieprofessor

---

1. Ich verdanke Bobby Conways Buch, *Doubting toward Faith: The Journey to Confident Christianity* (Harvest House Publishers, Eugene, Oregon, 2015), S. 50, auf diese Erfahrung von Steve Jobs aufmerksam geworden zu sein. Die Geschichte wird in Jobs Biographie von Walter Isaacson, *Steve Jobs* (Simon & Schuster, New York 2011), S. 14f. beschrieben.
2. Übersetzt aus www.merriam-webster.com/dictionary.theodicy.
3. Richard Rice, *Suffering and the Search for Meaning: Contemporary Responses to the Problem of Pain*, IVP Academic Press, Downers Grove (Illinois) 2015.

an der adventistischen Loma Linda-Universität in Kalifornien, erwartet von seinen Lesern keine umfangreichen theologischen Kenntnisse. In seinem Buch gibt er einen Überblick über die verschiedenen Herangehensweisen an diese Warum-Frage, die ich hier kurz zusammenfasse.

Die erste Sichtweise ist, dass jeder Versuch, Gott zu rechtfertigen, fehlschlagen muss; wir können keinen Weg finden, um das Elend in der Welt mit einem allmächtigen *und* liebenden Gott in Einklang zu bringen. Jedoch wurde auf mindestens fünf verschiedenen Wegen versucht, eine mögliche Antwort auf die Warum-Frage zu finden.

1. Wir können von der Annahme ausgehen, dass alles Leid und Elend in irgendeiner mysteriösen Weise Teil des Planes Gottes für die Menschheit ist. Zugegebenermaßen verstehen wir oft nicht, warum Gott viele Geschehnisse akzeptiert oder erlaubt; aber er macht keine Fehler, und wir müssen ihm vertrauen, dass zu seiner Zeit alle Dinge einen Sinn ergeben werden.
2. Gott kann nicht für die Tatsache verantwortlich gemacht werden, dass es so viel Leid in der Welt gibt. Es ist das Ergebnis der freien Willensentscheidung der Menschen. Gott wollte keine Roboter haben, sondern erschuf Wesen, die ihn aus freiem Willen lieben und dienen konnten. Gott nahm das Risiko auf sich, dass die Entwicklung umschlagen würde, aber das macht ihn nicht für unsere falschen Entscheidungen und damit für alles Leid in der Welt verantwortlich.
3. Wir mögen nicht in der Lage sein, eine Erklärung für all das Leiden zu finden, das wir sehen oder erleben, aber wir können die Tatsache schätzen, dass die meisten Ereignisse, die uns betreffen, das Potenzial besitzen, unser inneres Wachstum zu fördern und uns zu helfen, geistlich zu reifen.
4. Es findet eine kosmische Auseinandersetzung zwischen Gut und Böse statt, und Menschen spielen eine Rolle in diesem Ringen zwischen den Mächten des Lichtes und der Finsternis. (Siebenten-Tags-Adventisten haben sich traditionell für diese Sichtweise entschieden und bezeichnen diesen kosmischen Konflikt als den „großen Kampf".)

5. Schließlich gibt es noch eine andere Sichtweise, gemäß der wir unseren Ausgangspunkt verändern sollten. Theologen, die sie vertreten, sagen: Gott ist *nicht* allwissend und *nicht* allmächtig im klassischen Sinn dieser Begriffe. Gott weiß nicht genau, wie wir uns entscheiden werden, und er hat nicht die Möglichkeit einzugreifen, wenn wir falsche Entscheidungen treffen.[1]

Das Buch von Richard Rice ist sehr wertvoll, weil es einen klaren Überblick über die verschiedenen Sichtweisen gibt und dann ihre Stärken und Schwächen erörtert. Es erhält einen zusätzlichen Wert durch die Art und Weise, wie der Autor die persönliche Dimension des Problems behandelt. Menschliches Leiden, so sagt er, sei nicht bloß ein philosophisches und theologisches Problem (Rice zieht den Begriff „Geheimnis" vor); früher oder später werde es jeden von uns persönlich betreffen. Rice schlägt vor, Aspekte der verschiedenen Sichtweisen zu kombinieren, wenn wir versuchen, „Fragmente von Sinn" abzuleiten und Trost und Unterstützung finden wollen, wenn wir selbst von einem Unglück betroffen werden.

Wie Richard Rice sehe ich einen Wert in mehreren der vorgeschlagenen „Lösungen". Insbesondere zieht mich die unorthodoxe Sichtweise von Punkt 5 an, aber ich werde hier nicht in eine lange Diskussion dieses Themas einsteigen. Als Pastor und jemand mit professionellem theologischem Interesse finde ich solch eine Erörterung sehr interessant; gleichzeitig weiß ich jedoch, dass für die meisten Menschen die Warum-Frage nicht durch irgendeine akademische Debatte gelöst werden wird. Ganz gleich, welche Argumente wir vorbringen, fühlt es sich einfach nicht gut an, dass ein liebender Gott, der alle Macht besitzt, nicht das Leid und Elend verhindert oder stoppt, das wir persönlich erleben oder jeden Tag in den Fernsehnachrichten sehen. Falls es eine Antwort gibt, wird sie für die meisten von uns nicht auf rationalen Argumenten beruhen. Ich werde später darauf zurückkommen.

---

1. Diese Theorie wird als „offener Theismus" oder als „Prozesstheologie" bezeichnet (eine Herangehensweise, die noch über den offenen Theismus hinausgeht). Richard Rice ist ein wichtiger Prozesstheologe.

INTELLEKTUELLE ZWEIFEL

Während der ganzen Geschichte der Christenheit haben viele Menschen die Existenz Gottes bezweifelt, während andere alles Mögliche getan haben, um zu „beweisen", dass Gott existieren muss.[1] Diese „Beweise" folgen gewöhnlich dem gleichen Muster: Jede Wirkung muss eine Ursache haben, und diese Ursache muss ihre eigene Ursache haben usw. Schließlich muss es eine erste Ursache von allem geben: Gott. Andere haben diesen Gedankengang weiterentwickelt, indem sie argumentieren, dass die Vorstellung eines Gottes, der ewig, allmächtig und allwissend ist, bereits in sich beweist, dass es solch einen Gott gibt, weil eine solche Idee sich nicht einfach in einem begrenzten menschlichen Verstand entwickeln kann, wenn sie nicht durch einen Gott verursacht ist. Es wird auch argumentiert, dass die Existenz grundlegender moralischer Gesetze, die von der Menschheit weithin geteilt werden, nur durch ein höchstes moralisches Wesen, das diese moralischen Prinzipien in die Menschen eingepflanzt hat, erklärt werden kann.

Das bekannteste Argument für die Existenz Gottes ist folgendes: Wenn wir durch einen Wald wandern und plötzlich ein Haus mit einem gepflegten Garten entdecken, werden wir annehmen, dass jemand das Haus gebaut und den Garten angelegt hat. Oder wenn wir das komplizierte Räderwerk einer Uhr betrachten, dann spekulieren wir nicht, dass die Uhr durch eine Art geheimnisvoller Spontanerzeugung oder den Urknall in entfernter Vergangenheit entstanden ist. Wir setzen voraus, dass ein Uhrmacher aus Fleisch und Blut am Werk gewesen ist. Wenn wir das Universum studieren und darin eine bestimmte Ordnung entdecken, dann können wir ebenfalls vernünftigerweise nicht die Schlussfolgerung umgehen, dass es einen Schöpfer geben muss, der dem Kosmos und der Welt diese spezielle Ordnung gegeben hat. Wo immer es Beweise für *Design* (absichtsvolle Planung) gibt,

---

[1]. Siehe auch mein Buch *Faith: Step by Step: Finding God and Yourself* (Stanborough Press, Grantham, Großbritannien, 2006). Einige Passagen aus diesem Buch sind überarbeitet in diesen Abschnitt übernommen worden.

müssen wir einen *Designer* postulieren! Obwohl dieses Argument vom Design viel von seiner Überzeugungskraft einbüßte, als Charles Darwin und andere Evolutionslisten ihre Theorie einer allmählichen Entwicklung der verschiedenen Arten im Pflanzen- und Tierreich vorbrachten, hat es in den letzten Jahren eine interessante Wiederbelebung unter einigen christlichen Gelehrten erfahren aufgrund des Nachweises von intelligentem Design in der belebten Natur.

Heutzutage finden wenige Leute die traditionellen „Beweise" für Gottes Existenz überzeugend. Viele Christen, die von seinem Dasein fest überzeugt sind, stimmen Wissenschaftstheoretikern zu, dass es keinen absoluten Beweis dafür geben kann. Doch obwohl es unmöglich ist, einen stichhaltigen Beweis für Gottes Existenz zu liefern, ist es *noch schwieriger* zu beweisen, dass es *keinen* Gott gibt! Nehmen wir dazu einen einfachen Vergleich. Stichhaltige Beweise dafür zu liefern, dass es auf der Welt Rhinozerosse gibt, ist nicht schwierig; schließlich findet man sie in jedem größeren Zoo. Wenn man jedoch einen stichhaltigen Beweis dafür haben will, dass *keine blauen* Rhinozerosse existieren, ist dies wesentlich schwieriger, wenn nicht sogar unmöglich. Man müsste untersuchen, ob nicht irgendwo auf der Welt – einschließlich der abgelegensten und unzugänglichen Gebiete – ein blaues Rhinozeros zu finden ist. Solange man nicht die ganze Welt genau abgesucht hat, kann man nicht völlig sicher sein!

In den meisten Fällen werden intellektuelle Zweifel über die Existenz Gottes nicht verschwinden, indem man zu „beweisen" versucht, dass Gott lebt. Das erfordert eine andere Herangehensweise, wie wir noch sehen werden.

Zunächst dürfen wir eine andere große Hürde für viele, die mit ihrem Glauben ringen, nicht vergessen.

WARUM DAS CHRISTENTUM?

Die westliche Welt ist nicht mehr durchweg christlich. Menschen mit einer anderen Religion leben heute unter uns, und viele von uns sind bereits in Länder gereist, in denen wir dem Islam, dem Buddhismus oder Hinduismus oder einer anderen nichtchristlichen Religion begegnet sind. Als Resultat stellen viele heute die

Fragen: Wenn es einen Gott gibt, welcher ist es dann? Ist es der Gott der Christen oder der Allah der Muslime? Oder gibt es vielleicht viele Götter, wie es zum Beispiel die meisten Formen des Hinduismus lehren?

Wie können sich Christen da so sicher sein, dass ihre Religion besser ist als alle anderen Religionen? Welche Kriterien haben sie, um zu entscheiden, dass ihre Religion die wahre oder zumindest anderen überlegen ist? Könnte es nicht sein, dass alle Religionen den gleichen Wert haben? Sind sie vielleicht alle brauchbare Wege, einen tieferen Sinn im Leben zu finden? Ist es wirklich wichtig, ob du das höchste Wesen mit „Gott" oder mit „Allah" ansprichst? Ist es wirklich ein Unterschied, ob du deinen inneren Frieden von Buddha oder von Jesus Christus empfängst? Macht es wirklich etwas aus, ob du in einer katholischen Kathedrale oder in einem hinduistischen Tempel betest? Versuchen nicht alle Religionen dasselbe: eine Verbindung zwischen uns und dem unbekannten Jenseits zu schaffen? Diese Fragen sind weitere Gründe für weit verbreitete Zweifel.

Oder haben andererseits all jene Recht, die behaupten, alle Religionen seien das Produkt menschlicher Vorstellungskraft und nichts mehr?

FRAGEN ÜBER DIE BIBEL

Viele, die noch an Gott glauben und sich mehr zum Christentum hingezogen fühlen als zu einer anderen Religion, ringen mit ihrem Verständnis der Bibel. Dies gilt insbesondere für Gläubige, die in einer Kirche mit einer streng wörtlichen Auslegung der Bibel aufgewachsen sind. Wenn die Bibel berichtet, dass ein Mann drei Tage im Bauch eines großen Fisches überlebte und ein Esel in menschlicher Sprache redete, dann muss dies tatsächlich geschehen sein. Aber für viele Christen sind allerlei Dinge, die sie in der Vergangenheit bereitwillig akzeptiert haben, später nicht mehr so eindeutig. Dies gilt auch für viele Siebenten-Tags-Adventisten. Obwohl ihre Kirche offiziell die Bezeichnung „fundamentalistisch" zurückweist und die adventistische Theologie die Sichtweise der Verbalinspiration der Bibel nicht akzeptiert, sind die Dinge in der Gemeindefrömmigkeit oft anders.

Zunächst einmal sollten wir die beiden Begriffe Fundamentalismus und Verbalinspiration näher erklären.

Heutzutage wird der Begriff Fundamentalismus sehr weitgehend verwandt. Das autoritative englische *Merriam-Webster*-Wörterbuch definiert ihn als „eine Bewegung oder Haltung, die die strikte und wörtliche Einhaltung einer Reihe von grundlegenden Prinzipien betont"; es erwähnt dann „politischen Fundamentalismus" und den „islamischen Fundamentalismus" als Hauptbeispiele für diesen Gebrauch. Die erste und vorrangige Definition ist jedoch spezifischer: „Eine Bewegung im Protestantismus des 20. Jahrhunderts, die die wörtliche Interpretation der Bibel als grundlegend für das Leben und die Lehren der Christen betont."

Diese Bewegung entstand im ersten Viertel des vorigen Jahrhunderts. Eine Gruppe von Theologen, die durch die immer einflussreicheren liberalen Tendenzen in vielen nordamerikanischen Konfessionsgemeinschaften von Entsetzen gepackt war, entschied sich, eine Reihe von Broschüren zu schreiben, um die in ihren Augen tödliche Bedrohung des amerikanischen Protestantismus zu bekämpfen. Der Inhalt dieser Broschüren wurde als die „fundamentals" (Grundlagen) bekannt – und dies inspirierte den Begriff Fundamentalismus.

Verbalinspiration ist die Ansicht über die Inspiration der Bibel, die behauptet, *jedes einzelne Wort* sei inspiriert. Es wird zugestanden, dass dies nur für den Wortlaut der Originaldokumente (in Hebräisch, Aramäisch oder Griechisch) gilt, aber die Hauptthese ist, dass die biblischen Autoren bloße Schreiber waren, die niederschrieben, was ihnen der Geist sagte. Weil ihnen jedes Wort „diktiert" worden sei, könne Gottes Wort keine Irrtümer enthalten (es sei unfehlbar). Die Bibel sei in allen Dingen historisch völlig verlässlich. Und wenn die Bibel in Konflikt zur Wissenschaft steht, dann habe immer die Bibel Recht.

Vor den 1920er-Jahren hatten sich die Adventisten allmählich einer Theorie der „Gedankeninspiration" angenähert – der Überzeugung, dass die Autoren der Bibel die Gedanken, die Gott ihnen gab, in ihren eigenen Worten und ihrem eigenen Schreibstil ausgedrückt haben. Ellen White gehörte zu denen, die diese Sichtweise unterstützten.¹ Während der Bibelkonferenz von 1919 sprachen sich führende adventistische Leiter ebenfalls für diese Vorstellung aus.² Als jedoch die fundamentalistische Bewegung in den Vereinigten Staaten zunehmend an Stärke gewann, beeinflusste sie auch unsere Kirche, und die Theorie der Verbalinspiration erlangte zunehmende Unterstützung, sowohl in Bezug auf den Ursprung der Bibel als auch auf die Art der Schriften der Prophetin Ellen G. White. Mit den Jahrzehnten hat die fundamentalistische Ader im Adventismus phasenweise nachgelassen, ist aber – so wie ich es sehe – ein beständiges Problem geblieben und in letzter Zeit wieder kraftvoll angewachsen. Für zahlreiche Adventisten ist dieser neuerliche Trend zum Fundamentalismus mit seinem engen Verständnis der Inspiration zunehmend widerwärtig geworden.

Drei Aspekte der Bibel rufen bei vielen Bibellesern (darunter Adventisten) besonderes Unbehagen aus: 1. die Gewalt und Grausamkeit im Alten Testament; 2. die Aussagen, die im Widerspruch zur Wissenschaft und zur Vernunft stehen; und 3. die Wundergeschichten, einschließlich die über die Auferstehung und Himmelfahrt Christi.

Gegenwärtig wird der Koran häufig und schwer angegriffen. Politiker und Medien sehen in ihm die Quelle, die den radikalen Islam zu seinem Heiligen Krieg (*Jihad*) gegen Nichtmuslime, die Durchsetzung des gnadenlosen Scharia-Gesetzes und die systematische Diskriminierung von Frauen inspiriert. Die Kritik hört aber an diesem Punkt nicht auf, denn oft wird betont, dass die Bibel genauso viel Grausamkeit enthält und, wie der Koran, Gewalt und sogar Völkermord billigt. Oder noch pointierter

---

1. Siehe Ellen G. White, *Der große Kampf zwischen Licht und Finsternis*, Einführung, S. 7–9; *Für die Gemeinde geschrieben*, Bd. 1, S. 16f., 19–21.
2. Die Protokolle dieser Bibelkonferenz sind nicht veröffentlicht worden. Sie wurden erst 1975 im Archiv der Generalkonferenzverwaltung wiedergefunden. Auszüge daraus wurden zuerst 1979 in der adventistischen Zeitschrift Spectrum veröffentlicht, und sie sind nun vollständig auf der offiziellen Webseite unserer Kirche einzusehen. Die Protokolle finden sich unter http://docs.adventistarchives.org/documents.asp?CatID=19&SortBy=1&ShowDateOrder=True.

wird betont, dass es der Gott der Bibel war, der immer mal wieder die Abschlachtung von Männern, Frauen und Kindern anordnete!

Tatsächlich müssen auch jene, die einer ziemlich fundamentalistischen Sichtweise der Bibel anhängen, zugeben, dass einige ausführliche Abschnitte des Alten Testamentes nicht angenehm zu lesen sind. Die Details dessen, was damals geschah, sind definitiv grauenhaft. Ich habe die Zahlen nicht selbst zusammengezählt, aber jemand hat es getan und das Ergebnis im Internet veröffentlicht. Ich zitiere: „Ungefähr auf jeder zweiten Seite des Alten Testamentes lässt Gott jemanden töten ... Insgesamt tötete Gott 371 186 Menschen direkt und ordnete die Tötung von weiteren 1 862 265 Leuten an."[1] Es ist einfach, einige Beispiele für dieses gewaltsame Töten aufzuführen. Gott ertränkte die gesamte Erdbevölkerung und ließ nur acht Personen am Leben (1 Mo 7,20–23); kurz vor dem Auszug des Volkes Israel aus Ägypten entschied Gott, alle erstgeborenen ägyptischen Jungen zu töten, weil der Pharao so widerspenstig war (2 Mo 12,29); laut 1. Samuel 6,19 erschlug Gott 70 Männer, weil sie sich die Bundeslade angesehen hatten; und in 2. Könige 2,23–24 finden wir die grausame Geschichte, dass zwei Bären 42 Kinder zerrissen, die der Prophet Elisa im Namen des HERRN verflucht hatte, weil sie ihn verspottet hatten. Weitere Beispiele ließen sich anführen.

Und was sollen wir von der Geschichte des Richters Jeftah halten, der bereit war, seine Tochter zu opfern, weil er Gott ein voreiliges Gelübde geleistet hatte (Ri 11,30–39)? Um bei Opfern zu bleiben: Welch ein Gott hat Freude an der Tötung von Zehntausenden Tieren zu seiner Ehre? Gemäß 2. Chronik 7,4–5 ließ König Salomo bei der Einweihung des Tempels, den er in Jerusalem erbauen ließ, 20 000 Rinder und 120 000 Schafe opfern. Kannst du dir eine Opferung von solch einem unvorstellbaren Ausmaß vorstellen?

---

1. http://www.evilbible.com/.

WUNDERGESCHICHTEN

Eine Woche, bevor ich den ersten Entwurf dieses Kapitels schrieb, besuchte ich ein eintägiges Symposium der Kirchengeschichtsgesellschaft, deren Mitglied ich bin. Das Treffen war mittelalterlichen Wundergeschichten gewidmet. Es war faszinierend, zwei Experten in mittelalterlicher Kirchengeschichte zuzuhören, als sie ihre Referate über Aspekte des mittelalterlichen Glaubens an Wundergeschichten hielten und was diese Geschichten uns über die Zeit erzählen, in der sie entstanden. Ich kannte einige der Geschichten, die sie erwähnten, aber andere waren für mich neu. Ich hatte niemals von dem Wunder über das Brot gehört, das sich in einen Stein verwandelte. Dieses Wunder geschah angeblich in der niederländischen Stadt Leyden im Jahr 1316. In jenem Jahr brachten die Felder kaum eine Ernte hervor; dies verursachte eine schwere Hungersnot in der Stadt. Einer Frau war es irgendwie gelungen, in den Besitz eines Leibes Brot zu gelangen. Sie schnitt es in zwei Teile, aß eine Hälfte und verbarg die andere in ihrem Küchenschrank. Ihre Nachbarin entdeckte es und flehte sie an, ihr einen Teil des Brotes abzugeben. Die Besitzerin des Brotes weigerte sich, es zu teilen. Das verursachte eine bittere Auseinandersetzung zwischen den beiden Frauen. Schließlich rief die Frau, die das Brot verborgen hatte, Gott möge es in einen Stein verwandeln. Gott beantwortete ihre Bitte sofort. Das in Stein verwandelte Brot kann immer noch in der Lakenhal, dem schönen Museum der Stadt Leyden, besichtigt werden.

Nur wenige Leute würden heute solchen Wundergeschichten Glauben schenken. Solche Fabeln entsprechen einfach nicht unserer Erfahrung, wie die Dinge funktionieren. Im Laufe der Jahrhunderte gab es viele, die auch gegenüber den Wundergeschichten der Bibel – sowohl im Alten als auch im Neuen Testament – skeptisch waren. Die Zahl der Skeptiker stieg stetig, als Menschen mehr über die Naturgesetze kennenlernten und rationale Erklärungen für viele Phänomene fanden, die in der Vergangenheit als wunderbare Fügungen angesehen wurden. Die Wundergeschichten der Bibel decken sich offenbar nicht mit unserer alltäglichen Erfahrung. Wenn uns etwas in ein Gewässer gefallen ist, dann kommt kein Prophet, der uns hilft, den Gegenstand wiederzubekommen, wie es einer Gruppe von Prophetenschülern passierte, als ihre Axt im Wasser verschwand und Elisa auftauchte und den Gegenstand schwimmen ließ, sodass sie ihn wiedererlangten (2 Kön 6,1–7). Und wenn wir durstig sind und nach einem Ort suchen, wo wir unseren Durst stillen können, dann gibt es nicht plötzlich dort einen Zapfhahn, wo es Minuten vorher noch keinen gab. Aber so etwas ähnliches passierte – wird uns erzählt –, als Hagar in die Wüste weggeschickt wurde und mit Ismael am Verdursten war: Plötzlich war dort ein Wasserbrunnen, der noch nicht da war, als sie sich an dem Platz niedersetzte (1 Mo 21,14–19).

Uns besser bekannt als die alttestamentlichen sind die neutestamentlichen Geschichten von Wundern – die meisten von Jesus vollbracht, aber auch einige von seinen Jüngern/Aposteln oder zu deren Nutzen, als sie während ihrer Missionsarbeit Nöte litten. Wir lesen über Jesus, wie er Männer und Frauen mit körperlichen oder geistigen Krankheiten heilte und selbst einige Tote wieder zum Leben erweckte. Wir lesen auch Geschichten, die berichten, dass Jesus Wasser in Wein verwandelte und Tausende speiste, indem er einige Laibe Brot und wenige Fische vermehrte. Für viele klingen solche Geschichten genauso unwahrscheinlich wie die Geschichte von dem in Stein verwandelten Brot in Leyden 1316.

Müssen alle diese biblischen Geschichten für bare Münze genommen werden? Auch die „Mutter aller Wunder", die Auferstehung Christi? Oder gibt es vielleicht eine andere Weise, das zu interpretieren, was mit Jesus geschah? Könnte die Auferstehung vielleicht in einem geistlichen Sinn verstanden werden? Könnte sie bedeuten – wie manche Theologen meinen –, dass die Jünger trotz des tragischen Todes ihres Meisters die große Bedeutung dessen zu verstehen begannen, was er sie gelehrt hatte, und dass als Ergebnis Jesus wiederauferstand als der Christus in ihrer Verkündigung? Für viele Christen ist dieser entscheidende Glaubenspunkt von einer dichten Wolke des Zweifels umgeben. Damit aber keine Missverständnisse entstehen, möchte ich deutlich sagen, dass ich keine Zweifel an der körperlichen Auferstehung unseres Herrn hege. Der Apostel

Paulus erinnert uns in 1. Korinther 15 daran, dass der christliche Glaube völlig sinnlos wäre, wenn es keine Auferstehung gäbe, und es nichts gäbe, was wir als „christliche Hoffnung" bezeichnen können. Aber gleichwohl kann ich mit denen mitfühlen, denen diese Überzeugung fehlt.

THEOLOGEN ÜBER GOTT

Theologen und biblische Gelehrte sollen uns eigentlich in unserem Pilgerweg des Glaubens helfen. Tatsächlich sehen viele das als ihre heilige Aufgabe an und haben zahllosen Männern und Frauen geholfen, konstruktiv mit ihren Zweifeln umzugehen. Aber einige Theologen haben durch ihre mündlichen oder schriftlichen Äußerungen tatsächlich die Zweifel vieler Leute vergrößert. Es gibt Theologen, die die Möglichkeit einer „Offenbarung Gottes" im klassischen Sinne dieses Begriffs leugnen und das menschliche Element im Entstehen der Bibel in einem Maße betonen, dass sehr wenig von dem göttlichen Element übrig bleibt. Ein niederländischer Theologe drückte es in folgenden, oft zitierten Worten aus: „Alles von oben kommt von unten."[1] In mehr hintergründigen Worten behauptete ein anderer Theologe, Gott sei „so groß, dass er nicht zu existieren braucht".[2] In einfacher Sprache bedeutet das: Gott ist ein Produkt unseres eigenen Verstandes; wir schaffen uns unsere eigene Vorstellung von Gott.

Für viele gläubige Christen war es und ist es ein Schock, prominente Theologen leugnen zu hören, was sie stets als den Kern des christlichen Glaubens angesehen haben: Gott existiert und hat sich selbst in der Bibel (dem geschriebenen Wort Gottes) und durch Jesus Christus (dem lebendigen Wort Gottes) offenbart. Viele Gläubige schütteln nur ihren Kopf und sehen solche Leugnung als Beweis eines satanischen Einflusses in der Kirche an. Aber viele andere werden von diesen Ansichten tief beeinflusst und betrachten sie als eine Bestätigung dessen, was sie

---

1. Dies ist die Ansicht des bekannten niederländischen Theologen Harry Kuitert, *Alles behalve kennis* (Ten Have, Baarn 2012).
2. Siehe den Titel des Buches von Gerrit Manenschijn: *God is zo groot dat hij niet hoeft te bestaan* (Ten Have, Baarn 2002).

selbst schon lange denken, aber nicht so eloquent in Worte fassen konnten.

Wir finden die Ansicht, dass alles, was wir über „oben" sagen, von unten kommen muss, widergespiegelt in der Weise, wie viele postmoderne Leute heutzutage über Gott denken und reden. Sie behaupten, an Gott zu glauben, aber ihre Vorstellung von Gott ist nicht nur – und manchmal nicht in erster Linie oder gar nicht – in der Bibel begründet. Der biblische Gott ist eine Art Gott, zu dem sie sich nicht hingezogen fühlen. Ihr Gott ist oft eine merkwürdige Mischung von Elementen, die sie aus vielen verschiedenen Quellen ausgewählt haben – bewusst oder ohne es zu merken. Ihr Gott kommt eindeutig „von unten".

WAS SOLLEN WIR MIT ZWEIFELN ANFANGEN?

Zweifel sind keine neue Erscheinung. In einem sorgfältig recherchierten, aber sehr lesbaren Buch erzählt die Historikerin Jennifer Michael Hecht die Geschichte des Zweifelns, wie sie sich in verschiedenen Formen durch die Zeitalter darstellt.[1] Sie verfolgt die Geschichte des Zweifelns von der griechischen Antike bis in die moderne Zeit.

Ich hoffe, dass dieses Kapitel einen knappen, aber nützlichen Überblick über die verschiedenen Arten des Zweifelns gegeben hat, die heutzutage existieren, und die Gründe für die Zweifel vieler, die am Rande der Kirchen stehen. Ich habe betont, wie die quälende Warum-Frage sich in den Köpfen vieler Christen heute größer auftürmt als je zuvor. Kann es einen Gott geben, der die Liebe ist und dennoch so viel Leid zulässt, wenn er auch allmächtig ist? Wir haben unseren Blick auf die Schwierigkeiten gerichtet, die viele haben, wenn sie ihre Bibel lesen und versuchen, ihren Glauben mit der wissenschaftlichen Weltsicht unserer Zeit in Beziehung zu setzen, und haben gesehen, wie viele nicht in der Lage sind, dem Übernatürlichen einen Platz in ihrem Denken zu geben. Was sollen wir mit all diesen Zweifeln anfangen?

---

1. Jennifer Michael Hecht, *Doubt: A History,* HarperCollins, San Francisco 2004.

Es gibt noch einen anderen Bereich der Zweifel. Er betrifft einige (oder viele?) der kirchlichen Lehren. Dieser Bereich betrifft nicht nur Siebenten-Tags-Adventisten, aber er berührt sie – wie mir scheint – akuter als die Mehrheit der Christen in den meisten anderen Kirchen, und zwar aus dem einfachen Grund, dass adventistische Kirchenleiter darauf beharren, dass wir allen Glaubensüberzeugungen zustimmen müssen, wenn wir „wahre" Adventisten sein wollen. Diesem Bereich des Glaubens müssen wir die nötige Aufmerksamkeit widmen (das geschieht in den Kapiteln 7 und 8). Aber vorher möchte ich meine Gedanken darüber mitteilen, wie wir mit Zweifeln umgehen und Antworten auf unsere Fragen finden können. Darum geht es jetzt im zweiten Teil dieses Buches.

TEIL 2
Antworten finden

KAPITEL 5

Der Sprung in den Glauben

Zuerst möchte ich einige häufige Missverständnisse über Zweifel zu beseitigen versuchen. Os Guinness, ein bekannter evangelikaler Autor, erwähnt in seinem Buch über Zweifel drei Missverständnisse:
1. Zweifel sind falsch, weil sie dasselbe wie Unglaube sind.
2. Zweifel hängen nur mit dem Glauben an Gott zusammen, und nicht mit Fachwissen.
3. Über Zweifel muss man sich schämen, und es ist unehrlich, in einer Kirche zu verbleiben, wenn man ernsthafte Zweifel hat.[1]

Etwas später macht er die wichtige Aussage, dass Zweifel allgemein verbreitet sind. „Nur Gott und Verrückte haben keine Zweifel", erklärt er.[2] Im Folgenden werden wir – so hoffe ich – diese Missverständnisse aufklären.

Zunächst müssen wir das Konzept des Zweifels noch weiter entwirren. Zweifel finden sich nicht lediglich in der Religion und dem Glauben. Wir mögen die Weisheit mancher beruflichen Entscheidung bezweifeln, die wir in der Vergangenheit getroffen haben. Wir können die Schlussfolgerungen bezweifeln, zu denen manche Gelehrte gekommen sind, oder die Aussagen, die Politiker machen. Wir mögen unsicher darüber sein, wie wir

---

1. Os Guinness, *Doubt: Faith in Two Minds,* Lyon Publishing, Tring (Großbritannien) 1976, S. 15.
2. Ebd., S. 31.

mit einem bestimmten Projekt fortfahren sollen, oder bezweifeln, dass wir die nötige Fachkenntnis dafür besitzen. Wir können auch in wichtigen moralischen Angelegenheiten Zweifel besitzen. Mancher zweifelt an der Treue seines Ehepartners. Zweifel sind weit verbreitet, und deshalb wäre es merkwürdig, wenn wir im religiösen Bereich keinen Zweifeln begegneten. Zu zweifeln ist kein christliches, sondern *ein menschliches Problem*.[1]

Zweifel sind nicht per Definition etwas Negatives. Sie können aber zerstörerisch oder gar fatal sein, wenn wir nicht bereit sind, über sie nachzudenken und mit ihnen zu ringen. Zweifel werden zu einer ziemlichen Gefahr für unsere geistliche Gesundheit, wenn wir sie hegen und uns damit brüsten, als ob sie ein überzeugender Beweis unseres unabhängigen Denkens und unserer hervorragenden Intelligenz wären, anstatt zu versuchen, mit ihnen konstruktiv umzugehen.

Einige der „Heiligen" der Vergangenheit und Gegenwart sind durch Zeiten großen Zweifelns gegangen. Die Geschichte von der heiligen Thérèse von Lisieux (1873–1897) ist es wert, gelesen zu werden. Sie war eine französische Karmeliternonne, allgemein bekannt als „die kleine Blume von Jesus", und ist eine der einflussreichsten Vorbilder der Heiligkeit unter römischen Katholiken, fast auf einer Stufe mit dem heiligen Franz von Assisi. Sie starb an Tuberkulose im Alter von nur 24 Jahren, nachdem sie durch eine Zeit tiefgehenden Zweifelns gegangen war. An einem Punkt bekannte sie, dass sie nicht länger an die Aussicht eines ewigen Lebens glaube, und sagte, Christus habe sie an einen unterirdischen Ort gebracht, den die Sonne nicht mehr erreichen könne.[2] Trotz ihrer dunklen Phase des Zweifelns sprach Papst Pius XI. sie am 17. Mai 1925 heilig, und sie wird nun als ein „Lehrer der Kirche" bezeichnet.

---

1. Bobby Conway, *Doubting toward Faith: The Journey to Confident Christianity*, Harvest House Publishers, Eugene (Oregon) 2015, S. 46.
2. Der tschechische Priester und Autor Tomás Halík befasst sich ausführlich mit Thérèse von Lisieux in seinem schönen Buch *Patience with God: The Story of Zacchaeus Continuing in Us*, Doubleday, New York u. a., 2009; siehe dort insb. Kap. 3.

Martin Luther durchlebte eine ausgedehnte Zeitspanne des Zweifelns und ein intensives Gefühl der Abwesenheit Gottes. Er bezeichnete diese Drangsal als seine „Anfechtungen" – eine religiöse Krise, die sein ganzes Menschsein berührte. Später gab er zu, dass er manchmal, wenn er predigen wollte, so sehr von Zweifeln überwältigt war, dass die Worte auf seinen Lippen einfroren.

Und wahrscheinlich zur Überraschung vieler erlebte selbst Mutter Teresa lange Zeiten geistlicher Dürre und des Gefühls, von Gott entfernt zu sein.[1] Obwohl sie in der Öffentlichkeit ständig fröhlich war, machte sie eine Zeit großer geistlicher Qualen durch. In mehr als 40 Briefen, von denen bis vor Kurzem viele unveröffentlicht waren, beklagt sie die „Dürre", „Finsternis", „Einsamkeit" und „Qual", die sie durchlebte. Sie verglich diese Erfahrung mit der Hölle und bekannte, dass sie das zu Zweifeln an der Existenz des Himmels und selbst Gottes geführt habe.[2]

Zweifel ist nicht dasselbe wie Unglaube. Es ist wichtig, beide zu unterscheiden. Unglaube ist eine willentliche, absichtliche Weigerung zu glauben. Es ist eine überlegte Weigerung, die Möglichkeit anzuerkennen, dass Gott existiert, und eine ausdrückliche Ablehnung des Glaubens. *Zweifel* mögen vielleicht am besten als eine unvoreingenommene Unsicherheit beschrieben werden, während *Unglaube* eine engstirnige Gewissheit bezeichnet, dass Gott und der Glaube Unsinn sind oder zumindest ziemlich irrelevant. Ich las irgendwo (weiß aber nicht mehr wo), dass die Chinesen einen Zweifler als jemanden bezeichnen, der seine Füße in zwei Booten stehen hat. Der englische Begriff *doubt* ebenso wie der französische *doute* leiten sich vom lateinischen Wort *dubitare* ab, das einen geteilten Zustand bezeichnet – eine geteilte Meinung zu haben. Dieser Aspekt drückt sich auch im deutschen Begriff *Zweifel* aus. Laut dem *Herkunftswörterbuch* des *DUDEN* ist er (wie das niederländische *twijfel*) eine Zusammensetzung aus den Worten „zwei" und der

---

1. Siehe Brian Kolodiechuk, Hg., *Mother Teresa: Come Be My Light: The Private Writings of the Saint of Calcutta*, Doubleday, New York 2007.
2. http://time.com/4126238/mother-teresas-crisis-of-faith/.

indogermanischen Wurzel *pel-*, die „falten" bedeutet. Dahinter steht das Bild eines Papiers, das man in zwei Richtungen falten (knicken) kann. Zweifel bedeutet demnach „Ungewissheit bei zweifacher Möglichkeit".

Der bekannte evangelische Theologe Paul Tillich (1886–1965) machte die oft zitierte Aussage (die auch Augustinus zugeschrieben wird): „Zweifel ist nicht das Gegenteil von Glaube; er ist ein Element des Glaubens, und daher gibt es keinen Glauben ohne Wagnis."[1] Der jüdische Autor Isaac Bashevis Singer (1902–1991) äußerte sich ebenfalls positiv über den Wert des Zweifels: „Zweifel ist ein Teil jeder Religion. Alle religiösen Denker waren Zweifler."[2] Alfred Lord Tennyson (1809–1892), einer der populärsten Dichter Englands in der viktorianischen Ära, schrieb in seinem Gedicht *In Memoriam*: „Es gibt mehr Glauben in ehrlichem Zweifel als in der Hälfte der Glaubensbekenntnisse."[3]

Ein bisschen Zweifel zu schmecken kann unseren Glauben vertiefen. Er gibt uns einen kühneren, beständigeren, belastbareren Glauben. Gary Parker sagt in seinem Buch *The Gift of Faith*: „Wenn der Glaube niemals Zweifeln begegnet, wenn die Wahrheit nie mit Irrtum ringt, wenn das Gute niemals mit dem Bösen kämpft, wie kann dann der Glaube seine eigene Kraft kennen?"[4] Von allen Definitionen des Zweifels, die ich gefunden habe, gefällt mir die von Os Guinness wohl am besten: *„Zweifel sind unscharfer Glaube."*[5]

SIND ZWEIFEL SÜNDE?

Viele Gläubige fühlen sich schlecht oder sogar schuldig, wenn sie Zweifel haben. Zu zweifeln sei falsch, meinen sie. Zweifel zu

---

1. Paul Tillich, *Systematische Theologie*, Walter de Gruyter, Berlin/New York, 1987, Bd. 2, S. 127.
2. *New York Times*, 3. Dezember 1978.
3. Der vollständige Text dieses Gedichtes findet sich an vielen Stellen, siehe zum Beispiel www.online-literature.com/tennyson/718/.
4. Gary Parker, *The Gift of Doubt: From Crisis to Authentic Faith*, HarperCollins, New York 1990, S. 69.
5. Guinness, a. a. O., S. 61f.

haben sei eine Sünde. Sie erinnern sich an die Geschichte von Adam und Eva im Paradies und deren Begegnung mit dem Bösen, der sich ihnen als Schlange näherte. Das erste Paar hatte keinen Grund für Zweifel – sie lebten in perfekter Harmonie und völligem Frieden in einem herrlichen Garten. Sie kommunizierten offen mit ihrem Schöpfer. Aber als der Teufel die Bühne betrat, brachte er den Zweifel mit. Er behauptete, dass Adam und Eva berechtigt seien, Gottes gute Absichten zu bezweifeln. Gott enthalte ihnen etwas vor, das sie reifer machen würde. *Kann das wahr sein?*, fragten sie sich. Bis dahin hatten sie nicht an diese Möglichkeit gedacht. Zweifel kamen ihnen in den Sinn – mit fatalen Konsequenzen (1 Mo 3). Jeder, der diese Geschichte liest, wird eine klare Verbindung zwischen dem Teufel und der Sünde einerseits und dem Zweifeln andererseits ziehen.

In ihrem bekanntesten Buch *Steps to Christ* (auf Deutsch jetzt *Der bessere Weg zu einem neuen Leben*) stellt auch Ellen White eine direkte Verbindung zwischen Zweifeln und Satan her. Das zwölfte Kapitel trägt die Überschrift: „Der Umgang mit Zweifeln". Sie beginnt das Kapitel, indem sie zugesteht, dass Christen nicht gegen Zweifel immun sind.

Viele Christen werden gelegentlich von Zweifeln oder Skepsis geplagt, vor allem, wenn sie noch nicht lange gläubig sind. In der Bibel gibt es Aussagen, die wir nicht erklären, ja noch nicht einmal verstehen können. Satan benutzt sie, um den Glauben an die Heilige Schrift als Offenbarungsquelle Gottes zu erschüttern. Christen fragen sich dann: „Wie kann ich den richtigen Weg erkennen? Wie soll ich mit den Zweifeln umgehen?"[1]

Wir sehen, dass Satan – der Teufel – sofort ins Bild gerückt wird. Es ist nicht schwierig, andere Stellen zu finden, an denen Ellen White dieselbe Verbindung herstellt, zum Beispiel in dieser Aussage: „Satan wird äußerst klug vorgehen, um auf verschiedene

---

1. Ellen G. White, *Der bessere Weg zu einem neuen Leben,* Advent-Verlag, Lüneburg 2009, S. 102.

Art und Weise und mit unterschiedlichen Mitteln das Vertrauen der Gemeinde der Übrigen in das wahre Zeugnis zu erschüttern."[1] Ist es korrekt, Zweifel mit Satan und Sünde in Verbindung zu bringen? Ja und nein. Wenn wir davon ausgehen, dass alles Negative und Problematische in irgendeiner Weise von der Tatsache herrührt, dass wir Menschen dem Bösen erlaubt haben, in unsere Welt zu kommen und unser Leben zu infizieren, dann gehört der Zweifel in diesen Bereich. Aber dies wäre eine sehr einseitige Interpretation. Denn wenn wir andere biblische Geschichten betrachten, bekommen wir ein vollständigeres Bild, das uns die andere Seite des Zweifelns zeigt. (Wir werden uns an dieser Stelle nicht unnötig mit der *Historizität* der biblischen Geschichten beschäftigen, sondern uns auf die *Botschaft* konzentrieren, die sie für uns enthalten.)

Sehen wir uns zum Beispiel einen der größten Zweifler an, den die Bibel erwähnt, Johannes den Täufer. Er war der Vorläufer von Jesus. Als Jesus zu ihm kam, als er im Jordan taufte, wusste er sehr genau, wer dieser Jesus war. Und er erkannte auch, dass sein Dienst unvermeidlich zu Ende gehen würde, wenn Jesus seine Mission als Messias beginnt (Joh 1,29–34; 3,27–30). Die vier Evangelisten berichten uns nur wenige Einzelheiten über Johannes und sein Wirken, aber er wird wieder erwähnt, als König Herodes Antipas ihn in das Gefängnis in der Festung Machaerus nahe des Toten Meeres werfen ließ (Mt 14,3).

Johannes war zwar am Leben, machte sich aber über seine Zukunft keine Illusionen. Er war tief deprimiert und sein Herz voller Zweifel. Wie konnte es angehen, dass er sein Leben als ein Gefangener beenden sollte? Wie viele andere hatte auch er geglaubt, dass Jesus der Messias war, der die römische Unterdrückung seines Volkes beenden würde. Dies war jedoch nicht geschehen. Jesus hatte nur eine kleine Gruppe von Anhängern. Er hatte weder eine bleibende Statt, wo er mit verhältnismäßigem Komfort hätte leben können, noch ein

---

1. Ellen G. White, Brief 12,1890, veröffentlicht in: *Für die Gemeinde geschrieben*, Bd. 1; S. 50.

repräsentatives Hauptquartier, um die Leiter seines Volkes und die Diplomaten aus den benachbarten Nationen empfangen zu können, als er dabei war, seine Herrschaft zu etablieren.

Wir lesen in der Geschichte, die in Matthäus 11 berichtet wird, dass Johannes einige seiner Jünger zu Jesus senden durfte. Einst war er sich gewiss gewesen, dass dieser Jesus das Lamm Gottes ist, das die Sünden der Welt wegnehmen würde (Joh 1,29). Aber diese Gewissheit ist nun verschwunden, und er schickt seine Jünger zu Jesus mit der Frage: „Bist du wirklich der, der kommen soll, oder sollen wir auf einen anderen warten?" (Mt 11,3 NLB). Haben wir uns wirklich getäuscht?

Kann es einen intensiveren Zweifel geben als den, dass du dich fragst, ob alles eine Farce war und ob die Person, der du vertraut hast, vielleicht ein Betrüger ist, nachdem du dein ganzes Leben investiert hast, diese Person zu unterstützen und zu fördern, weil du an sie geglaubt hast?

Jesus schimpfte die Männer nicht aus, die zu ihm im Auftrag seines Verwandten Johannes gekommen waren. Er sagte zu ihnen lediglich, dass sie sich mit offenen Augen umschauen und Johannes berichten sollten, was sie über seinen eigenen Dienst sahen und hörten (V. 4–5).

Es wäre gut, wenn du diese Geschichte in den Evangelien erneut lesen würdest. Und lies weit genug, damit du die Bemerkungen von Jesus über Johannes nicht übersiehst, in denen er ihn auf die gleiche Stufe mit dem großen alttestamentlichen Propheten Elia stellte: „Der Täufer Johannes ist der Bedeutendste unter allen, die je von einer Frau geboren wurden … Johannes ist tatsächlich der Prophet Elia, dessen Kommen vorausgesagt war." (Joh 11,11.14 GNB) Offensichtlich war er für Jesus kein hoffnungsloser Sünder, weil er zeitweilig ernste Zweifel hatte.

Zweifel sind nicht Sünde – zumindest nicht Sünde im Sinne eines persönlichen Versagens, das Schuld im Herzen des Zweiflers verursachen sollte. Wir entdecken das nicht nur in der Geschichte von Johannes dem Täufer, sondern auch in anderen Geschichten über biblische Zweifler. Wir alle kennen Thomas, einen der zwölf Jünger, als den sprichwörtlichen Zweifler. Wir lesen, dass er nicht anwesend war, als der auferstandene Jesus zum ersten Mal seinen

Jüngern erschien, und er sich – als diese ihm die Geschichten von seinen Erscheinungen erzählten – weigerte zu glauben, dass Jesus tatsächlich wieder lebte. Thomas wollte einen Beweis haben. Eine Woche später erschien Jesus erneut und lud Thomas ein, seine Wundmale zu berühren. Doch seine Zweifel verschwanden ohne das, und er erkannte Jesus als den, der er war: „Mein Herr und mein Gott!" (Joh 20,24–28)

Wir haben keine Möglichkeit zu erfahren, ob die apokryphe *Apostelgeschichte des Thomas*[1] über den Tod des Apostels im Jahr 72 historisch verlässlich ist, aber andere Quellen stimmen darin überein, dass er in Mailapur, einem Bezirk der indischen Stadt Chennai (früher Madras), als Märtyrer gestorben ist. Er wurde an einen Ort außerhalb der Stadt gebracht, an dem ihn vier Soldaten mit ihren Speeren durchbohrten. Starke Traditionen sehen Thomas in Indien, wo er das Evangelium etwa vom Jahr 52 an gepredigt haben soll. Thomas hat einen eindrucksvollen apostolischen Lebenslauf – trotz der Tatsache, dass er die Auferstehung Christi bezweifelt hatte.

Johannes der Täufer und Thomas sind nicht die einzigen biblischen Zweifler. Denken wir an die Geschichten von Abraham und Sara und von Zacharias, dem Vater des Täufers. Und denken wir an Hiob. In seinem Elend rang Hiob mit intensiven Zweifeln, aber er sagte Gott nicht ab, wie seine Frau es ihm vorgeschlagen hatte (Hiob 2,9–10). Er fragte sich, warum ihm all das Leid geschehen war. Das war nicht fair. Wie konnte sein Unglück mit dem Bild eines liebevollen und barmherzigen Gottes in Einklang gebracht werden? Die letzten Kapitel des Buches zu lesen ist eine lohnende Sache. Hiob kam schließlich zu dem Ergebnis, dass seine Zweifel letztlich durch seine unzureichende Vorstellung von Gott verursacht worden waren (Hiob 42,1–5). Ich komme später darauf zurück.

Es ist wahr, dass wir in der Bibel aufgefordert werden, nicht zu zweifeln (vgl. Mt 21,21; Phil 2,14; Jak 1,6). Dies zeigt aber, dass wir

---

1. Der Text der apokryphen *Acts of Thomas* findet sich auf Englisch online unter: www.earlychristianwritings.com/text/actsthomas.html.

dem Zweifel nicht hilflos ausgeliefert sind, als ob er ein tödliches Krebsgeschwür wäre. Es liegt in unserer Entscheidung, zu zweifeln oder nicht zu zweifeln. Da Zweifel intellektueller Natur sind, spielen zu seiner Überwindung rationale Argumente eine Rolle (jedoch nicht die einzige, wie ich im folgenden zeigen werde). Die Lösung für viele Zweifel besteht also darin, gute Grundlagen für den Glauben zu finden oder die Argumente dagegen so weit zu entkräften, dass sich (um ein anderes Bild zu gebrauchen) die Waage zugunsten des Glaubens neigt und wir uns für ihn entscheiden. Dabei spielt natürlich auch eine Rolle, wie schwer wir gewisse Argumente gewichten.

DEN GLAUBEN AN GOTT (WIEDER)ENTDECKEN

Wenn Zweifel der Punkt auf halbem Wege zwischen Glaube und Unglaube ist (wie ich meine), wie kann dann ein Zweifler sich in Richtung Glauben bewegen, statt weiter davon abzudriften und im völligen Unglauben zu enden?[1]

Es ist oft gesagt worden, dass der Glaube an Gott einen großen *Sprung* erfordert. Paul Ricoeur (1913–2005), der protestantische französische Philosoph und Experte auf dem Gebiet der Hermeneutik (den Prinzipien der Interpretation) drängte Menschen, ihre geistliche Reise mit Glauben zu *beginnen* und nicht mit Zweifeln und intellektuellen Bemühungen, diese Zweifel zu vertreiben. Er forderte sie heraus, mit einer „Wette" zu beginnen. Wir seien besser dran, wenn wir das kalkulierte Risiko eingehen würden anzunehmen, dass der Glaube an die christliche Religion fruchtbarer für ein Leben in der Welt sei als ein Programm des Skeptizismus. Das bedeutet nicht, dass wir einfach versuchen müssten, unsere Zweifel und Fragen zu vergessen, sondern uns zu entscheiden, auf der Basis eines *hypothetischen Glaubens* voranzugehen. Um das zu tun, müssten wir uns entschließen,

---

1. In vielem, was in diesem Kapitel folgt, stütze ich mich auf zwei meiner früheren Bücher: *Faith: Step by Step* (insb. Kap. 3, S. 51–66), das 2006 von der Stanborough Press (Grantham, Großbritannien) veröffentlicht wurde, und *Keywords of the Christian Faith* (Review and Herald, Hagerstown, Maryland, 2008), insb. Kap. 2, S. 22–31.

uns in eine Umgebung zu begeben (oder zu bleiben), in der der Glaube praktiziert wird.[1] Wir müssen der biblischen Geschichte die Möglichkeit geben, uns zu beeindrucken, und dann sollten wir abwarten und sehen, was sie mit uns macht. Wenn wir diesen „Sprung in den Glauben" vollziehen, werden wir die Wahrheit des Sprichworts erfahren: Probieren geht über Studieren.

Unsere Umgebung hat einen großen Einfluss auf unsere Erfahrungen. Es ist sehr schwierig, eines der Brandenburgischen Konzerte Johann Sebastian Bachs oder Händels „Messias" zu genießen, während man in einer lauten Werkstatt arbeitet, in der allerlei mechanische Geräusche die Schönheit dieser wunderbaren Beispiele klassischer Musik stören. Wenn wir uns angespannt und gehetzt fühlen, werden wir eher Ruhe und Entspannung bei einem Spaziergang in der Natur oder auf der Terrasse eines Cafés mit Naturblick bei einer Tasse Kaffee finden als in einem vollen Zug oder in einem Auto im Berufsverkehr. Ein Abendessen bei Kerzenlicht in einem gemütlichen Restaurant ist sicher für eine Romanze förderlicher, als bei McDonald's in der Reihe zu stehen. Die Atmosphäre einer mittelalterlichen Kathedrale, das Lesen eines geistlichen Buches, ein inspirierendes Musikstück, die Gesellschaft eines Partners oder Freundes, der wirklich glaubt, von der Schönheit der Natur beeindruckt zu sein – all diese Erfahrungen können eine Umgebung schaffen, die das Gefühl der letztendlichen Abhängigkeit von Gott fördert – die intuitive Gewissheit, dass es Einen gibt, der sich um uns kümmert.

Ricoeur meinte, dass der Glaube an Gott am besten in einer Umgebung entsteht und wächst (und aufrechterhalten wird), in der die „Sprache des Glaubens" gesprochen wird. Der beste Weg, eine Sprache zu lernen und diese Fertigkeit beizubehalten, besteht darin, selbst in diese Sprache einzutauchen. Das gilt auch für die Sprache des Glaubens.

Ich stimme Ricoeur aufgrund meiner eigenen Erfahrung zu. Als ich 1984 mit meiner Familie nach Kamerun in Westafrika

---

1. Robert C. Greer, *Mapping Postmodernism: A Survey of Christian Options*, InterVarsity Press, Downers Grove (Illinois), S. 183f.

übersiedelte, stellte sich heraus, dass in der adventistischen Institution, die ich leiten sollte, nur eine Person Englisch sprach. Die etwa 40 Angestellten sprachen untereinander Bulu, eine der vielen Landessprachen. Die offizielle Verkehrssprache war Französisch. Ich hatte zwar einige grundlegende Kenntnisse in der französischen Sprache aus der Oberschule, aber in den ersten Wochen wurde ich fast verrückt, weil ich so gut wie nichts von dem verstand, was die Leute mir sagten. Aber ich hörte zu und versuchte mit ihnen zu reden, obwohl meine Grammatik sehr fehlerhaft und mein Vokabular minimal war. Ich abonnierte die Lokalzeitung und studierte sie jeden Abend eifrig. Ich beschloss, jeden Tag meinen französischen Wortschatz um 20 neue Wörter zu erweitern. Nach ungefähr zwei Monaten fiel plötzlich der Groschen: Ich begann zu verstehen, was die Leute sagten. Einige Zeit später war ich in Französisch ziemlich bewandert und wagte es sogar, in dieser Sprache zu predigen. Heute muss ich jedoch zugeben, dass ich die meisten Französischkenntnisse wieder verloren habe, weil ich seit vielen Jahren nur noch selten in einer französisch sprechenden Umgebung bin.

Meine Erfahrung mit der schwedischen Sprache ist ähnlich. Meine Frau und ich wollten sie aus gutem Grund lernen: Unsere zwei kleinen Enkelinnen leben in Schweden und sprechen Schwedisch statt Niederländisch. Wir sind nun dahin gekommen, dass wir uns mit ihnen gut unterhalten können, und als ein Extrabonus können wir die hervorragenden Wallander-Kriminalromane in der Originalsprache lesen! Erneut bestand das Geheimnis darin, so oft wie möglich in die schwedische Sprache einzutauchen.

Ricoeur sagte daher: Wenn du Leuten helfen willst, die vergeblich versucht haben, an Gott zu glauben, dann rate ihnen, mit der Sprache des Glaubens bekannt zu werden und vertraut zu bleiben.

Falls du zu denen gehörst, die sich am Rande der Gemeinde befinden und in Gefahr stehen, den Glauben zu verlieren, dann lies in der Bibel, selbst wenn sie dir zunächst nicht viel bedeutet. Selbst wenn du der unangenehmen Geschichten in der Bibel überdrüssig geworden bist, bleibt dies eine gute Sache. Übergehe zunächst die schwer verdaulichen Abschnitte oder besser noch: Beginne im Neuen Testament mit den Geschichten über Jesus Christus, denn er ist das Zentrum des Glaubens, und es geht im Kern darum, Vertrauen zu ihm zu finden. Eine moderne, gut lesbare Übersetzung der Bibel ist dabei ein gutes Mittel, um die Geschichten besser zu verstehen oder neu zu hören.

Entschließe dich auch, eine Gemeinde zu besuchen, wo du die Sprache des Glaubens hörst, selbst wenn dich viele Elemente im Gottesdienst stören mögen oder du manche Leute triffst, denen du lieber aus dem Wege gehen würdest. Höre auf die Gebete anderer und sprich selbst einige Gebete, selbst wenn du dich fragst, ob dies überhaupt einen Nutzen hat. Noch einmal: *Tauche in die Sprache des Glaubens ein.* Viele, die das getan haben, berichten, dass sie Glauben *empfangen* oder ihn wiederentdeckt haben. Ich habe das Wort *empfangen* absichtlich gebraucht, denn letztendlich ist der Glaube eine Gabe und nicht etwas, das aus unserer harten intellektuellen Arbeit entspringt.

Viele von denen, die den Weg gegangen sind, den Paul Ricoeur und andere geraten haben, werden bezeugen, dass der christliche Glaube wahr ist, weil er „funktioniert". Dennoch ist es wahr, dass Glauben zu empfangen einen weiten *Sprung* erfordert! Einige würden sagen, dass es ein Sprung ins Ungewisse ist, und manche sogar behaupten, dass Glaube eine psychologische Verirrung, eine geistige Fehlfunktion sei. Sigmund Freud (1856–1939) war der bekannteste Verfechter dieser Ansicht. Er sah religiösen Glauben als bloßes Wunschdenken an. Und er benutzte auch weniger freundliche Begriffe wie Neurose, Illusion, Gift und Rauschmittel. Gott als himmlischer Vater sei lediglich eine Projektion, meinte er, abgeleitet von unseren unbewussten Komplexen über unseren menschlichen Vater. Andere haben Ähnliches gesagt.

Nun, Freud und andere, die wie er gedacht haben und noch denken, haben ein Recht auf ihre Meinung. Denn das ist alles, was ihre Ansichten sind – Meinungen. Es gibt keinen einzigen *Beweis*, um ihre Ansichten zu untermauern. Man sollte beachten, dass Freuds Theorie bequemerweise jeder Art Nachprüfung entbehrt, indem er alles in den Bereich des Unbewussten schiebt. Darüber hinaus hält die Behauptung, der christliche Glaube könne auf Wunschdenken zurückgeführt werden, dem logischen Denken nicht stand, denn viele Züge dieses Glaubens stimmen sicher nicht mit unseren Wünschen überein (zum Beispiel Sünde, Schuld und Gericht).

GIBT ES EINE GRUNDLAGE FÜR DEN GLAUBEN AN GOTT?

Ich will versuchen, nicht zu technisch zu werden, aber unser Thema erfordert, dass wir etwas tiefer schürfen. Wir haben bereits gesehen, dass heutzutage wenige Leute von den klassischen „Beweisen" für die Existenz Gottes beeindruckt und überzeugt sind. Als ich persönlich mit der Frage rang, ob ich sicher sein könne, dass Gott wirklich existiert, erfuhr ich die Wahrheit der Methode, die Paul Ricoeur (1913–2005) empfohlen hat. Aber mir hat auch das Lesen von zwei bedeutenden Büchern sehr geholfen. Während eines Urlaubs fand ich das erste davon zufällig (oder war es Vorsehung?) in einem kleinen Buchladen in einer Provinzstadt in Schweden. Ich wunderte mich, warum es dort mitten unter einer Handvoll ziemlich mittelmäßiger Bücher über Theologie und Philosophie stand. Ich wollte etwas Ernsthaftes lesen, und als ich sah, dass es nicht viel Auswahl gab, kaufte ich Nancey Murphys Buch *Beyond Liberalism and Fundamentalism*. Ich erinnere mich nicht mehr, wo ich das zweite Buch fand, *Warranted Christian Belief*. Der Verfasser ist Alvin Plantinga, emeritierter Professor an der renommierten katholischen Notre Dame-Universität (Indiana, USA). Diese beiden Theologen halfen mir, mich zu entspannen und meine Fragen über Gottes Existenz zu den Akten zu legen. Sie sagten mir, dass es zwar keinen stichhaltigen „Beweis" für die Existenz Gottes gibt, aber nichtsdestoweniger gute Argumente für den Glauben daran. Sie erklären in ihren Büchern, dass es immer Anlass für Zweifel gibt, dies aber an sich kein unüberwindbares Problem sei.

Für einen adventistischen Pastor ist es natürlich immer gut, erwähnen zu können, dass Ellen White mit einem bestimmten Standpunkt übereinstimmt. Das tut sie in diesem Fall tatsächlich. Deshalb möchte ich – bevor ich zu der philosophischen

Terminologie von Nancey Murphy und Alvin Plantinga komme – einige Sätze aus dem Kapitel ihres Buches *Der bessere Weg* anführen, das ich bereits zitiert habe.

> *Gott erwartet nicht von uns, ihm zu vertrauen, ohne uns eine ausreichende Grundlage dafür zu geben. Für seine Existenz, sein Wesen und die Zuverlässigkeit seines Wortes hat er viele Zeugnisse erbracht, die unseren Verstand ansprechen.* Doch Gott hat nicht die Möglichkeit zum Zweifeln ausgeschlossen.[1]

Ich hoffe, dass du die Geduld und Ausdauer hast, mir zu folgen, wenn ich nun zu Murphy und Plantinga übergehe. (Falls der Inhalt für deinen Geschmack zu philosophisch wird, dann überspringe den Rest dieses Abschnittes.) Sie behandeln eingehend die Frage, ob es eine feste Grundlage für unseren Glauben an Gott gibt. Wie Ellen White argumentieren sie, dass es immer die Möglichkeit zum Zweifeln gibt.

Wie können wir sicher sein, dass wir nicht lediglich fromme Worte benutzen, wenn wir über Gott reden, sondern tatsächlich über eine Realität sprechen, die existiert? Wie können wir überzeugt sein, dass wir über ein persönliches Wesen reden, das in dieser Welt zu unserer Zeit handelt und eingreift? Und können wir ganz sicher sein, dass die Grundbausteine des christlichen Glaubens absolut und unleugbar wahr sind? Gibt es zumindest einige moralische Grundsätze, die zeitlos und unwandelbar sind?

Erkenntnistheoretischer Fundamentalismus (*foundationalism*) ist der Begriff für den philosophischen Versuch, solche absoluten Prinzipien zu entdecken – Überzeugungen, die zu ihrer Rechtfertigung nicht von anderen Überzeugungen abhängen, sondern grundlegend oder unmittelbar sind. Es gibt verschiedene Arten des erkenntnistheoretischen Fundamentalismus. Die „starke" oder klassische Variante baut auf der Überzeugung auf, dass all unser Wissen tatsächlich in einigen absoluten und

---

[1]. *Der bessere Weg zu einem neuen Leben*, S. 102.

unangreifbaren Prinzipien begründet werden kann.[1] Gemäß dieser Theorie sind solche „Basisüberzeugungen" selbstredend wahr. Mit anderen Worten: Wenn du ihnen begegnest, treffen sie dich mit solcher Macht, dass du nicht anders kannst, als sie als wahr anzunehmen.

Heutzutage gibt es jedoch einen weitverbreiteten Zweifel über die Legitimität dieses „starken" erkenntnistheoretischen Fundamentalismus. Es wird argumentiert, dass niemand an diese angeblichen Basisüberzeugungen ohne irgendein Vorverständnis herangehen kann. Und selbst wenn einige dieser anscheinend grundlegenden Prinzipien sich gegenseitig stützen, bildet diese Übereinstimmung keinen stichhaltigen Beweis ihrer Wahrheit.

Wenn dieser starke erkenntnistheoretische Fundamentalismus eine zu weitreichende Brücke darstellt, bedeutet das dann, dass es nichts außer sozialen Gewohnheiten und persönlichen Vorlieben gibt und völliger Skeptizismus herrschen muss? Glücklicherweise können wir den Weg wählen, der als „moderater" erkenntnistheoretischer Fundamentalismus bezeichnet wird. Gemäß dieser Sichtweise müssen wir uns mit weniger als absoluter Gewissheit zufrieden geben, aber es gibt *genügend* Gewissheit, auf der wir unseren Glauben gründen können. (Ellen White würde damit übereinstimmen, obwohl sie – da bin ich sicher – niemals etwas über diese philosophische Theorie gehört hat.) Gemäß dem moderaten erkenntnistheoretischen Fundamentalismus sind die Basisüberzeugungen nicht völlig immun gegenüber möglichen Zweifeln, aber sie „sind völlig annehmbar, sofern man nicht einen guten Grund hat zu denken, dass sie unterhöhlt worden sind. Sie sind so lange unschuldig, bis die Schuld bewiesen ist."[2]

Folge mir bitte noch ein wenig weiter. Viele, die dieses Thema studiert haben, bestehen darauf, dass etwas als verlässlich angesehen werden kann, sofern eine verlässliche Methode befolgt

---

1. W. Jay Wood, *Epistemology: Becoming Intellectually Virtuous*, IVP Academic Press, Downers Grove (Illinois) 1998, S. 83.
2. Ebenda, S. 99.

wurde, es hervorzubringen.¹ Falls verschiedene Vorstellungen miteinander übereinstimmen und ein kohärentes Ganzes bilden, gibt es gute Gründe, sie als wahr zu akzeptieren. Wenn wir diesem Gedankengang folgen, gibt es jedoch nicht die Annahme, dass eine gerechtfertigte Reihe von Glaubensüberzeugungen in der Form eines vollständigen *Gebäudes* vorliegt, denn solch eine Metapher würde ihren Anspruch auf Wahrheit zu stark machen. Aber Glaubensüberzeugungen sind laut Nancey Murphy (geb. 1951) und anderen Vertretern der moderaten Sichtweise des erkenntnistheoretischen Fundamentalismus ineinandergreifend – jede Glaubensüberzeugung wird durch ihre Verbindung zu anderen und schließlich zum Ganzen unterstützt.² Der amerikanische Philosoph W. V. Quine (1908–2000) zog die Metapher eines *Netzes* vor.³ Das Bild eines Netzes legt nahe, dass einzelne Stränge fragil und angreifbar sein mögen, aber alle Stränge zusammen eine solide Struktur bilden können. Einzelne Glaubensüberzeugungen mögen Schwächen haben und Zweifeln ausgesetzt sein, aber eine Reihe von zusammenhängenden Glaubensüberzeugungen gibt uns eine genügend starke Grundlage, von der wir ausgehen können. Alvin Plantinga (geb. 1932) hat die Idee bzw. Vorstellung von „berechtigten Glaubensüberzeugungen" eingeführt.⁴ Er argumentiert, dass wir nicht die absolute Gewissheit für unsere Glaubensüberzeugungen haben können, die der starke erkenntnistheoretische Fundamentalismus fordert, aber es genügend „Berechtigung" für die Glaubensüberzeugungen gibt, die die Grundlage des Christentums sind.

Selbst wenn ein Element von Wunschdenken beteiligt sei, kann das nicht wirklich die Auffassung des Glaubens diskreditieren,

---

1. Jonathan Dancy, *Introduction to Contemporary Epistemology*, Blackwell, Oxford (Großbritannien) 1985, S. 31f.
2. Nancey C. Murphy, *Beyond Liberalism and Fundamentalism: How Modern and Postmodern Philosophy Set the Theological Agenda*, Trinity Press International, Harrisburg (Pennsylvania) 1996, S. 94.
3. W. V. Quine und J. S. Ulian, *The Web of Belief*, McGraw-Hill, New York 1976.
4. Alvin Plantinga, *Warranted Christian Belief*, Oxford University Press, Oxford/New York 2000.

argumentiert Plantinga. Vielleicht hat unser Schöpfergott (angenommen er existiert tatsächlich) uns geschaffen mit einer Art von eingebautem Verlangen, an ihn zu glauben und sich seiner Gegenwart bewusstzuwerden. „Menschen mögen psychisch durch ihren Schöpfer so konstruiert sein, dass der Glaube an Gott das natürliche Ergebnis ist, wenn sie bestimmte Arten der Erfahrung machen."[1] Vielleicht hat der große Kirchenvater Augustin (354–430) uns in diese Richtung gewiesen mit seinem bekannten Ausspruch: „Unruhig ist unser Herz, bis es ruhet in Dir."[2]

DAS WESEN DES GLAUBENS

Bevor wir diesen Aspekt verlassen, möchte ich klarstellen, dass nicht alles, was sich als Glaube ausgibt, die biblischen Kriterien dafür erfüllt. Es gibt eine Art religiöser Glaube, der ungesund ist und Menschen depressiv macht. Er gibt ihnen das Gefühl, eingeengt zu sein, und macht sie neurotisch oder ängstlich. Und es gibt eine Art Glaube, der zu der widerwärtigen Arroganz führt, die letzte Wahrheit über alles zu besitzen. Diese Art Glaube fördert Intoleranz und hat oft zu schrecklichen Verfolgungen geführt.

Hans Küng, ein römisch-katholischer Theologe, der (gelinde gesagt) von den Leitern seiner Kirche nicht immer geschätzt wurde, hat es treffend ausgedrückt:

> *Der Gottesglaube war und ist gewiss oft autoritär, tyrannisch und reaktionär. Er kann Angst, Unreife, Engstirnigkeit, Intoleranz, Ungerechtigkeit, Frustration und soziale Abstinenz produzieren, kann geradezu Unmoral, gesellschaftliche Missstände und Kriege in einem Volk oder zwischen Völkern legitimieren und inspirieren.*
>
> *Der Gottesglaube konnte sich gerade in den letzten Jahrzehnten wieder zunehmend als befreiend, zukunftsorientiert und men-*

---

1. Siehe ebenda, S. 192–198; W. Jay Wood, a. a. O., S. 162.
2. Augustinus, *Bekenntnisse*, I,1; zitiert aus der Bibliothek der Kirchenväter (www.unifr.ch/bkv/).

schenfreundlich erweisen: Gottesglaube kann Lebensvertrauen, Reife, Weitherzigkeit, Toleranz, Solidarität, kreatives und soziales Engagement verbreiten, kann geistige Erneuerung, gesellschaftliche Reformen und den Weltfrieden fördern."[1]

Diese befreiende und nützliche Art des Glaubens ist der Glaube, den wir besitzen oder wiedererlangen möchten. Nur die Art des Glaubens, die Menschen aufbaut, sie als Individuen wachsen lässt und menschlicher macht, ist dieses Namens wert.[2]

Manche Leute reden über den Glauben an Gott, als ob er etwas Merkwürdiges und Unnormales wäre oder etwas, das wir im 21. Jahrhundert hinter uns gelassen haben. Gegen diese Ansicht müssen wir energisch protestieren. Wir haben Glauben an viele Dinge und zu jeder Zeit. Wenn ich mit meinem Auto über eine enge Brücke fahre, dann zögere ich nicht, den anderen Fahrzeugen zu folgen. Ich halte nicht erst an und beginne eine eingehende Untersuchung der Stärke ihrer Fundamente. Die Brücke gibt es seit vielen Jahren; Hunderte Fahrzeuge befahren sie täglich. Ich habe volles Vertrauen, dass sie auch mein Auto tragen wird, wenn ich hinüberfahre.

Wir haben Glauben an viele Dinge. Wenn wir ein Flugzeug besteigen, vertrauen wir den Fähigkeiten des Piloten; und wenn wir ein Restaurant besuchen, glauben wir, dass der Koch uns nicht vergiften will. Ich bin nie am Nordpol gewesen (aber wer weiß? Ich träume noch immer von einer Kreuzfahrt in die Arktis), habe jedoch viele Bilder von Menschen mit ihrer Nationalflagge gesehen, die an dem Ort standen, wo der Nordpol sein soll. Ich habe keine Möglichkeit, dies nachzuprüfen. Die Fotos könnten irgendwo in Nordkanada oder Sibirien aufgenommen worden oder eine Fotomontage sein. Aber ich glaube nicht, dass die Erde eine Scheibe ist, sondern eine Kugelgestalt hat mit zwei gegenüberliegenden Punkten, die wir Pole nennen. Und ich zweifle

---

1. Hans Küng, *Credo – Das apostolische Glaubensbekenntnis*, Piper, München 1992, S. 23f.
2. So Anny Matti, *Moeite met God*, J. H. Kok Uitgeversmaatschappij, Kampen (Niederlande) 1991, S. 48.

nicht daran, dass manche Leute es geschafft haben, mit verschiedenartigen Hilfsmitteln dorthin zu gelangen.

H.C. Rümke (1893–1967), einer der prominentesten niederländischen Psychiater Mitte des vergangenen Jahrhunderts, lieferte starke Argumente für die Normalität religiösen Glaubens in seinem klassischen Buch über Charakter und Veranlagung in Bezug auf Glaube und Unglaube.[1] Wenn wir Glaube als Vertrauen definieren, dass etwas wahr ist, und als Handeln aufgrund dieses Vertrauens ohne definitiven vernunftmäßigen Beweis, müssen wir schlussfolgern – so erklärte Rümke –, dass es keinen Menschen gibt, der keinen Glauben hat. Unsere ganze Existenz ist auf solche Art Vertrauen aufgebaut, das dem Instinkt oder der Intuition nicht unähnlich ist. Religiöser Glaube ist eine bestimmte Form des Vertrauens. Zu behaupten, dass diese Art Glaube der Beweis für eine geistige Fehlfunktion oder eines Mangels an Reife sei, offenbart unvernünftige Vorurteile.[2]

GLAUBE JENSEITS DER VERNUNFT

Offenbar kann Glaube nicht mit der vernunftmäßigen Annahme von logischen Argumenten oder gewissen unbestreitbaren Thesen gleichgesetzt werden. Und selbst Plantingas Argumentation von „berechtigten Glaubensüberzeugungen" kann nicht alle Wolken des Zweifelns vertreiben. Der Glaube, dass Gott existiert und wir an ihn glauben (d. h. ihm vertrauen) können, geht über das hinaus, was wir mit unserem Verstand argumentieren können, für wie brillant wir uns auch halten mögen, und auch über das hinaus, was wir sehen, hören oder fühlen können. Dies ist, was der Autor des Hebräerbriefes in seiner bekannten Erklärung des Glaubens beschreibt: „Es ist aber der Glaube eine feste Zuversicht auf das, was man hofft, und ein Nichtzweifeln an dem, was man nicht sieht." (Hbr 11,1) Oder, wie es die *Neues Leben Bibel* frei wiedergibt: „Er ist das Vertrauen darauf, dass das, was wir hoffen,

---

1. H.C. Rümke, *Karakter en Aanleg in Verband met het Ongeloof*, Kok Agora, Kampen, Ausg. 2003.
2. Ebd., S. 29–34.

sich erfüllen wird, und die Überzeugung, dass das, was man nicht sieht, existiert." Diese Definition impliziert nicht, dass wir uns beim Glauben von der Vernunft und der Intelligenz verabschieden müssen. Es bedeutet nicht, was Mark Twain behauptete: „Zu glauben bedeutet, etwas anzunehmen, von dem du weißt, dass es unwahr ist." Glaube ist keine Angelegenheit, unseren Intellekt hinter uns zu lassen, und nicht die Bereitschaft, in eine Welt der Magie oder der Science-Fiction einzutreten, in der alles möglich ist.

Skeptiker, die alles bezweifeln wollen, werden natürlich weiterhin argumentieren, dass sich der Glaube auf solide Belege gründen muss, das heißt: auf Beweise, die durch den Gebrauch unserer Sinne nachgeprüft werden können. Aber es gibt stets eine merkwürdige Widersprüchlichkeit zwischen der Argumentation und dem Verhalten der Skeptiker: In konkreten Situationen lässt der Skeptiker, der meint, sich über nichts gewiss sein zu können, seinen Skeptizismus hinter sich. Wenn sein Haus brennt, wird er die Realität des Feuers nicht bezweifeln, sondern die Notrufnummer wählen, ein paar Wertsachen zusammenraffen und sein Haus verlassen.

Natürlich ist die Vernunft wichtig, aber – wenn es hart auf hart kommt – warum sollten wir nur einer der vielen Fähigkeiten vertrauen, mit denen wir ausgestattet sind, und nicht auch den anderen Fähigkeiten? Warum sollten wir beispielsweise der Vernunft mehr trauen als unserer Wahrnehmung oder Intuition? Die Entscheidung, sich allein auf die Vernunft zu verlassen, ist letzten Endes eine willkürliche Entscheidung.[1] Hans Küng sagt, Glaube wäre „nur eine Halbheit, wenn er nur unser Verständnis und unsere Vernunft anspricht und nicht die ganze Person, einschließlich unseres Herzens". Er ist nicht in erster Linie eine Angelegenheit von theologischen Aussagen oder Lehren, die von einer Kirche definiert werden, oder von intellektuellen Argumenten, sondern hat auch viel mit unserer Vorstellung und unseren Emotionen zu tun.[2]

---

1. Plantinga, a. a. O., S. 217–222.
2. Hans Küng, *Credo,* SMC Press, London, Ausg. 1993, S. 7–11.

Der Glaube an Gott ist nicht ohne Herausforderung, aber er ist es wert, dass wir zu glauben *versuchen*.[1] „Wir mögen den Eindruck haben, dass wir zu wenige Beweise haben, um uns gewiss zu sein. Aber auf der anderen Seite haben wir auch zu viele Beweise, die wir nicht ignorieren können."[2] Wir mögen nicht den letztgültigen Beweis haben, aber bis jetzt hat auch niemand einen überzeugenden Beweis für die Nichtexistenz Gottes geliefert. An Gott zu glauben ist ein Akt des Menschen als Ganzes, von Vernunft *und* Herz; ein Akt vernünftigen Vertrauens, für das es keine unstrittigen Beweise geben mag, aber für das es gute Gründe gibt!

WARUM LÄSST GOTT SO VIEL LEID ZU?

Wir müssen nun einen weiteren Schritt – oder Sprung – bei unserer Suche nach dem Glauben an Gott tun. Eine wichtige Frage, die wir klären müssen, ist, ob unser Glaube wirklich auf Gott gerichtet ist. Der christliche Glaube hat ja in erster Linie mit dem Vertrauen in eine *Person* zu tun. Einige richten irrtümlicherweise ihren Glauben auf die Bibel aus und machen die Heilige Schrift zu ihrem Gott. Viele Christen sind diesem Irrtum verfallen. Manche Protestanten beten ein Buch an statt eine Person; sie gründen ihren Glauben auf ein Dokument statt auf den Einen, auf den dieses Dokument hinweist. Viele Katholiken begehen den Fehler, ihre Kirche zum Zentrum ihres Glaubens zu machen statt den Einen, den die Kirche verkünden soll. Einige Adventisten richten ihren Glauben vor allem an den 28 Glaubensüberzeugungen aus. Wir dürfen jedoch nie vergessen, dass wahrer Glaube eine Beziehung zwischen uns und Gott ist. Alles andere ist zweitrangig.

Aber dann kehrt die bereits gestellte zentrale Frage zurück: *Können wir an einen Gott glauben, der zulässt, dass so viele schreckliche Dinge geschehen?* Es gibt keine einfache Antwort auf diese Frage. Tatsächlich gibt es überhaupt keine schlüssige Antwort. Letztlich kann die einzige menschliche Antwort sein:

---

1. Vgl. den Titel des Buches von Nathan Brown: *Why I Try to Believe*, Signs Publishing, Warburton (Victoria, Australien) 2015.
2. Ebd., S. 13.

Wenn Gott die Liebe ist und alles weiß, dann weiß er, was er tut. Er muss seine Gründe haben, dass er das Böse seinen Lauf in der Welt lässt. Ja, er ist allmächtig. Er kann alle Dinge tun, aber er wählt die Dinge aus, die er tut. Er zieht es vor, seine Macht in seinen eigenen unergründlichen Wegen zu benutzen. Falls Gott der Art Gott ist, wie es die Bibel behauptet, ist er von großer Weisheit, und seiner Weisheit kann man trauen – wie sehr dieses Vertrauen auch herausgefordert wird, wenn Unglücke geschehen.

Ich kenne keine biblische Geschichte, die diese Frage besser beantwortet als die von Hiob, dem Patriarchen, der am Beginn dieser Geschichte alles besaß, was er sich wünschte, und dann alles verlor: seinen materiellen Besitz, seine Gesundheit und sogar seine Kinder. Kein Wunder, dass er die Frage stellte: *Warum geschieht mir das?* Seine Freunde meinten, die Antwort zu kennen. Sie argumentierten, dass es eine geheime Sünde in Hiobs Leben geben müsse, für die er bestraft würde. Hiob beharrte jedoch (zu Recht, siehe Hiob 1,8) auf seiner Unschuld und konnte nicht verstehen, warum ihm so Schlimmes passiert war. Seine Frau riet ihm sogar, Gott abzusagen und nicht mehr an ihn zu glauben (Hiob 2,9).

Zugegebenermaßen gibt es einige bemerkenswerte Aspekte in dieser Geschichte von Verlust und Wiedergewinnung. Am Beginn dieses Buches finde ich etwas schwer Verständliches. Satan wird als ein wichtiger Akteur vorgestellt. Merkwürdigerweise hat der Teufel immer noch Zugang zum Himmel und kann offensichtlich in der Gegenwart Gottes erscheinen. Auf den Hinweis Gottes auf Hiobs Frömmigkeit und Rechtschaffenheit entgegnet Satan, dass Hiob aus selbstsüchtigen Motiven Gott ehren würde. Er fordert Gott heraus, Hiobs Besitz anzutasten, dann würde Hiob ihm absagen. Als Ergebnis erlaubt Gott Satan, Hiob auf die Probe zu stellen. Und es ist Satan – nicht Gott –, der daraufhin veranlasst, dass Hiob aller Besitz geraubt und dessen Kinder getötet werden (Hiob 1,8–19). Aber Gott setzt Satan eine Grenze: Satan darf Hiob nicht das Leben nehmen (Hiob 2,4–6).

Ich muss zugeben, dass diese Geschichte mir seltsam erscheint, aber seine wesentliche Bedeutung besteht darin, dass in dem Geheimnis des Bösen, des Leides und des Todes viel mehr steckt, als wir sehen und verstehen können. Diese alttestamentliche Geschichte erzählt uns, dass es eine übernatürliche Dimension im Problem des Bösen und des Leides gibt und wir deshalb nicht erwarten können, dass wir als begrenzte Menschen darauf schlüssige Antworten finden können.

Aber dann gibt es noch den letzten Teil des Buches Hiob. Er ist einer meiner liebsten in der Bibel. Da erfahre ich, dass Gott niemals definiert werden kann, weil er sich völlig von uns unterscheidet und unendlich größer ist, als wir uns je vorstellen können. Als Hiobs Freunde keine Worte mehr hatten und Hiob selbst keinen Ausweg aus seinem Dilemma sah, sprach Gott zu ihm aus einem Sturm heraus und stellte ihm viele verblüffende Fragen.

> Wer ist es, der Gottes weisen Plan mit Worten
> ohne Verstand verdunkelt?
> Tritt vor mich hin wie ein Mann!
> Ich will dir Fragen stellen und du sollst mich belehren.
> Wo warst du, als ich die Grundfesten der Erde legte?
> Sag es mir, sofern du Bescheid weißt!
> Weißt du, wer ihre Maße festlegte
> oder wer das Maßband über ihr ausspannte?
> Worauf sind ihre Stützpfeiler eingesenkt
> und wer hat ihren Eckstein gelegt …
> Hast du jemals in deinem Leben den Morgen herbeigerufen
> oder der Morgenröte befohlen, sich im Osten zu zeigen,
> damit ihr Glanz die Enden der Erde erfasst
> und die Gottlosen verscheucht? …
> Bist du bis zu den Quellen vorgedrungen, aus denen die Meere entspringen? Hast du beim Spazierengehen die Urflut durchquert?
> Haben sich die Tore des Totenreichs vor dir geöffnet
> und hast du das Tor des Todesschattens gesehen?
> Hast du den Überblick über die ganze Weite der Erde?
> Sag es mir, wenn du dich mit all diesen Dingen auskennst!
>
> (Hiob 38,2–6.12–13.16–18 NLB)

Ich habe nur einige aus der langen Liste der Fragen zitiert, die Gott Hiob stellte. Bemerkenswerterweise bekam Hiob keine Antwort auf die Fragen, die er Gott gestellt hatte, und erfuhr nichts über die Ursache seines Leidens (das erfährt nur der Leser des Buches Hiob in den ersten beiden Kapiteln), aber er verstand die Botschaft. Seine Beschwerden gegen Gott endeten. Er sah seine Erfahrung schließlich aus einer anderen Perspektive:

> Nun weiß ich, dass du alles kannst, kein Vorhaben ist für dich undurchführbar ... Ich habe in Unkenntnis über Dinge geurteilt, die zu wunderbar für mich sind, ohne mir darüber im Klaren zu sein.
> Du hast gesagt: „Hör zu, ich will reden! Ich will dir Fragen stellen, und du sollst sie mir beantworten." *Bisher kannte ich dich nur vom Hörensagen, doch jetzt habe ich dich mit eigenen Augen gesehen.*
>
> (Hiob 42,2–5 NLB; Hervorhebung hinzugefügt)

Ich will nicht darüber argumentieren, ob die Geschichte über Hiob in allen Einzelheiten historisch ist. Für mich ist es ziemlich unwichtig, ob es in der Zeit der biblischen Patriarchen tatsächlich einen Mann namens Hiob gab, der genau 7000 Schafe und Ziegen und 3000 Kamele besaß sowie sieben Söhne und drei Töchter. Ich mache mir keine übermäßigen Gedanken darüber, ob der ganze Bericht darüber, was ihm passierte, historisch genau ist. Auf jeden Fall ist es schwer zu glauben, dass Hiobs Freunde genau in der Art zu ihm sprachen, wie ihre Reden im Buch Hiob wiedergegeben werden. Eine Erörterung über die Historizität mag interessant sein, verfehlt aber völlig den Punkt, warum dieses Buch in den biblischen Kanon aufgenommen wurde: Weil es eine Sicht auf das menschliche Leiden gibt, speziell die Leiden eines „Gerechten". Es sagt uns, dass auch für Gläubige Leiden eine Realität sind und uns zerbrochen und verzweifelt zurücklassen können. Es unterstreicht die Tatsache, dass alle menschlichen Theorien darüber im Einzelfall leer und unbefriedigend bleiben müssen – wie wir schlussfolgern müssen, wenn wir die bombastischen Worte der Freunde Hiobs lesen. (Wobei es interessant ist, dass man genau ihre Argumente in gläubigen Kreisen heutzutage immer wieder hört.) Das Buch möchte uns auch überzeugen, dass Gott das letzte Wort hat. Gott wird als der dargestellt, dem wir vertrauen können, wegen dem, wie er ist.

Ich wiederhole: Der christliche Glaube hat es zu allererst mit dem Vertrauen in eine Person zu tun. Wir müssen zugeben, dass wir im Einzelfall nicht verstehen können – und in diesem Leben niemals verstehen werden – warum guten Menschen schlechte Dinge passieren. Gleichzeitig sollten wir verstehen, dass Gott tatsächlich viel öfter eingreift, als wir erkennen. Wenn das Böse und Satan so völlig destruktiv sind, dann verdanken wir es Gottes beständigem liebevollem Eingreifen, dass wir immer noch am Leben sind und trotz allem Elend noch vielerlei Freude haben und uns an Schönheit erfreuen können. *Das Geheimnis, warum es noch so viel Gutes gibt, ist vielleicht genauso groß wie das Geheimnis, warum es so viel Böses gibt.* Wenn wir über diese Dinge nachdenken, sollten wir uns immer erinnern, dass Gott immer Gott bleiben muss. Falls wir ihn völlig verstehen könnten, wäre er nicht länger Gott, sondern würde auf unsere Stufe heruntergeholt werden. Und wer braucht solch eine Art Gott?

An dieser Stelle müssen wir einen weiteren Sprung in den Glauben tun. Wenn Gott existiert, wie es die Bibel beschreibt, und Christen überzeugt sind, und die Aussage von Jesus wahr ist, dass „Gott die Welt so sehr geliebt [hat], dass er seinen einzigen Sohn hingab" (Joh 3,16 NLB), dann steht vor uns ein so immenses Opfer – so sehr jenseits des menschlichen Verständnisses –, dass wir uns fragen müssen, ob wir berechtigterweise Zweifel über Gott haben wegen der schlimmen Dinge, die in der Welt und uns selbst passieren. Wenn es wahr ist, dass Gott unseretwegen das aufgab, was ihm das Liebste und Nächste war, dann sollten wir innehalten und gründlich überlegen, bevor wir ihm vorwerfen, er zeige uns gegenüber nicht genügend Liebe. Wenn wir glauben können, dass Gott den Einen, der ihm am teuersten war, unseretwegen opferte, dann haben wir tatsächlich eine solide Basis, auf die wir unser Vertrauen in Gott gründen können.

WIE KÖNNEN WIR GLAUBEN BEKOMMEN, WENN WIR WOLLEN?

Wir müssen noch einmal auf die Frage zurückkommen, wie der Glaube an Gott entsteht. Kann man sich einfach entscheiden, solchen Glauben zu haben? Oder sich entscheiden, ihn nicht zu haben? Werden manche Menschen mit einer speziellen Fähigkeit zu glauben geboren? Ist es hauptsächlich eine Angelegenheit der Umwelt und der Erziehung? Wie kommt es, dass einige Leute von ihrem Glauben loskommen wollen und es doch nicht schaffen, ihn abzuschütteln, während andere sagen, dass sie die Leute beneiden, die an Gott glauben, aber selbst nicht wüssten, wie sie solch einen Glauben erlangen können? Darauf gibt es keine einfachen Antworten.

Aber ist es unvernünftig zu glauben, dass Gott – falls er wirklich existiert und irgendwie für unseren Ursprung verantwortlich ist – uns mit einer Fähigkeit zum Glauben geschaffen hat? Mit anderen Worten: Warum sollte es in uns nicht etwas geben, das die Tatsache erkennt, dass Gott da ist, uns zu erreichen versucht und mit uns kommunizieren will? Wir können es einen siebten Sinn nennen oder es mit einem lateinischen Begriff benennen, wie es der Reformator Johannes Calvin tat,[1] oder es als innere Gewissheit bezeichnen, dass es einen Gott gibt, der nicht nur existiert, sondern sich auch um uns kümmert – wie auch immer du es nennen magst: Es ist da! Vielleicht können wir sagen, dass Antennen von Menschen rostig werden, sodass sie das Signal nicht mehr empfangen können, wenn sie es versäumen, auf diesen Sinn für die göttliche Gegenwart eingestellt zu bleiben.

Die Fähigkeit, Liebe zu empfangen und zu geben, erscheint mir der Fähigkeit zum religiösen Glauben ähnlich zu sein. Für die meisten Menschen ist Liebe etwas Natürliches. Von den ersten Momenten ihres Lebens an, noch bevor Kinder gehen und sprechen können, sind sie in der Lage, auf die Liebessignale ihrer Mutter zu reagieren. Wir können diesen erstaunlichen Liebesmechanismus nicht erklären, aber es gibt ihn. Sofern

---

[1]. Johannes Calvin, einer der Schlüsselfiguren der Reformation im 16. Jahrhundert, benutzte dazu den Begriff *sensus divinatis*, d. h. ein inneres Bewusstsein der göttlichen Gegenwart.

keine Persönlichkeitsstörung vorliegt oder in den Kinderjahren etwas schrecklich schiefgeht, wachsen wir mit dieser mysteriösen Fähigkeit auf, Liebe zu erkennen, anzunehmen und zu geben. Wir können sagen: Liebe ist eine Gabe, die wir bekommen haben. Sie hängt nicht von intellektuellen Argumenten ab, auch wenn wir wissen, dass wir nicht jemanden lieben sollten, ohne unseren Verstand zu benutzen. Doch es gibt Abstufungen in der Fähigkeit der Menschen, Liebe zu empfangen und zu geben. Einige haben anscheinend nicht mehr die Antenne, um Liebessignale von anderen zu empfangen, und sind irgendwie unfähig, auf solche Signale zu reagieren. Aber dies führt uns nicht dazu, die Realität und Normalität der Liebe zu bezweifeln.

Glaube – die Fähigkeit, Gott zu vertrauen, und das Verlangen, mehr über ihn zu erfahren und kennen zu lernen, was er für uns und von uns möchte – ist auch eine *Gabe*. Jeder hat diese Gabe in größerem oder geringerem Ausmaß erhalten. Der Apostel Paulus, der in der Mitte des ersten Jahrhunderts viele Briefe an christliche Gemeinden geschrieben hat, behauptete, dass Gott von Beginn an eine grundlegende Kenntnis über sich in den Verstand aller Menschen eingepflanzt hat. Er verweist insbesondere auf die Natur als eine Quelle des Bewusstseins von Gott, indem er schrieb: „Seit Erschaffung der Welt haben die Menschen die Erde und den Himmel und alles gesehen, was Gott erschaffen hat, und können daran ihn, den unsichtbaren Gott, in seiner ewigen Macht und seinem göttlichen Wesen klar erkennen. Deshalb haben sie keine Entschuldigung dafür, von Gott nichts gewusst zu haben." (Röm 1,20 NLB)

Dieses Bewusstsein des Göttlichen entsteht nicht als Ergebnis tiefen Nachdenkens oder durch das Lesen von anspruchsvollen philosophischen Büchern oder eifriges Studieren der Bibel, obwohl all dies seinen Platz hat. Wir erhalten es als eine *Gabe*. Und wenn wir es verloren haben, können wir es wiederfinden. Paulus schrieb an eine andere Gemeinde ebenfalls über das Konzept der Gnade und des Glaubens als Gaben Gottes (siehe Eph 2,8). Diese Gabe mag gewissermaßen einfach „aus dem Himmel herabfallen", aber in der Regel tun wir gut daran, dorthin zu gehen, wo diese Gabe im Allgemeinen „ausgegeben" wird.

Menschen, die zu glauben begonnen haben, werden uns verschiedenartige Geschichten darüber erzählen, wie sie gläubig geworden sind. Einige werden sagen, dass sie tief im Innern immer gläubig, aber sich dessen einige Zeit nicht bewusst gewesen sind. Andere werden in der Lage sein, einen bestimmten Moment anzugeben, in dem sie zuerst den Glauben erfahren haben. Wieder andere können nicht genau erklären, wie sie gläubig geworden sind. Aber Leute, die über die Geschichte ihres Glaubens erzählen, verweisen gewöhnlich nicht auf intellektuelle Argumente, obwohl diese oftmals ihrem Glauben größere Tiefe gegeben haben. Wenn sie darüber sprechen, wann und wo ihr Glaube begann, erzählen sie davon oftmals in der Sprache der sinnlichen Wahrnehmung. Sie sagen, dass sie die göttliche Gegenwart *fühlten* oder überwältigt waren, als sie in einer klaren Nacht in den Sternenhimmel *sahen*. Sie sprechen in Begriffen von Ehrfurcht, in ihrem Innersten *berührt* worden zu sein. Sie *spürten* plötzlich, dass sie beten sollten und ihre Gebete gehört wurden. Und so weiter. Es gibt keinen Zweifel, dass der Glaube an Gott eine starke Erfahrungskomponente hat. Er reicht bis in unseren Verstand, aber genauso sicher auch in unsere Emotionen.

Können wir uns entscheiden, dass wir Glauben haben oder zu dem Glauben zurückkehren wollen, den wir einst hatten, und können wir uns auch weigern, an Gott zu glauben? Ich will dazu noch einmal den niederländischen Psychiater H. C. Rümke zitieren:

Ich habe niemals einen Fall beobachten können, in dem jemand den Glauben [an Gott] durch Denken oder Wollen fand. Wenn wir uns jene genau ansehen, die sagen, dass sie durch rationale Argumente zum Glauben gekommen sind, finden wir immer, dass der Begriff „rational" in einem weiten Sinn zu verstehen ist. Im weiteren Gespräch werden sie oftmals zustimmen, dass der Gedankenprozess mehrere Glieder hatte, die mit Vertrauen identisch sind. Als ich jene studierte, die sagten, dass sie den Glauben durch ihren Willen erlangt hätten, habe ich oft entdeckt, dass ihr Glaube nicht echt war oder ihr Wille zu glauben tatsächlich eine Form des Glaubens war, die sie bereits entwickelt hatten.

Ich kann nicht sagen, es sei völlig unmöglich, dass es Fälle gibt, in denen die Vernunft und der Wille zum Glauben geführt haben. Ich kann nur sagen, dass mir solche Fälle nie begegnet sind. Aber ich meine, dass „Denken" und „Wollen" eine wichtige Rolle bei der inneren Verarbeitung unserer Erfahrung spielen können und bei dem Platz, dem wir der Religion zugestehen.[1]

Die Metapher eines *Sprungs in den Glauben* ist sehr passend. Glaube ist oft als eine Art Abenteuer beschrieben worden oder als Beginn eines Weges, ohne zu wissen, wohin er führen wird. Dies war die Art des Glaubens, die, gemäß den Geschichten in der Bibel, Abraham besaß. Nachdem er von Gott „berufen" wurde, die Stadt zu verlassen, in der er sich niedergelassen hatte, und zu einem unbekannten Ziel zu reisen, machte er sich auf den Weg. Er hatte nicht die genauen GPS-Daten, die er in sein Smartphone eingeben konnte, sodass er einfach der Stimme folgen konnte, die darauf programmiert war, ihm an jeder Kreuzung oder Weggabelung die nötige Anweisung zu geben. Er bekam seinen Fahrplan in kleinen Teilstücken mitgeteilt.

Die Geschichte Abrahams illustriert, dass Glaube ein Element des Abenteuers enthält. Aber dieses Glaubensabenteuer ist kein blinder Sprung ins Ungewisse über einen Abgrund von unbekannter Weite. Die Art Dinge, die wir glauben sollen, sind keineswegs den merkwürdigen Phänomenen in der Welt von Haruki Marukami oder Harry Potter ähnlich. Sie mögen der sinnlichen Überprüfung oder der Untersuchung im Labor nicht zugänglich sein, aber sie sind Teil eines Netzes von „gerechtfertigten Glaubensüberzeugungen" und ergeben eine stimmige Geschichte.

Wie macht man diesen Sprung? Oder um die andere Metapher noch einmal zu benutzen: Wo empfängt man die Gabe des Glaubens? Ich kann kein Zwölf-Schritte-Programm vorschlagen, das dir hilft, vom Unglauben zum Glauben zu kommen. In dieser Weise funktioniert es nicht. Aber ich bin überzeugt: Es ist eine „gerechtfertigte" Annahme, dass Gott uns mit einer Fähigkeit

---

1. Rümke, a. a. O., S. 37f.

zu glauben geschaffen hat und mehr als bereit ist, diese Gabe erneut denen zu geben, die sie irgendwie verloren haben. Aber wartet er vielleicht manchmal, bis er die rechte Gelegenheit dazu findet? Wartet Gott vielleicht, bis der Empfänger die angemessene Haltung – eine Offenheit und Wertschätzung für diese Gabe – besitzt? Wir müssen uns in Erinnerung rufen, dass Glaube Erwartung und Offenheit erfordert. Wir müssen unsere Hand ausstrecken, wenn wir die Gabe haben möchten. Wir müssen bereit sein voranzugehen und den Sprung zu machen.

Dabei hilft uns vor allem, im Neuen Testament die Geschichten über Jesus zu lesen. Dort erfahren wir nicht nur, was Jesus getan und gesagt hat, sondern auch, *wie* er ist. Jesus ist das Zentrum des Glaubens eines Christen (daher unser Name). Er hat versprochen: „Wenn ich am Kreuz aufgerichtet bin, werde ich alle zu mir ziehen." (Joh 12,32 NLB) Jesus ist der „Anfänger und Vollender des Glaubens" (Hbr 12,2). Je besser wir ihn kennenlernen, umso mehr erkennen wir, wie vertrauenswürdig und liebevoll er ist. Und wenn wir uns nicht dagegen sperren, dann wachsen Vertrauen und Liebe zu ihm ganz „automatisch".

Und wir sollten beten. Wenn wir zu beten aufgehört haben, müssen wir zur Gewohnheit des Betens zurückkehren. Natürlich höre ich den sofortigen Einwand: „Beten geht dem Glauben nicht voran, sondern folgt ihm. Gläubige beten; Ungläubige beten nicht." In gewissem Sinne stimmt das. Jene, die an Gott glauben, wollen mit dem reden, dem sie vertrauen. Aber zugleich ist es auch wahr, dass Beten zum Glauben zu führen vermag. Wenn es einen Gott gibt, der möchte, dass wir an ihn glauben, hätte er dann nicht ein offenes Ohr selbst für das einfache Gebet, das lautet: „Lieber Gott, gib mir bitte die Gabe des Glaubens"? Und wenn wir spüren, dass unser Glaube schwach ist, und nicht (mehr) wissen, wie wir beten sollen, dann können wir das kurze Gebet des verzweifelten Mannes wiederholen, der zu Jesus kam, als sein Sohn im Sterben lag, und ihn um Hilfe bat: „Ich glaube; hilf meinem Unglauben!" (Mk 9,24).

GOTT LÄSST SICH FINDEN

Die gute Nachricht für Gläubige am Rande, die Schwierigkeiten haben, Gott zu vertrauen, weil sie so viel Irrsinn und Leiden in der

Welt sehen, besteht darin, dass Zweifel überwunden werden und uns sogar helfen können, zu reifen, gesunden und ausgewogenen Gläubigen heranzuwachsen. Wenn du Beispiele dafür suchst, dann empfehle ich dir, Bücher von oder über Menschen zu lesen, die ihre Zweifel überwunden und zu Gott gefunden haben (entweder zum ersten Mal oder nachdem sie eine Zeitlang entfernt von Gott gelebt hatten). Davon gibt es eine ganze Menge. Ich bin sehr ermutigt worden durch das Buch *Finding God*.[1] Und beim Nachdenken über all das Leiden in der Welt, das so viele Zweifel verursacht, habe ich das Buch von C. S. Lewis *Über den Schmerz* sehr inspirierend gefunden.[2] Lewis, der von Leiden nicht verschont war, machte diese erstaunliche Aussage, die viel Stoff zum Nachdenken liefert: „Ich habe eine große Schönheit des Geistes in einigen entdeckt, die großes Leid durchgemacht haben. Ich habe Männer kennengelernt, die mit fortschreitendem Alter besser und nicht schlechter geworden sind, und ich habe gesehen, dass die letzte Krankheit Schätze der Tapferkeit und Sanftmut in wenig verheißungsvollen Personen hervorgebracht hat."[3]

Unglücklicherweise verlieren viele Menschen ihren Glauben, und zwar aus verschiedenen Gründen. Aber das Gegenteil ist ebenfalls wahr: Viele Männer und Frauen entdecken den Glauben (wieder) und können ihn zu einem wichtigen Teil ihres Lebens machen. Falls du ein Zweifler bist, dann dränge ich dich: Gib deinen Glauben nicht auf! Gott existiert, und du kannst eine persönliche Beziehung zu ihm aufbauen, die deinem Leben einen neuen Sinn gibt. Falls dein Glaube allmählich ausgehöhlt wurde oder gar verschwunden ist, dann beginne erneut, nach der „Gabe" des Glaubens zu suchen. Trotz all meiner Zweifel und Ungewissheiten bin ich immer noch überzeugt, dass dies das Beste ist, das jemand tun kann.

---

1. John M. Mulder, *Finding God: A Treasure of Conversion Stories*, William B. Eerdmans, Grand Rapids (Michigan) 2012.
2. Original: *The Problem of Pain* (1940). Neueste deutsche Ausgabe vom Brunnen-Verlag, Basel/Gießen 2005.
3. C. S. Lewis, *The Problem of Pain*, Collins, Glasgow, Ausg. 1989, S. 86.

KAPITEL 6

Warum wir in der Kirche bleiben sollten

Es war im Jahr 1985, einige Monate nach meiner Ankunft als ein „Missionar" (sprich: Administrator) der Kirche der Siebenten-Tags-Adventisten in Yaoundé, der Hauptstadt des westafrikanischen Landes Kamerun. Ich war nicht immun gegenüber dem Kulturschock: in einer völlig anderen Kultur zu leben mit fremdartigen Gewohnheiten und Regeln, ein feuchtheißes Klima aushalten zu müssen und mit einer neuen Aufgabe zurechtzukommen, bei der ich gezwungen war, mich auf Französisch zu verständigen. Aber mein größtes Problem bestand darin, dass ich mit einer ziemlich naiven und romantischen Sichtweise der Kirche in diesen Teil der Welt gekommen war. Ich war den Materialismus Westeuropas gewohnt, und dachte, ihn hinter mir gelassen zu haben, als mein Flugzeug in Amsterdam abhob, aber nichts war der Wahrheit ferner. In Afrika passiert nichts, rein gar nichts, ohne Schmiergeld – und das gilt auch in großem Maße für die Kirchen.

Es dauerte nicht lange, bis ich herausfand, dass in vielen Fällen die Nichtzahlung eines Schmiergeldes (*un petit cadeau*, ein kleines Geschenk) keine praktikable Option war, wenn ich etwas ausgeführt haben wollte. Es dauerte wesentlich länger zu entdecken, dass die Korruption auch in der adventistischen Kirche grassierte. Einer der Amtsträger der nationalen Kirchenleitung war in ein ausgedehntes, recht zwielichtiges Importgeschäft von Gebrauchtwagen verwickelt. Ein anderer Leiter hatte die Kirche um eine ansehnliche Summe betrogen – ansehnlich selbst nach westlichen Maßstäben. Er wurde nicht gefeuert, sondern als Lehrer an das adventistische College versetzt, wo er Ethik unterrichten sollte. (Das ist keine Erfindung von mir!)

So ist es vielleicht nicht verwunderlich, dass ich bald ziemlich deprimiert war. Eines Nachmittags hatte ich in der Stadt etwas Geschäftliches zu erledigen und beschloss, für einen Kaffee in einem der Cafés am Boulevard Kennedy, der Haupteinkaufsstraße von Yaoundé, Halt zu machen. Kurz nachdem ich mich mit meinem *grand café noir* hingesetzt hatte, begrüßte mich ein Missionar einer anderen Kirche, den ich bereits mehrmals getroffen hatte. Ich lud ihn ein, sich zu mir an meinen Tisch zu setzen, um ein bisschen miteinander zu plaudern. Als er mich fragte, wie die Dinge bei mir so liefen, ergriff ich die Gelegenheit, ihm von meinen Sorgen zu erzählen, und erklärte ihm, wie enttäuscht ich über die vielen bedauerlichen Dinge war, die ich in meiner Kirche zu bemerken begonnen hatte. Seine Reaktion überraschte mich ziemlich. „Ich bin jetzt bereits einige Jahre in diesem Land, und ich weiß tatsächlich einiges darüber, was in Ihrer Kirche geschieht. Aber wenn Sie denken, dass die Situation in der adventistischen Kirche schlecht ist, dann möchte ich Ihnen sagen, dass es in meiner noch viel schlimmer ist. Der Präsident meiner Kirche betreibt ein Bordell!" Diese offenherzige Aussage ermutigte mich sehr. Meine Kirche mochte zwar ihre Mängel haben, aber am Ende war sie nicht die schlechteste!

Ich könnte noch zahlreiche andere Horrorgeschichten erzählen. Man kann nicht über 40 Jahre lang für die Kirche arbeiten und unzählige Stunden in Verwaltungsausschüssen sitzen, ohne immer wieder etwas über Situationen zu hören, die den Drang auslösen, sich zu erbrechen. Und ich kann nicht behaupten, selbst perfekt zu sein. Zwar habe ich stets versucht, aufrichtig und bescheiden zu sein, muss aber zugeben, dass ich einige unweise Entscheidungen bedauere, die ich in den Institutionen getroffen habe, die ich zu leiten hatte – Entscheidungen, die Personen oder dem Ruf unserer Kirche geschadet haben. Ich könnte hinzufügen, dass ich auch selbst getroffen wurde durch die Art und Weise, wie Gemeindeglieder mich behandelt haben, und durch einige schmerzliche Beschuldigungen. Ich bin beschimpft worden, und einige haben mich als jesuitischen Eindringling bezeichnet. (Falls du dies bezweifelst, überprüfe es im Internet. Aber selbst wenn ich ein Jesuit sein wollte, wüsste ich nicht, wie ich rekrutiert werden sollte!)

Ich weiß, dass viele Gläubige am Rande unserer Kirche noch viel schlimmere Geschichten darüber erzählen könnten, wie sie von einer Organisation, von Leitern oder Gliedern unserer Kirche behandelt worden sind – Geschichten, die mich erschaudern lassen. Viele haben massives Unrecht erlitten, sind Opfer von bösartigen Beleidigungen, Diskriminierung oder Intoleranz geworden oder sind respektlos und gleichgültig behandelt worden.

Am Anfang dieses Buches habe ich berichtet, dass christliche Kirchen oftmals die Erwartungen ihrer Mitglieder enttäuscht haben, und die Hauptgründe erörtert, warum viele von ihnen ihre Kirche verlassen haben. Wir haben geschlussfolgert, dass die adventistische Kirche sich aus denselben Gründen in einer Krise befindet, wie das Christentum im Allgemeinen. Doch trotz all dessen und trotz einiger ziemlich trauriger persönlicher Erfahrungen *will ich in meiner Kirche bleiben*. Und in diesem Kapitel möchte ich alle Gläubigen am Rande auffordern, mit mir in der Kirche der Siebenten-Tags-Adventisten zu bleiben oder in sie zurückzukehren. Ich bin überzeugt, dass es sich lohnt, das zu tun, selbst wenn es nicht einfach sein sollte.

BRAUCHEN WIR DIE KIRCHE?

Oftmals hören wir Leute sagen: „Ich glaube an Gott, aber dafür brauche ich keine Kirche. Der Glaube ist eine persönliche Angelegenheit zwischen Gott und mir, und ich benötige die Kirche nicht, um mit Gott verbunden zu bleiben." Das mag wahr sein – zumindest bis zu einem gewissen Grad. Ich kenne Menschen, die standhaft bei ihrem Glauben geblieben sind, obwohl sie von anderen Gläubigen völlig isoliert waren. Ich denke dabei an Meropi Gijka, die im Jahr 2001 im hohen Alter von 97 Jahren starb. Ich hatte die Gelegenheit, sie auf einem meiner vielen Besuche in Albanien in der Zeit zu treffen, als ich in der regionalen Verwaltung (Division genannt) unserer Kirche tätig war, die damals für 38 Länder auf drei Kontinenten zuständig war. Albanien gehörte zu diesen Ländern. Tatsächlich habe ich Meropi Gijka den Besuch der Generalkonferenzvollversammlung 1995 in Utrecht ermöglicht.

Sie hatte den Adventismus durch einen amerikanischen Missionar kennengelernt, der für kurze Zeit in Albanien gearbeitet hatte (und dort wegen seines Glaubens eingesperrt wurde und starb). Das geschah, kurz bevor Albanien von der übrigen Welt abgeschnitten wurde, als es von Enver Hoxha, dem grausamen kommunistischen Diktator regiert wurde, der alle Religionen aus seinem Land verbannte. Sogar eine Bibel zu benutzen konnte jemanden in Todesgefahr bringen. Fast 50 Jahre lang blieb Meropi Gijka eine treue Gläubige, die heimlich ihre Bibel las, die sie sorgfältig versteckt hatte. Sie hatte einen großen Wunsch: Die Zeit möge kommen, dass sie getauft werden könnte und es eine Adventgemeinde in Albanien geben würde, in der sie mit anderen Adventisten zusammen Gott anbeten könnte. Während sie darauf wartete, dass dies eintraf, legte sie treu ihren Zehnten in eine kleine Schachtel, die sie unter ihrem Bett verbarg und die sie schließlich dem ersten Repräsentanten der adventistischen Kirche übergab, der das Land nach dem Sturz Enver Hoxhas besuchte.

Für mich ist Meropi Gijka der unleugbare Beweis, dass man keine Kirche braucht, um ein Christ zu sein. Trotzdem ist es meine feste Überzeugung, dass unter normalen Umständen der Glaube an Christus und die Zugehörigkeit zu einer Gemeinschaft von Gläubigen zusammengehören. Es gibt genügend Beispiele dafür, dass – wenn man nicht Teil einer Glaubensgemeinschaft ist – der Glaube allmählich schwächer wird oder gar ganz verschwindet.

Wenn du an Gott glaubst und eine enge Beziehung zu ihm haben möchtest, dann gibt es meiner Meinung nach mindestens sieben Gründe, warum du es als ein wichtiges Vorrecht ansehen solltest, Mitglied einer Glaubensgemeinschaft zu sein.

1. Wir sind als soziale Wesen geschaffen worden, damit wir zusammen sein und Dinge gemeinsam machen sollen.
Es gibt eine starke Tendenz in der heutigen Welt, Dinge allein zu machen. Ist dir aufgefallen, wie viele junge Menschen heutzutage

sich entscheiden, ein Single zu bleiben und allein zu wohnen? Bei den 25- bis 30-Jährigen sind es in Deutschland zwischen 27 und 31 Prozent eines Jahrgangs.[1] Aber selbst wenn wir mit jemandem zusammenwohnen, machen wir viele Dinge allein. Denken wir an die Menge der Zeit, die junge (und nicht so junge) Leute an ihrem Computer bzw. ihrem Notebook verbringen oder an ihrem Smartphone herumfummeln. Wir leben in einer Zeit des Individualismus.

Andererseits mögen die meisten Menschen gern mit anderen zusammen sein. Sie besuchen große Veranstaltungen, freuen sich über Musikfestivals oder Fußballspiele, bei denen sie mit Tausenden zusammen sein können. Und sie möchten mit anderen durch die sozialen Medien verbunden bleiben. Ein paar Hundert Facebook-„Freunde" zu haben ist ziemlich verbreitet, und mehr als 1000 zu haben nichts Außergewöhnliches.

Christen sollten Ausgewogenheit anstreben. Sie brauchen Zeit allein, um ihren Glauben zu pflegen, aber es ist auch nötig, nach anderen Ausschau zu halten, für die der Glaube ebenfalls ein wichtiger Faktor ihres Lebens ist. Eine Gemeinde bietet Gemeinschaft mit anderen Gläubigen.

2. Wir brauchen die Unterstützung anderer.
Das ist eine einfache Tatsache des Lebens. Wir brauchen die Unterstützung anderer, insbesondere wenn wir vor großen Problemen oder Herausforderungen stehen. Hast du jemals versucht, ganz allein Gewicht zu verlieren? Warum schließen sich Millionen Übergewichtige auf der ganzen Welt den Weight Watchers oder einer ähnlichen Organisation an? Warum gibt es so viele Unterstützungsgruppen für Menschen, die eine körperliche Behinderung haben? Und warum gibt es so viele Selbsthilfegruppen für Patienten, die unter chronischen

---

1. „Alleinlebende in Deutschland. Ergebnisse des Mikrozensus 2011", Statistisches Bundesamt, 2012, Begleitmaterial zur Pressekonferenz am 11. Juli 2012 in Berlin, online: https://www.destatis.de/DE/ PresseService/Presse/Pressekonferenzen/2012/Alleinlebende/ begleitmaterial_PDF.pdf?__blob=publicationFile, S. 19.

Krankheiten oder psychischen Problemen leiden? Leute finden Halt, indem sie sich mit anderen zusammentun, die unter ähnlichen Umständen oder in einer Krise leben. Wir alle brauchen Ermutigung und Unterstützung, und gemeinsam haben wir eine größere Erfolgschance, eine schwierige Situation zu überstehen.

In der Vergangenheit hat die adventistische Kirche 5-Tage-Pläne durchgeführt, um Menschen zu helfen, vom Rauchen loszukommen. Die Kirche begann diese Aktivität zu einer Zeit, als sich wenige Organisationen über die Gefahren des Rauchens Sorgen machten. Warum war dieses Programm so erfolgreich? Weil die Bemühungen der einzelnen Teilnehmer von der Gruppe unterstützt wurden. Leute, die unbedingt das Rauchen aufgeben wollten, versuchten es gemeinsam.

Vor einigen Jahren habe ich an einer Wanderveranstaltung in den Niederlanden teilgenommen. Jedes Jahr nehmen etwa 40 000 Menschen an diesem viertägigen Abenteuer teil und wandern 30, 40 oder 50 Kilometer am Tag, abhängig von ihrem Alter. Ich war in der 40-km-Kategorie. Zur Überraschung vieler schaffte ich die 160 Kilometer erfolgreich, sogar ohne irgendwelche Blasen. Ich bin jedoch sicher, dass ich es allein nicht geschafft hätte. Wahrscheinlich hätte ich am dritten Tag, als wir über sieben Hügel wandern mussten, aufgegeben. Aber ich bin weitermarschiert, weil ich drei nette Kollegen hatte. Gemeinsam erreichten wir das Ziel.

Ich bin auch überzeugt, dass wir in der Regel andere Gläubige brauchen, um geistlich weiterzumachen. Und andere müssen mit unserer geistlichen Unterstützung rechnen können. Ein Autor schrieb: „Religion ist ein Teamsport."[1]

3. Wir ergänzen einander.
Alle Teile unseres Körpers spielen eine bestimmte Rolle. Als ich um die 40 war, wurde ich manchmal beschuldigt, ein Workaholic zu sein; ich kann nicht leugnen, dass daran etwas Wahres war. Wenn ich über einen Aspekt meiner Gesundheit besorgt war, dann vor allem über mein Herz. Leute sagten mir: „Sei vorsichtig,

---

1. Jonathan Haidt, *The Righteous Mind*, Penguin, London 2012, S. 285.

schalte herunter, sonst wirst du eines Tages einen Herzanfall bekommen." Mit den Jahren habe ich entdeckt, dass ich auch andere Organe besitze wie die Gallenblase oder die Prostata, die ernsthafte Probleme bereiten können. Unser Körper funktioniert nicht mehr einwandfrei, wenn ein Organ nicht in der Weise arbeitet, wie es das tun sollte.

Dasselbe gilt für den „Leib Christi". Die Bibel benutzt verschiedene Metaphern, um die Natur und Funktion der Gemeinde zu beschreiben; das Bild der Gemeinde als ein Körper spricht mich am meisten an. Jeder von uns – ob wir uns am Rande der Gemeinde befinden oder in ihrer Mitte – hat bestimmte Gaben und Fähigkeiten, während uns allen andere wichtige Fähigkeiten fehlen. Das bedeutet, dass ich niemals sagen kann, die Gemeinde könne genauso gut ohne mich funktionieren. Die Wahrheit ist: Sie kann es nicht. Wir werden alle gebraucht, weil wir einander ergänzen. Dies mag für sich noch kein ausreichender Grund sein, uns in einer Gemeinde zu halten oder uns zu veranlassen, in sie zurückzukehren, aber dieser Punkt verdient ernsthafte Überlegung.

4. Dinge gemeinsam zu tun vermittelt Freude und Befriedigung.
Die meisten Menschen freuen sich darüber, besondere Anlässe mit anderen feiern zu können – mit Verwandten, Freunden oder Kollegen. Geburtstage, Hochzeiten, Jubiläen und Wiedersehenstreffen sind für sie wichtig. Ich sehe mir jedes Jahr im Fernsehen gern die „Last Night of the Proms" an, das Abschlusskonzert der traditionellen Sommerkonzerte in der Royal Albert Hall in London. Es berührt mich sehr, wenn ich den Enthusiasmus und die Energie sehe, die freigesetzt wird, wenn das ganze Publikum in das Lied „Land of hope and glory – mother of the free" einstimmt.

Du kannst singen, wenn du unter der Dusche stehst, allein „im Kämmerlein" beten, oder mit einem Freund am Telefon sprechen. Aber gemeinsam zu singen, zusammen zu beten, Dinge miteinander zu diskutieren, sich mit anderen gemeinsam freuen und einander zu trösten, wenn es Anlass zur Traurigkeit gibt – all das verleiht unserem christlichen Leben eine Extra-Dimension. Die Gemeinde ist der Ort, wo all dies stattfindet.

5. Einige Segnungen bekommt man nur in einer Gemeinde.
Einige christliche Aktivitäten erfordern nicht die Gemeinschaft mit anderen. Du kannst in deiner Bibel lesen, wann immer du dir Zeit dafür nehmen kannst. Wenn du Meditation betreibst, brauchst du einen ruhigen Platz, wo du allein sein kannst. Aber manche Dinge können nur geschehen, wenn du mit anderen zusammen bist. Eine Taufe ist ein hervorragendes Beispiel dafür. Sie ist ein öffentliches Bekenntnis unserer Hingabe an Jesus Christus und unseres Glaubens an ihn. Sie besiegelt unsere Entscheidung, unser Vertrauen in Gott zu setzen und gemäß den christlichen Werten zu leben. Das ist wahr, aber im Neuen Testament ist die Taufe auch damit verbunden, Teil einer Glaubensgemeinschaft zu werden. Der Apostel Paulus schrieb, dass wir „zu *einem* Leib getauft" sind (1 Kor 12,13). Es ist eine Erfahrung, die eine tiefe Bedeutung für uns persönlich hat; aber zur selben Zeit verbindet uns die Taufe mit unseren Mitgläubigen in der Kirche.

Ein zentraler Gottesdienst in der christlichen Kirche ist die Abendmahlsfeier (Katholiken nennen sie „Eucharistie", Danksagung, oder Messe). Das theologische Verständnis davon ist sehr unterschiedlich: Einige verstehen sie als eine Art unblutige Wiederholung des Opfers Christi, während andere sie strikt symbolisch verstehen. Die meisten Protestanten und auch die Adventisten glauben nicht, dass sogenannte Sakramente wie das Abendmahl oder die Taufe aus sich selbst heraus eine Wirkung haben; aber die meisten Gläubigen, die am Abendmahl teilnehmen, sagen, das sei für sie sehr bedeutsam. Sie mögen nicht genau beschreiben können, was das Essen eines kleinen Stückchens Brot und das Trinken einer kleinen Menge Wein (bzw. Traubensaft) so speziell macht, aber sie spüren irgendwie, dass es sie stärkt und ermutigt und es für ihre Pilgerreise des Glaubens wichtig ist.

Natürlich ist es möglich, über das Opfer Christi nachzudenken, während man an einem einsamen Strand spazieren geht; man kann auch zu Hause den Evangelienbericht über die letzte Woche seines Wirkens auf Erden lesen oder die Matthäuspassion von Bach anhören. Aber am Tisch des Herrn zu sitzen ist eine der größten Segnungen, die wir mit der Zugehörigkeit zu einer Gemeinde erhalten.

6. Wir brauchen die Gemeinde, um geistlich zu wachsen.
Wenn Kinder wachsen und gesund bleiben wollen, müssen sie die rechte Nahrung essen. Dies gilt auch in geistlicher Hinsicht. Wenn wir vom Rand der Gemeinde wegkommen wollen, dann erfordert das eine gewisse Initiative, die an Dynamik gewinnt, wenn sie gemeinsam unternommen wird. Wir können geistlich wiederbelebt werden, wachsen und besser mit unseren Zweifeln umgehen, wenn wir die Bibel gemeinsam studieren, Gottes Wort in der Predigt hören und an liturgischen Handlungen teilnehmen.

Es wird oft gesagt, dass Predigten ein überholtes Medium der Kommunikation sind. Warum sollte eine große Anzahl von Leuten still dem zuhören, was ein Mann (oder eine Frau) zu sagen hat? Selbst wenn der Verkündiger gut vorbereitet und überdurchschnittlich eloquent ist, wird die Predigt von vielen Kirchenbesuchern nicht sehr geschätzt. Dennoch glaube ich, dass eine Predigt mehr ist als ein 30-minütiger Monolog oder Vortrag über ein religiöses Thema. Wenn das Wort Gottes im Kontext eines Gottesdienstes verkündigt wird, bekommt das Gesagte zusätzlichen Wert. All die Jahrhunderte hindurch haben Gemeindeglieder gespürt, dass Gottes Wort durch die Worte des Verkündigers ihnen nahekommt. Auf eine Predigt zu hören ist ein Teil davon, uns der Sprache des Glaubens auszusetzen (wie wir im vorigen Kapitel erörtert haben), und dies kann sehr bedeutungsvoll werden, wenn wir mit offenem Herzen und offenem Verstand darangehen.

7. Christen haben den Auftrag, das Evangelium der Welt zu verkündigen.
Wenn Gott wirklich existiert und wir glauben, dass er seine unendliche Fürsorge für uns durch die Dahingabe seines Sohnes Jesus Christus gezeigt hat, dann ist es unerlässlich, diese „gute Nachricht" anderen mitzuteilen. Im christlichen Sprachgebrauch wird diese Art Kommunikation als Zeugnis bezeichnet. Dies geschieht vor allem persönlich den Mitmenschen gegenüber. Christen müssen Überzeugung und Mut besitzen, um ihren Glauben zu bezeugen. Aber der Missionsauftrag Christi umfasst mehr als das. Die Evangeliumsverkündigung erfordert eine Gruppenunternehmung mit einer Organisation, Strategien,

Gebäuden und personellen und finanziellen Ressourcen. Dies ist einer der Hauptgründe für die Existenz der Kirche: die Erkenntnis über Christus zu verbreiten und den Menschen so effektiv wie möglich von dem zu erzählen, was Gott in Christus getan hat und tut. Niemand, der an das Evangelium glaubt, kann diesen wesentlichen Aspekt des Christseins ignorieren!

WO IST DIE KIRCHE, DEREN MITGLIED ICH SEIN MÖCHTE?

Wenn du dies liest, magst du denken: *Dies geht mir jetzt ein bisschen zu schnell. Was im vorigen Abschnitt gesagt wurde, würde mir einleuchten, wenn ich eine Kirche kennen würde, in der ich all die guten Dinge erfahren würde, die du gerade aufgezählt hast.*

Die Realität ist, dass viele Christen am Rande – selbst wenn sie ihren Glauben behalten oder wiedergefunden haben – ernsthafte Probleme mit einer Kirchenorganisation haben und/oder keine hohe Meinung (mehr) von ihrer Ortsgemeinde besitzen. Dies hat zu einem Exodus aus den Kirchen und zu Herausforderungen mit krisenhaftem Ausmaß in den meisten christlichen Glaubensgemeinschaften geführt, einschließlich der adventistischen Freikirche. Es gibt viele unter den Gemeindegliedern am Rande, die sehr gern Teil einer Gemeinschaft wären, zu der sie sich wirklich zugehörig fühlen können und die innere Gewissheit haben, Zuhause zu sein. Wenn sie doch nur einen Ort finden könnten, den sie als ihr geistliches Zuhause erfahren würden!

Viele sind frustriert von dem, was sie in ihrer Ortsgemeinde erlebt und was sie in ihrer Kirche gesehen oder gehört haben. Sie haben genug von der Engstirnigkeit, der sie begegnet sind. Sie haben nicht den Eindruck, dass die Aktivitäten in ihrer Gemeinde für ihr geistliches Wachstum hilfreich waren. Vieles von dem, was in ihrer Kirche geschieht, erscheint ihnen oberflächlich oder irrelevant zu sein. Sie haben nicht (mehr) die Freude und Zufriedenheit gespürt, Gemeindeglieder zu sein, und haben nicht die geistliche Unterstützung erfahren, die ich im vorigen Abschnitt geschildert habe. Ist es angesichts all dessen wert, seine Zeit und Energie einzusetzen, sich mit der Kirche (wieder) zu verbinden – insbesondere der adventistischen Kirche? Bietet sie mir genügend an, um das erstrebenswert zu machen?

Diese Fragen können nur angemessen beantwortet werden, wenn wir eine klare Vorstellung von dem haben, was der Begriff Kirche tatsächlich biblisch bedeutet. Wir benutzen das Wort „Kirche" ja in verschiedener Hinsicht. Es kann die christliche Religion im Allgemeinen bezeichnen, zum Beispiel, wenn wir von dem Verhältnis zwischen Kirche und Staat sprechen. Kirche bezeichnet häufig ein Gebäude – eine majestätische Kathedrale oder eine kleine Kirche auf dem Lande und alles dazwischen. Das Wort Kirche wird auch für eine Konfessionsgemeinschaft gebraucht: Katholiken, Lutheraner, Baptisten und Adventisten sprechen alle von ihrer Kirche. Es mag auch eine Kirchenorganisation bezeichnen. In dieser Hinsicht benutze ich das Wort, wenn ich sage, dass ich hoffe, dass die Kirche mir weiterhin meine Ruhestandspension zahlt. Der Begriff „unsichtbare Kirche" bezeichnet alle Christen zu allen Zeiten. In der Bibel bezeichnet Kirche vorrangig die sichtbare Gruppe von Gläubigen in einer bestimmten Stadt. Im Neuen Testament wird sie im Deutschen als die „Gemeinde" (griechisch *ekklesia*, derselbe Begriff, von dem sich das Wort Kirche ableitet) in Jerusalem, in Korinth, in Ephesus usw. bezeichnet.

Diese Bedeutung des Wortes ist für uns überaus wichtig. *Die Kirche war und ist zuallererst die örtliche Gemeinde,* auch wenn das Neue Testament berichtet, dass es zwischen Gemeinden an verschiedenen Orten Verbindungen gab, es einen Sinn für Einheit und Solidarität unter den Schwestergemeinden geben muss und wir von Konsultationen zwischen den Gemeinden und deren Ältesten lesen.

Ich erkenne an, dass kirchliche Dachorganisationen erforderlich und Strukturen, Regeln und Strategien unabdingbar sind. Aber das sollte uns nie dahin führen zu glauben, dass diese höhere Organisation den Kern der Kirche ausmacht. Uns muss klar sein, dass die Kirche der Siebenten-Tags-Adventisten nicht mit der Struktur der Generalkonferenz oder der organisatorischen Maschinerie auf den Ebenen der Divisionen, Verbände und Vereinigungen identisch ist. Und wir müssen uns immer bewusst sein, dass die wichtigste Versammlung der Gemeindeglieder nicht der Weltkongress ist, der alle fünf Jahre abgehalten wird.

Der wichtigste Baustein der Kirche ist die lokale Gemeinschaft der Gläubigen, und die wichtigste Versammlung der Kirche ist der Gottesdienst, wenn sie sich trifft, um Gott anzubeten.

Dies bedeutet: Was in der Gesamtheit der Kirche geschieht, mag wichtig sein und uns großen Kummer bereiten, aber das sollte nicht unsere große Sorge sein. Mir muss klar sein, dass meine Kirche sich nicht in Silver Spring nahe Washington in den USA befindet, und meine Kirche nicht zuallererst eine wunderbare (oder nicht immer so wunderbare) internationale Organisation ist. *Meine Kirche ist vor allem meine lokale Gemeinde.*

Die nationale und die internationale Dachorganisation unserer Kirche ist keine göttlich verordnete Sache. Nirgends in der Bibel lesen wir etwas über eine Generalkonferenz oder über Verbände und Vereinigungen. Wir lesen nichts über Ernennungsausschüsse, Gemeindeordnungen oder Regelwerke. Wir lesen von Aposteln, Hirten und Lehrern, aber nichts von Präsidenten und Abteilungsleitern. All diese Dinge, die wir in unserer Kirchenorganisation besitzen, sind zweitrangig. Sie sind menschliche Erfindungen. Die adventistische Form der Kirchenverwaltung ist eine Kombination von Elementen, die die frühen adventistischen Leiter aus verschiedenen Glaubensgemeinschaften übernahmen, aus denen sie gekommen waren. Diese wurden allmählich auf der Basis weiterentwickelt, was als hilfreich angesehen wurde, um die Ortsgemeinden miteinander verbunden zu halten und sie in ihrer Missionsarbeit zu unterstützen. Auch dies bedeutet nicht, dass ich alle Formen der Organisation abtue und am liebsten alle höheren Ebenen der Kirchenverwaltung beseitigen würde; aber es bedeutet, dass ich ziemlich gelassen bleiben kann, wenn ich auf diesen Ebenen etwas sehe oder höre, mit dem ich nicht einverstanden bin.

Ich bin ein Mitglied meiner Ortsgemeinde. Meine oberste Loyalität besteht gegenüber der Versammlung, deren Glied ich bin. Deshalb lautet meine wichtigste Frage: Kann ich mich in einer bedeutungsvollen Weise mit meiner Ortsgemeinde identifizieren? Ist meine Gemeinde der Platz, an dem ich zusammen mit anderen Gläubigen Gott anbeten kann und mich geistlich zu Hause fühle? Herrscht dort eine Atmosphäre, in der ich geistlich, emotional, sozial und intellektuell gedeihen kann? Ist es eine Gemeinde, wo ich selbst denken kann, Zweifel haben darf und mit anderen nicht übereinstimmen muss? Ist es eine Gemeinde, zu der ich mit meinen speziellen Gaben und Fähigkeiten einen Beitrag leisten kann?

WAS IST, WENN MEINE GEMEINDE NICHT IDEAL IST?

Einige Leute haben Glück: Sie haben eine Gemeinde gefunden, die ihren Bedürfnissen entspricht; aber nicht alle – und darin liegt das Problem für viele Christen am Rande ihrer Kirche. Sie haben von ihrer Ortsgemeinde genug, weil sie dort Intoleranz erleben. Sie haben festgestellt, dass sie nicht zu viele Fragen stellen und keine Ansichten äußern sollten, die offenbar nicht mit der offiziellen adventistischen Lehre übereinstimmen. Sie haben nur wenige oder gar keine Gemeindeglieder gefunden, mit denen sie offen über die Besorgnisse sprechen können, die sie haben. Die Gottesdienste erscheinen ihnen weitgehend irrelevant für ihr alltägliches Leben. Sie sind es überdrüssig, Vorstellungen aus dem 19. Jahrhundert wieder aufzuwärmen und über Lehrfragen zu streiten. Und sie können keine Gemeindeglieder ertragen, die alles genau wissen, weil es „die Bibel so sagt", und die ganz genau wissen, wie sie interpretiert werden muss. Es ist nicht verwunderlich, dass manche sich fragen, wie sie in solch einer Gemeinde überleben können. Wie kann von ihnen erwartet werden, dass sie sich mit solch einer Gemeinde mit all deren Gesetzlichkeit und Fundamentalismus (wieder) verbinden sollen?

Wir müssen erkennen, dass keine Gemeinde vollkommen ist – und zwar aus dem einfachen Grund, dass sie immer aus unvollkommenen Menschen besteht. (Sobald Gemeindeglieder behaupten, vollkommen zu sein, sollten die Alarmglocken klingeln, denn Schwierigkeiten und Intoleranz sind dann nicht weit entfernt.)

Kürzlich habe ich erneut den ersten Brief des Paulus an die Christen in Korinth gelesen. Dieses Mal fiel mir mehr als je zuvor auf, wie gut es ist, ein biblisches Buch einmal ganz zu lesen, vorzugsweise auf einmal (auch wenn das für manche Bücher wie die Psalmen oder Hesekiel nicht empfehlenswert ist). Den ersten Korintherbrief zu lesen dauert keine zwei Stunden. Es lohnt sich.

Der Apostel musste den Gemeindegliedern in Korinth allerlei unerfreuliche Dinge schreiben. Viele Missstände mussten angesprochen werden. Die Gemeinde litt unter ernsthafter Zersplitterung, wobei einige Gruppen ihren eigenen Anführer favorisierten (vgl. 1 Kor 1,11–12). Es gab noch andere Probleme. Paulus hatte von einer Art Unzucht in der Gemeinde erfahren, die es nicht einmal „unter den Heiden" gab, aber von den Gemeindegliedern geduldet wurde (5,1–2). Bei Streit unter Christen zogen sie sich gegenseitig vor Gericht (6,1). Es gab auch Störungen während der Abendmahlsfeier (11,18–22) und große Abweichungen in einigen Schlüssellehren des christlichen Glaubens: Einige Gemeindeglieder in Korinth leugneten, dass es eine leibliche Auferstehung der Toten gäbe (15,12).

Nachdem ich die 16 (meist kurzen) Kapitel gelesen hatte, kam ich zu der Schlussfolgerung: Glücklicherweise sind nicht alle Gemeinden, die ich kenne, in solch einem schlechten Zustand wie die in Korinth! Aber nachdem man den ganzen Brief gelesen hat, ist es gut, noch einmal zum ersten Kapitel zurückzukehren, in dem wir lesen: „Wir schreiben an die Gemeinde Gottes in Korinth, an euch, die Gott berufen hat. In Christus Jesus hat er euch geheiligt ... Ich kann gar nicht aufhören, Gott für die Gnade zu danken, die euch durch Jesus Christus gegeben ist. Durch ihn seid ihr in allem reich beschenkt – in aller Lehre und in aller Erkenntnis." (1 Kor 1,2.4–5 NLB)

Trotz all der Dinge, die verkehrt waren, bildeten die Gläubigen in Korinth die Gemeinde Christi, und Paulus war sehr dankbar für sie und für die geistlichen Gaben, die Gott ihnen gegeben hatte (V. 7). Wenn wir dies lesen, haben wir anscheinend allen Grund, positiv und optimistisch über unsere eigene Ortsgemeinde zu sein, und wir sollten nicht zu schnell verzweifeln, selbst wenn es dort Zustände gibt, die wir kaum akzeptieren können. Vielleicht haben jene unter uns, die ihre Gemeinde aufgegeben haben oder dabei sind, es zu tun, sich nicht genügend auf die guten Dinge konzentriert, die man in jeder Ortsgemeinde finden kann. Selbst in einer Gemeinde mit einigen extremen Leuten und mit einer gesetzlichen oder fundamentalistischen Strömung sind die netten und theologisch ausgewogenen Gemeindeglieder in der Mehrheit. Häufig sind sie einfach weniger lautstark als die wenigen, die meinen, „die Wahrheit" zu besitzen.

Wir müssen auch der Tatsache ins Auge sehen, dass wir selbst nicht perfekt sind. Vielleicht sind wir ungeduldig oder haben wenig Taktgefühl. Vielleicht haben wir zu lange am Rand gestanden und nicht energisch genug versucht, unseren eigenen Beitrag zu einer gesunden und angenehmen Gemeinde zu leisten. Es mag an der Zeit sein, uns zu bemühen, über unsere Frustrationen hinwegzukommen – wie berechtigt sie in unseren Augen auch erscheinen mögen.

WO SOLLEN WIR HINGEHEN?

Mir ist bewusst, dass für viele diese Argumente hohl und wenig überzeugend bleiben. Sie haben versucht, gegenüber ihrer Gemeinde positiv zu bleiben; sie haben negative Kommentare ertragen, als sie Fragen stellten; sie haben häufig im Gottesdienst gesessen, ohne geistlich genährt worden zu sein. So können sie einfach nicht weitermachen.

Ich besuche fast jede Woche eine Adventgemeinde. Oftmals predige ich selbst, manchmal höre ich zu. Wenn ich gelegentlich keinen Gottesdienst besuche, habe ich gemischte Gefühle. Es ist angenehm – insbesondere nach einer anstrengenden Woche –, sich einfach mit einem guten Buch zu entspannen oder einen flotten Spaziergang in der Natur zu unternehmen. Aber oftmals habe ich den Eindruck, dass meine Sabbaterfahrung unvollständig ist, wenn ich nicht zusammen mit anderen Gemeindegliedern an einem Gottesdienst teilgenommen habe. Dennoch muss ich bekennen, dass manch ein Gemeindebesuch bei mir die Frage aufwirft: *Wäre ich gern jede Woche in dieser Adventgemeinde, wenn ich in dieser Stadt oder Gegend wohnen würde? Falls ich keine andere Option hätte, als zu dieser Gemeinde zu gehen, wäre ich dann in der Lage, diese Erfahrung Woche für Woche und Monat für Monat zu ertragen?* Ich gestehe zu, dass ich manchmal volles Verständnis für Adventisten habe, die sich gesagt haben: *Genug ist genug!*

Früher war es allgemein üblich, die nächstgelegene Gemeinde zu besuchen, ganz gleich, wie groß und wie sie zusammengesetzt war. Bei den Großkirchen ist das Pfarreisystem verbreitet, sodass man automatisch in der Kirchengemeinde Mitglied ist, in deren Bezirk man wohnt. Ein Wechsel in eine andere Kirchengemeinde war schwierig oder gar unmöglich. Das alles hat sich geändert. Viele Christen verspüren nicht mehr den Drang, dort die Gottesdienste zu besuchen, wo sie wohnen. Sie sehen sich in anderen Gemeinden um und suchen nach einer, in der sie sich zu Hause fühlen können. Manchmal überspringen sie dabei sogar konfessionelle Grenzen (dies ist in freikirchlichen Kreisen verbreitet). Oftmals basiert die Wahl der Gemeinde, zu der sie gehören wollen, nicht in erster Linie auf den Lehren der betreffenden Kirche, sondern vielmehr auf der allgemeinen Atmosphäre, der Art der Musik, den Fähigkeiten des Pastors im Predigen, der Qualität des Kinderprogramms oder den guten Parkmöglichkeiten.

Persönlich bin ich überzeugt, dass es in der Regel besser ist, Mitglied einer Gemeinde zu sein, die nicht weit vom Wohnort entfernt ist. Das macht es einfacher, an Aktivitäten außerhalb des Sabbatgottesdienstes teilzunehmen. Aber Teil einer Gemeinde zu sein, in der man nicht atmen kann und in der man sich fast wie ein Fremder von einem anderen Planeten fühlt, mag ein zu hoher Preis für die örtliche Nähe sein. Einige Adventisten am Rande haben sich entschlossen, stattdessen einen Sonntagsgottesdienst in einer anderen Freikirche zu besuchen. (Oder sie gehen zusätzlich dorthin. Jemand erklärte mir: „Ich gehe sabbats in meine Gemeinde, weil ich dort ‚die Wahrheit' finde; aber ich besuche sonntags eine andere Gemeinde, um Gott wirklich anzubeten.") Ich glaube, dass auch ich Sonntagsgottesdienste besuchen würde, falls es im Umkreis von 100 Kilometern keine Adventgemeinde gäbe. Ich würde es tun, weil ich das tiefe Bedürfnis habe, Gott mit anderen Gläubigen gemeinsam anzubeten. Für mich wäre das jedoch der letzte Ausweg, denn ich bin ein engagierter *Siebenten-Tags*-Adventist. Und ich möchte alle Adventisten am Rande drängen, sich mit einer Adventgemeinde zu verbinden.

Falls es möglich ist, sieh dich in verschiedenen Gemeinden um und schaue, in welche du am besten hineinpasst und wo deine geistlichen Bedürfnisse befriedigt werden. Falls das bedeutet, sabbats an anderen Gemeinden vorbeizufahren, dann ist das immer noch viel besser, als überhaupt keinen Gottesdienst zu besuchen oder einen, der wenig oder gar keine Bedeutung für dich hat. Angesichts der Tatsache, dass die meisten heute ein Auto besitzen und es in vernünftiger Entfernung häufig mehrere Adventgemeinden gibt – zum Beispiel in Großstädten oder in der Umgebung von großen adventistischen Institutionen – wäre das gut machbar. Und vielleicht gibt es ein innovatives Gemeindegründungsprojekt oder eine Hausgemeinde, die man sich genauer ansehen können sollte!

Eine gute Ergänzung zum Gottesdienst sind Hauskreise. Dort sind die Anteilnahme aneinander, der offene Gedankenaustausch und das gemeinsame Beten und Bibelstudium viel eher möglich als im Gottesdienst. Hauskreise entsprechen dem Vorbild der Urgemeinde in Jerusalem (vgl. Apg 2,42.46b), der Absicht Christi für seine Gemeinde und der Praxis der frühen Adventisten.[1] In einem Hauskreis können viele geistliche Bedürfnisse von Gemeindegliedern erfüllt werden, wie das in den traditionellen Gottesdiensten nicht möglich ist. So kann man sich dieses Segens erfreuen, ohne sich von seiner Ortsgemeinde zu trennen. Wichtig ist, dass man sich regelmäßig trifft (am besten wöchentlich) und der Inhalt geistlicher und nicht lediglich sozialer Natur ist. Einen Hauskreis mit interessierten Gemeindegliedern – speziell einigen, die am Rande der Gemeinde stehen – zu gründen und durchzuführen, ist nicht schwierig.[2]

DU BIST TEIL DER GEMEINDE!

Im vorigen Kapitel habe ich alle Leser, die am Rande einer Gemeinde stehen, eindringlich gebeten, Gott nicht aufzugeben.

---

[1] Siehe dazu Russell Burrill, *Gemeinschaft, wie Christus sie meint*, Advent-Verlag, Lüneburg 2006.
[2] Hilfreiche Literatur dazu gibt es eine Menge. Und Werner Lange, der Übersetzer dieses Buches, gibt auch gern Tipps zur Durchführung von Hauskreisen. Er kann über lektorat-wernerlange@t-online.de kontaktiert werden.

Du brauchst deinen Glauben, um ein vollständiger Mensch zu sein. Du magst von Zweifeln oder Ungewissheiten geplagt sein, aber zumindest solltest du versuchen, weiterhin zu glauben. Ich habe betont, dass der Glaube an Christus eine Gabe ist, und dringend empfohlen, in einer Umgebung Zeit zu verbringen, in der die Sprache des Glaubens gesprochen wird und die Gabe des Glaubens am wahrscheinlichsten ausgeteilt wird. In diesem Kapitel bitte ich dich eindringlich, deine Kirche nicht aufzugeben.

Ich möchte die Kirche der Siebenten-Tags-Adventisten nicht aufgeben, und ich werde weiterhin Adventisten am Rande bitten, ebenso in unserer Kirche zu bleiben, selbst wenn es manchmal verlockend ist, sie zu verlassen. Im letzten Abschnitt habe ich vor allem dafür geworben, nicht die Mitgliedschaft und Teilnahme in einer örtlichen Gemeinde aufzugeben. Diese Aufforderung finden wir bereits im Neuen Testament im Brief an die Hebräer: „Lasst uns unsere Zusammenkünfte nicht versäumen, wie einige es tun, sondern ermutigt und ermahnt einander, besonders jetzt, da der Tag seiner Wiederkehr näher rückt!" (Hbr 10.25 NLB). Wir alle brauchen das Zusammensein mit anderen; wir brauchen die heilige Routine des Sabbatgottesdienstes. Und wir brauchen die regelmäßige Erfahrung, am Abendmahl teilzunehmen. *Wir haben es nötig dazuzugehören.*

Zugleich dürfen wir auch nicht vergessen, dass *andere uns brauchen.* Sie brauchen unsere Beiträge. Die Gemeindeglieder, die meinen, alle Antworten zu haben, müssen unsere Fragen hören. Jene, die wie wir Fragen haben, müssen hören, dass auch andere mit ihrem Glauben und ihrer Kirche ringen. Es mag manchmal für Gemeindeglieder am Rande schwierig sein, in einer bestimmten Gemeinde in lohnender Weise tätig zu sein, aber Teil des Problems mag sein, dass sie es versäumt haben, ihre eigene Prägung in ihrer Adventgemeinde hinterlassen zu haben und wenig oder nicht zu deren Wohlergehen beigetragen haben.

Wenn du nichts zu einer Gemeinschaft beiträgst, dann bleibst oder wirst du ein Außenseiter. Wenn du andererseits versuchst, dich selbst einzubringen mit dem, wer du bist, und mit deinen Gaben und Fähigkeiten, dann wirst du hineingezogen. Die Gemeinschaft wird von dem profitieren, was du einbringst, aber du selbst wirst am meisten profitieren. Die meisten Gemeindeglieder am Rande haben Gaben und Fähigkeiten, die ihre Gemeinde benötigt. Es mag sein, dass du bestimmte Aufgaben nicht übernehmen möchtest, weil das Auseinandersetzungen auslösen oder dich zwingen würde, einen Teil von dir zu unterdrücken. Aber es gibt immer Bereiche, in denen du eine positive, konstruktive Rolle spielen kannst, ohne deine Integrität zu gefährden.

Einige Gemeindeglieder, speziell die am Rande, haben aufgehört, ihre Kirche finanziell zu unterstützen, und gehören nicht mehr zu den treuen Zehntengebern. Einige geben weiterhin Gaben, aber leiten sie an spezielle Projekte oder an Institutionen wie ADRA, die adventistische Entwicklungs- und Katastrophenhilfeorganisation. Sie sind weiterhin bereit, Geld zu spenden, aber nicht mehr der betreffenden Vereinigungsdienststelle (die Ortsgemeinden führen die Zehnten vollständig dorthin ab). Sie unterstützen spezielle Projekte oder Organisationen oder die Arbeit von Leuten, die sie kennen und schätzen, wollen aber nicht länger das Organisationssystem der Kirche stärken. Und auf jeden Fall möchten sie nicht, dass etwas von ihrem Geld in die Kassen der Generalkonferenz gelangt.[1]

Ich kann diese Argumentation verstehen. Ich selbst gebe weiterhin meine Zehnten und Gaben durch „das System", obwohl ich allerlei gegen manches habe, das ich in diesem System sehe. Ich bin jedoch überzeugt, kein Recht zu haben, ein System zu kritisieren und auf Veränderungen darin hinzuwirken, wenn ich es nicht länger unterstütze, indem ich selbst aktiv bin und zu seinem „Betrieb" finanziell beitrage. Und für mich ist es selbstverständlich, dass ich mithelfe, eine Ortsgemeinde zu betreiben, solange ich Verbindungen zu ihr habe. (Und der größte Teil des Zehnten dient ja zur Bezahlung der Pastoren der Adventgemeinden.)

Ich möchte alle Gemeindeglieder am Rande auffordern, weiterhin ihrer Kirche in der einen oder anderen Weise Geld zukommen zu lassen. Ich werde hier die Frage nicht erörtern,

---

1. Die Vereinigungen leiten einen großen Teil ihrer Zehnteneinnahmen an die Verbände weiter, die wiederum einen Teil davon an die Divisionsdienststellen und die einen Teil an die Generalkonferenzverwaltung.

ob das Neue Testament von jedem Christen verlangt, genau zehn Prozent seines Einkommens zu geben. Ich kenne kein definitives Gebot oder eine bestimmte Vorschrift dafür. Im Neuen Testament wird jedoch dringend empfohlen, regelmäßig und freigebig zu spenden, und die Methode des Zehntengebens ist ein nützliches Modell für diesen Zweck. Aufzuhören, einen finanziellen Beitrag zu leisten, bedeutet, die Nabelschnur durchzuschneiden, die uns mit der Kirche verbindet. Andererseits hilft das Spenden trotz aller Probleme, die man mit seiner Kirche oder Ortsgemeinde hat, dabei, ein Zugehörigkeitsgefühl zu vermitteln oder wiederzuerlangen, und ist ein Zeichen dafür, dass man eine gewisse Verantwortung für die Prozesse in der eigenen Gemeinde übernimmt.

Letzten Endes lässt sich alles, was ich in diesem Kapitel sagen wollte, in einigen wenigen Punkten zusammenfassen. Deine Kritik an deiner Kirche oder Ortsgemeinde mag völlig berechtigt sein, und dein Eindruck, ein Außenseiter zu sein und geistlich nicht gefördert zu werden, mag auch richtig sein. Aber gib die Adventgemeinde nicht auf! Du brauchst sie, und sie braucht dich. Du solltest alles tun, was du kannst, um eine Gemeinde oder eine Gruppe zu finden, die dir geistlich das bieten kann, was du brauchst. Aber erwarte nicht zu viel, denn Gemeinden werden immer ein Kollektiv von unvollkommenen Menschen bleiben. Doch es gibt immer auch eine andere Dimension: Die Ortsgemeinden sind die vorrangigen Orte, an denen die Gabe des Glaubens ausgegeben wird. Suche daher nach dieser Gabe und trage etwas zum Wohlergehen und Wachstum dieser Gemeinschaft bei. Wenn du das tust, wirst du dich zwar langsam, aber sicher vom Rande wegbewegen und dich einer reicheren und erfüllenden Beziehung mit deiner Gemeinde erfreuen – mit Mitgläubigen und mit Gott.

KAPITEL 7

Kann ich das noch glauben?

Konfessionsgemeinschaften unterscheiden sich voneinander. Sie müssen Besonderheiten haben, die sie von anderen Glaubensgemeinschaften unterscheiden. Und diese Unterschiede können tatsächlich sehr groß sein. Obwohl die evangelischen Kirchen und die Römisch-katholische Kirche viel gemeinsam haben, ist die Kluft zwischen ihren Lehren gewaltig. Es ist unwahrscheinlich, dass die Versuche, diese Unterschiede zu überbrücken, in näherer Zukunft erfolgreich sein werden. Auch bei den nichtkatholischen Kirchen gibt es große Unterschiede. „Liberale" Glaubensrichtungen sind in ihrer Theologie weit entfernt von konservativen. Kirchen, die zur selben „Konfessionsfamilie" gehören (wie die Lutheraner, die Reformierten, die Baptisten, die Methodisten usw.) sind sich natürlich viel ähnlicher; aber auch bei ihnen muss es einige spezielle Ansichten geben, in denen sie sich voneinander unterscheiden, denn eine Kirche, die keine eigenständigen Lehren oder Traditionen besitzt, verliert ihre Existenzberechtigung.

Viele Menschen sind Mitglied einer bestimmten Kirche, weil sie als Kind in sie hineingetauft wurden. Doch nicht alle sind in der Lage zu erklären, in welcher Weise sich ihre Kirche theologisch von anderen Glaubensgemeinschaften derselben Konfessionsfamilie unterscheidet. Ich habe dies häufig bei Gläubigen der verschiedenen konservativen reformierten Kirchen in meinem Heimatland, den Niederlanden, gefunden. Diese Kirchen, die alle im Calvinismus verwurzelt sind, haben sich mehrfach wegen theologischer Angelegenheiten gespalten, die viele ihrer Mitglieder nicht völlig (oder gar nicht) verstanden haben. Ich habe Mitglieder der Kirche A getroffen, die glaubten, was ein spezielles Dogma der Kirche B war, und umgekehrt.

Viele Kirchenmitglieder machen sich kaum Gedanken über theologische Details; das überlassen sie ihren Pastoren und den Professoren der theologischen Seminare. Aber andere befassen sich mit den Lehren ihrer Kirche und haben ernsthafte Fragen, auf die sie Antworten suchen. Sie fragen sich: *Kann ich noch das glauben, was ich immer geglaubt habe? Und falls nicht: Wie gravierend ist das? Kann ich noch den Lehren zustimmen, die mir beigebracht wurden, als ich auf die Konfirmation (bzw. die Taufe) vorbereitet wurde? Oder habe ich mich so weit von meinem ursprünglichen Glaubensbekenntnis wegbewegt, dass ich mich fragen muss, ob ich noch mit gutem Gewissen in meiner Kirche bleiben kann?* Zweifel über bestimmte Lehren haben viele an den Rand ihrer Kirche gedrängt. Das mag das Ergebnis eines allmählichen Prozesses sein; oder die Zweifel haben bereits längere Zeit geschlummert und plötzlich eine Dynamik bekommen durch eine Krise, die man erlebt, ein Buch, das man gelesen, eine Predigt, die man gehört, oder ein Gespräch, das man geführt hat.

Manchen Christen wird tatsächlich von ihrem Geistlichen oder Kirchenvorstand bzw. Gemeindeausschuss gesagt, dass sie dann nicht mehr Mitglied ihrer Kirche sein können, weil sie „von der Wahrheit abgefallen" seien. Dies passiert häufiger in sektenähnlichen Bewegungen oder in strikten konservativen Glaubensgemeinschaften als in den Großkirchen, denn sie beherbergen eher Unterschiede in theologischen Ansichten. Tatsächlich haben sie oft verschiedene „Modalitäten" entwickelt (oder tolerieren diese zumindest), um Raum zu schaffen für die eher liberalen oder die mehr konservativen Mitglieder. Dies gilt insbesondere für die Staatskirchen in Europa, die früher danach gestrebt haben, ein geistliches Zuhause für die gesamte Bevölkerung einer Nation zu sein.

Heutzutage schließen die adventistischen Gemeinden in den meisten Ländern kaum noch Mitglieder aus lehrmäßigen

Gründen aus. Selbst wenn „ketzerische" Theologielehrer entlassen oder gedrängt werden, ihren Dienst aufzugeben, verlieren sie gewöhnlich nicht ihre Gemeindemitgliedschaft. (Darüber kann nur ihre Ortsgemeinde in einer Gemeindevollversammlung entscheiden.) Ob man es nun beklagt oder begrüßt – es gibt tatsächlich eine grundlegende Vielfalt der theologischen Ansichten innerhalb der Kirche der Siebenten-Tags-Adventisten. Wie viele andere Konfessionsgemeinschaften hat auch der Adventismus eine allmähliche Entfaltung in verschiedene „Modalitäten" oder Strömungen erfahren. Es ist schwierig, sie präzise zu definieren, auch wenn es manche versucht haben. David Newman, ein früherer Chefredakteur der adventistischen Pastorenzeitschrift Ministry, stellte einmal vier verschiedene Strömungen im Adventismus vor: den etablierten, den evangelikalen, den fortschrittlichen und den historischen Adventismus.[1]

Vor einigen Jahren stieß ich beim Googeln zufällig auf eine Webseite, die nicht weniger als acht Strömungen in der adventistischen Theologie unterscheidet und die Namen von einigen Hauptrepräsentanten jeder dieser Strömungen nennt: liberal, progressiv, die Theorie des (bloßen) moralischen Einflusses des Opfers Christi unterstützend, gemäßigt, evangelikal, konservativ/traditionell, ultrakonservativ und extrem ultrakonservativ.[2] Der Autor hat es vorgezogen, anonym zu bleiben, besitzt aber eindeutig eine gute Kenntnis des Adventismus. Ich muss zugeben, dass es mir ein gutes Gefühl gab, meinen Namen unter den sechs oder sieben „progressiven" Theologen aufgelistet zu sehen. Dennoch würde ich wahrscheinlich die Grenzlinien zwischen den verschiedenen Gruppen anders ziehen und beispielsweise die letztgenannte Gruppe, die extrem Ultrakonservativen, nicht als einen authentischen Zweig des Adventismus ansehen. Die Botschaft des Artikels auf dieser Webseite ist jedoch eindeutig: *Der gegenwärtige Adventismus hat viele verschiedene Gesichter.*

---

1. J. David Newman, „How much diversity can we stand?", *Ministry*, April 1994, S. 5, 26.
2. http://christianforums.com/member.php?u=185580.

Die Tatsache, dass es sehr auseinanderklaffende theologische Ansichten gibt, bedeutet jedoch nicht, dass überall große Toleranz und ein offener, freier Meinungsaustausch herrscht. Viele Stimmen – insbesondere auf der konservativen Seite unserer Kirche – würden gern mit dieser in ihren Augen bedauerlichen Situation „aufräumen". Sie möchten lieber zu einer lehrmäßig reinen Kirche gehören als zu einer Kirche, in der jemand sein persönliches Glaubensbekenntnis anpassen kann! Und der kürzliche Vorstoß der obersten Leiter, einige der 28 Glaubensüberzeugungen enger zu formulieren, und ihre ständige Betonung, dass die Übereinstimmung mit all diesen Glaubensüberzeugungen erforderlich sei, wenn man als wahrer Adventist angesehen werden möchte, beunruhigt viele Gemeindeglieder, die mehr persönliche Freiheit haben möchten, das zu definieren, was sie glauben. Auch die Versuche der Kirchenadministration, die strikte Kontrolle über die Orthodoxie der Theologielehrer in den adventistischen Hochschulen und Universitäten zu erlangen, wird von vielen als eine Bedrohung der akademischen Freiheit empfunden und als ein Versuch, eine bestimmte Weise der Bibelinterpretation und der theologischen Vorgehensweise durchzusetzen.

In diesem Zusammenhang wird mit zunehmender (und beunruhigender) Häufigkeit das Konzept der „Sichtung" ins Spiel gebracht. Dies ist die Vorstellung, dass irgendwann ein „Aussieben" stattfinden muss – ein Prozess, durch den jene Gemeindeglieder, die „der Wahrheit" nie „völlig hingegeben" waren, aus der Kirche entfernt werden. Dieser Prozess – so wird gewöhnlich behauptet – wird seinen Höhepunkt kurz vor dem Ende der Weltgeschichte erreichen. Die „Sichtung", die unvermeidlich zu einem Exodus aus der adventistischen Kirche in großem Umfang führen wird, mag daher tatsächlich etwas Positives sein (so wird es von denen, die darüber sprechen, behauptet oder impliziert): Es bedeutet, dass die Wiederkunft Christi nun näher ist als jemals zuvor![1]

---

1. Roger W. Coon, Artikel „Shaking" in: Denis Fortin und Jerry Moon, Hg., *The Ellen G. White Encyclopedia*, Review and Herald, Hagerstown (Maryland) 2013, S. 1157f.

FREIWILLIGES VERLASSEN DER KIRCHE

Einige Gläubige haben jahrelang mit ihren lehrmäßigen Zweifeln gerungen und sich zuletzt entschieden, dass sie nicht mit gutem Gewissen Mitglied ihrer Kirche bleiben können. Einige verlassen ihre Konfessionsgemeinschaft und verbinden sich mit keiner anderen. Sie gehen fort – manchmal ohne eine Spur zu hinterlassen –, während andere weiterhin einige, hauptsächlich soziale Verbindungen mit ihren früheren Mitgläubigen behalten. Einige suchen sich ein neues geistliches Zuhause, das besser zum gegenwärtigen Stand ihrer geistlichen Pilgerreise passt. Sie haben sich entschieden, ihrer früheren Kirche Lebewohl zu sagen – manchmal mit einem Seufzer der Erleichterung, aber oftmals mit schmerzendem Herzen.

Die Römisch-katholische Kirche verliert weltweit jährlich Millionen Mitglieder, die nicht länger mit einigen moralischen Verpflichtungen übereinstimmen, die ihre Kirche ihnen auferlegt. Sie protestieren gegen die offizielle Sichtweise über die Praktiken der Geburtenkontrolle und stimmen nicht mit der absoluten Weigerung der katholischen Kirche überein, gleichgeschlechtliche Beziehungen zwischen Personen zuzulassen, die in einer exklusiven, monogamen und dauerhaften Beziehung leben wollen. Oder sie sehen die Vorschrift, dass Priester zölibatär leben müssen und Frauen keine Priester werden dürfen, als völlig überholt und im Gegensatz zum Evangelium Christi stehend an.

In konservativen calvinistischen Kirchen haben viele ernsthafte Zweifel an der biblischen Grundlage für die Lehre der Prädestination. Sie sind mit der Lehre der „doppelten Prädestination" Calvins aufgewachsen. Die Argumentation für diese Lehre verläuft etwa folgendermaßen: Gott hat in seiner ewigen Weisheit und unergründlichen Souveränität bereits vor unserer Geburt entschieden, ob wir schließlich ewiges Leben erhalten oder der ewigen Verdammnis anheim fallen werden. Daran können wir nichts ändern. Dennoch wird von uns erwartet, ein christliches Leben zu führen und alle unsere religiösen Pflichten zu erfüllen, aber es ist allein Gottes Entscheidung, ob wir von ihm angenommen werden oder nicht. Und falls nicht, haben wir keinen berechtigten Grund, uns zu beklagen, denn kein Mensch verdient die Erlösung. Nur aufgrund seiner souveränen Gnade erwählt Gott einige, das ewige Leben zu ererben.

Für viele ist dies eine untragbare Glaubenslehre. Sie bedeutet, dass wir nur darauf *hoffen* können, unter den Erwählten zu sein, uns aber dessen niemals *gewiss* sein können! Es ist nicht verwunderlich, dass viele Calvinisten irgendwann zu zweifeln beginnen, ob diese Lehre mit dem Evangelium Christi übereinstimmt, denn Jesus erklärte doch, Gott liebe die Welt derartig, dass alle Menschen gerettet werden können (Joh 3,16). Einige dieser Zweifler werden ihre Kirche verlassen und jeder Art christlichen Glaubens absagen, während andere glücklicherweise ein anderes geistliches Zuhause finden, in dem sie die Gewissheit der Erlösung erfahren können.

Ich könnte eine lange Liste von speziellen Lehrpunkten aufführen, die in anderen Kirchen viele Diskussionen oder energischen Widerspruch auslösen. Aber unser Fokus liegt auf der Kirche der Siebenten-Tags-Adventisten, und in diesem und im folgenden Kapitel werde ich einige der Angelegenheiten erörtern, die am häufigsten auftauchen, wenn Adventisten über ihre Zweifel an bestimmten Lehren ihrer Kirche sprechen. Ich führe sie nicht in einer speziellen Ordnung auf, denn ich kenne keine Studie, die aufzeigt, welche dieser Lehren vorrangig als Grund für Zweifel rangieren.

Ich werde nicht verbergen, dass ich in vielen Fällen die Zweifel teile, die ich hier besprechen werde. Aber ich werde auch sagen, wo ich stehe, und hoffe, dass meine Ausführungen den Lesern helfen werden, mit ihren Zweifeln in einer Weise umzugehen, dass sie die Grundlagen der christlichen Botschaft in ihrer adventistischen Verpackung nicht verlieren.

DIE INSPIRATION DER BIBEL

Zunächst möchte ich auf die adventistische Lehre über die Inspiration der Heiligen Schrift zurückkommen. Dies ist ein Schlüsselthema, denn unsere Sichtweise von der Inspiration und der Übermittlung der Bibel entscheidet darüber, ob wir uns für eine „schlichte" Lesart" (*plain reading*) der Bibel entscheiden (die das Gelesene so wörtlich wie möglich nimmt), oder ob wir den menschlichen Werkzeugen, die Gott benutzte, um sich uns mitzuteilen, eine größere Rolle dabei erlauben.

Es ist bemerkenswert, dass auf der letzten Generalkonferenzvollversammlung auch die Formulierung des ersten Punktes der adventistischen Glaubensüberzeugungen etwas verschärft wurde. Dort heißt es: „Die Heilige Schrift ist die höchste, maßgebliche [wörtlich: *autoritative*, beide Begriffe neu hinzugefügt] und unfehlbare Offenbarung seines Willens." Weiter wird betont: „Sie ist die endgültige [wörtlich: *definitive*] Offenbarungsquelle aller Lehre und der zuverlässige Bericht von Gottes Handeln in der Geschichte." Viel hängt davon ab, wie die Begriffe *maßgeblich*, *unfehlbar* und *zuverlässig* in diesem Zusammenhang definiert werden. Die Neuformulierung des Artikels 6 über die Schöpfung bestätigt, dass die Glaubensüberzeugungen eine sehr enge Sichtweise der biblischen Inspiration vertreten.

Das autoritativste Dokument über die adventistische Herangehensweise an die Bibel und deren Interpretation ist neben den Formulierungen in den Glaubensüberzeugungen bis heute das sogenannte Rio-Dokument. Es war das Ergebnis eines Studienprozesses in den 1980er-Jahren, der in einer formellen Erklärung endete, die vom Exekutivausschuss der Generalkonferenz während seiner Herbstsitzung (*Annual Council*) im Jahr 1986 angenommen wurde.[1] Dieses Dokument verwirft die weit verbreitete Gelehrtenmeinung, dass viele der biblischen Schriften durch einen langen Sammlungs- und Redaktionsprozess gegangen seien, bevor sie die Form bekamen, die die Grundlage für unsere heutigen Bibelübersetzungen ist. Die Mehrheit der biblischen Gelehrten hat zum Beispiel geschlussfolgert, dass die fünf Bücher Mose aus verschiedenen Dokumenten bestehen, die in verschiedenen israelitischen Kreisen zu verschiedenen Zeiten entstanden sind und erst später zum sogenannten Pentateuch (fünf Rollen) zusammengestellt wurden. Ein anderes Beispiel

---

1. „Methods of Bible Study", online http://www.adventist.org/en/information/official-statements/documents/article/go/0/methods-of-bible-study/; auf Deutsch in: *Erklärungen, Richtlinien und andere Dokumente*, Advent-Verlag, Lüneburg 1998, S. 129–139.

für diese Herangehensweise an die Bibel, die allgemein als die historisch-kritische Methode bezeichnet wird, ist die Ansicht der Mehrheit der Experten des Alten Testamentes, das Buch Jesaja habe zwei oder drei verschiedene Autoren. Das Rio-Dokument will von alledem nichts wissen. (Merkwürdigerweise sind adventistische Bibelgelehrte wesentlich weniger zögerlich, verschiedene Quellen für die vier Evangelienberichte zu identifizieren!)[1] Die Auffassung adventistischer Gelehrter ist in dieser Angelegenheit gespalten. Jene, die zur Adventist Theological Society[2] gehören, unterstützen die Position des Rio-Dokuments. Tatsächlich kann man kein Mitglied dieser einflussreichen theologischen Gesellschaft werden, ohne eine schriftliche Erklärung zu unterzeichnen, dass man mit dieser Sichtweise der Inspiration und Überlieferung der Bibel übereinstimmt.

Es ist eindeutig, dass die Sichtweise über den Ursprung und die Natur der Bibel auch in einem weiten Ausmaß bestimmt, wie man mit einzelnen Lehren und ethischen Angelegenheiten umgeht, wie zum Beispiel die Schöpfung und die Einsegnung von Frauen zum Pastorendienst. Sie ist ebenfalls wichtig für die eigene Sichtweise über den Dienst und die Schriften Ellen Whites (Näheres dazu weiter unten).

Wenn Gemeindeglieder anfangen, Zweifel über die Sichtweise der Inspiration zu haben, die gegenwärtig von der Leitung der Kirche stark gefördert wird und ebenso von (hauptsächlich unabhängigen) adventistischen Medienorganisationen, dann ist das oftmals der Startpunkt für Zweifel an anderen Lehrpunkten.

---

1. Siehe den *Seventh-day Adventist Bible Commentary*, Washington D.C. 1956, Bd. 5; S. 175–181.
2. Die *Adventist Theological Society* (ATS) ist mit der Kirche der Siebenten-Tags-Adventisten als ein unabhängiger Dienst verbunden. Gemäß ihrer Webseite ist sie „eine internationale, berufsbezogene, gemeinnützige Organisation, die ... gegründet wurde, um biblische, theologische und historische Studien zu fördern, welche die Botschaft und Mission der Freikirche unterstützen" (http://www.ats-info.de/). Die Gesellschaft ist theologisch konservativ und besitzt das Vertrauen der gegenwärtigen Leiterschaft der Generalkonferenz. Dies gilt nicht (oder zumindest weniger) für die *Adventist Society of Religious Studies* (ASRS), die von vielen als ziemlich „liberal" angesehen wird.

Viele dieser Zweifler werden die Veröffentlichungen der Kirche und andere adventistische Medienprodukte, die diese „schlichte Lesart" der Bibel befürworten, immer weniger schätzen. Sie halten dann nach anderen Quellen der geistlichen Nahrung Ausschau, aber deren Wirkung kann tatsächlich neue Fragen bezüglich gewisser traditioneller adventistischer Lehren aufwerfen.

Wie gehe ich persönlich mit alledem um? Als ich meine Pastorenausbildung begann, war ich ein fundamentalistischer, „schlichter" Bibelleser. Ich bin von dieser Position abgekommen, habe aber immer noch eine „hohe" Sichtweise von der Inspiration der Bibel. Ich erkenne die menschlichen Hände, die die Worte der Heiligen Schrift niedergeschrieben haben, aber sehe ihre Worte als das Wort Gottes an. Die „schlichte Lesart" der Bibel ist jedoch viel zu vereinfachend. Darüber hinaus sind jene, die die Formulierungen der Bibel wörtlich nehmen wollen, ausnahmslos inkonsequent. Bisher ist mir noch niemand begegnet, der *alles* in der Bibel wörtlich nimmt! Selbst die meisten derjenigen, die darauf bestehen, dass die Schöpfungstage wörtliche 24-Stunden-Tage waren, werden anerkennen, dass die dreistufige Beschreibung des Universums in der Schöpfungsgeschichte antike Vorstellungen reflektiert, die wir nicht länger akzeptieren, und werden verneinen, dass Ausdrücke wie „die Enden" bzw. „die vier Ecken der Erde" ebenfalls wörtlich genommen werden müssen.

UNBEKÜMMERT BLEIBEN

Die Bibel als das Wort Gottes zu lesen setzt den Glauben an die göttliche Inspiration voraus. Niemand von uns weiß, wie diese Inspiration vor sich ging. Die Bibel ist Gottes Buch, und er hat darin in wunderbarer Weise seine Worte und Gedanken zugänglich gemacht – auf unserer Verständnisebene, genauso wie der präexistente, göttliche Christus durch seine Inkarnation auf unsere Ebene herabkam. Wenn man auf die Verfechter der „schlichten Lesart" hört, kommt man nicht auf den Gedanken, dass Siebenten-Tags-Adventisten offiziell *nicht* an die Verbalinspiration glauben. Unsere Kirche glaubt, dass die *Verfasser* der biblischen Schriften inspiriert waren und nicht deren einzelnen Worte. Gott benutzte menschliche Werkzeuge als seine „Schreiber, nicht seine [Schreib-]Feder"[1], und durch diesen Prozess der göttlich-menschlichen Interaktion wurde die Bibel irgendwie der vertrauenswürdige Bericht von Gottes Handeln mit der Menschheit und der autoritative Führer des Glaubens und der Praxis aller wahren Gläubigen. Als Menschen werden wir niemals die Beziehung zwischen dem göttlichen und dem menschlichen Element bei der Inspiration der Bibel vollständig verstehen. Zu versuchen, eine präzise Formel über diese Interaktion zu entwickeln, wird uns nur irreführen. Unvermeidlich werden wir entweder das menschliche Element überbetonen und das göttliche herabsetzen oder umgekehrt.

Unglücklicherweise gibt es eine Menge ungesunder Beweistext-Theologie in adventistischen Kreisen. Und viele Adventisten erkennen kaum, dass die Bibel weit davon entfernt ist, einheitlich zu sein, und sie mehrere unterschiedliche Literaturgattungen umfasst. Dadurch erkennen viele nicht ausreichend, dass ein Psalm, ein Abschnitt mit apokalyptischem Inhalt oder ein Geschichtsbericht in verschiedener Weise gelesen werden müssen. Ich bin fest überzeugt, dass das Rio-Dokument nicht das letzte Wort darüber sein kann, wie wir die Interpretation der Bibel betreiben sollen. Zugegebenermaßen sind nicht alle Ergebnisse moderner biblischer Gelehrter auf unbestreitbaren Beweisen gegründet. Wir müssen Bibelgelehrten zuhören, die mit verschiedenen Sichtweisen an die Sache herangehen, und die Argumente mit offenem Verstand abwägen. Dabei werden wir erkennen, dass einige „Fakten" tatsächlich bloße Vermutungen sind und viele Theorien über die Entstehung der Bibel heutzutage nicht mehr die breite Unterstützung finden, die sie in der Vergangenheit besaßen. Darüber hinaus müssen wir sorgfältig darauf achten, dass die Betonung nicht zu sehr auf dem menschlichen Element in der Zusammenstellung und Übermittlung des biblischen Textes liegt, sodass der göttliche Ursprung der Heiligen Schrift aus dem Blickfeld gerät.

---

1. So Ellen G. White in *Für die Gemeinde geschrieben,* Bd. 1, S. 21.

Ich bin der Meinung, dass letztlich die Probleme (sie existieren tatsächlich) bezüglich der Inspiration und Überlieferung der Bibel uns nicht unnötig beunruhigen sollten. In meinen jüngeren Jahren war ich sehr besorgt über einige der tatsächlichen oder angeblichen Widersprüche in der Bibel, insbesondere über einige Ungereimtheiten in ihren historischen Büchern. Wer sandte König Saul den bösen Geist? Es muss offenbar Satan gewesen sein. Aber wie kann es dann angehen, dass Gott für diesen bösen Geist verantwortlich gemacht wird (siehe 1 Sam 16,14-16)? Und was ist mit der Geschichte von David und Goliath? In der Kindersabbatschule wurde gelehrt, dass David Goliath tötete (1 Sam 17,43-51; 21,9-10); aber in 2. Samuel 21,19 wird gesagt, dass ein gewisser Elhanan Goliath erschlug. Welcher der Berichte ist korrekt? Und um ein neutestamentliches Beispiel zu nehmen: Als Christus seine Jünger auf ihre erste Missionsreise aussandte, gebot er ihnen da, einen Stab mitzunehmen (wie in Mk 6,8 steht), oder sollten sie ihn zu Hause lassen (wie uns Lk 9,3 berichtet)?

Als ich meine Universitätsstudien begann, war ich immer noch beunruhigt von den Argumenten über die Autorschaft einiger biblischer Bücher. Hat Paulus den Brief an die Hebräer geschrieben oder nicht? Wie viele Briefe hat Paulus an die Korinther geschrieben? Zwei, drei oder vier? Falls er mehr als die beiden geschrieben hat, die wir im Neuen Testament haben, was passierte dann mit den anderen? Und gab es einen zweiten oder sogar dritten Jesaja zusätzlich zu dem Propheten im 8. Jahrhundert vor Chr., dem Sohn des Amoz, der in einer herrlichen Vision „in dem Jahr, als der König Usija starb", Gott auf seinem Thron sitzen sah (Jes 6,1)? Ich will nicht behaupten, dass diese Fragen unwichtig sind. Sicherlich hat die Hypothese, dass das Buch Jesaja zwei oder drei verschiedene Autoren hatte, die Jahrhunderte auseinander lebten, bedeutsame Implikationen. Aber ich möchte betonen, dass diese Art Probleme so viel von unserer Aufmerksamkeit absorbieren kann, dass wir die Macht des Wortes Gottes aus dem Auge verlieren!

Ich erinnere mich, wie hilfreich ein kleines Buch von Gerhard Bergmann für mich gewesen ist. Sein Buch *Alarm um die Bibel* beschreibt die Probleme sehr prägnant, verteidigt meisterhaft die absolute Autorität der Bibel, während er dem göttlichen und dem menschlichen Element bei der Niederschrift des Wortes Gottes gebührendes Gewicht gibt und die wenigen sogenannten internen Widersprüche und Ungenauigkeiten relativiert. Ich habe mich immer an Bergmanns Rat erinnert: In Bezug auf jene Elemente in der Bibel, die uns Schwierigkeiten bereiten, sollten wir die Haltung einer „fröhlichen Unbekümmertheit" einnehmen.[1] Das ist seitdem immer meine Haltung gewesen.

DIE SCHÖPFUNGSGESCHICHTE UND DER SINTFLUTBERICHT

Wenige Gelehrte haben die biblischen Geschichten über die Schöpfung und die Sintflut so heftig attackiert wie der britische Wissenschaftler Richard Dawkins. Das folgende Zitat lässt uns nicht im Unklaren über seine Sichtweise: „Die Bibel sollte gelehrt werden, aber nachdrücklich nicht als Realität. Sie ist Fiktion, Mythos, Dichtung – alles andere als Realität."[2] Maarten 't Hart, ein niederländischer Romanautor (mit einem professionellen Hintergrund in der Biologie), hat im Wesentlichen dieselbe Botschaft für seine Leser. Sein kürzlich erschienenes Buch über seine Mutter[3] enthält ein Kapitel über seine Diskussion mit ihr über die Arche Noahs. Er versuchte, seine Mutter zu überzeugen, dass ihre schlichte Lesart der Sintflutgeschichte völlig lächerlich sei. Er erzählte ihr, dass er einige Berechnungen über Noahs Arche angestellt hatte. Die Bibel weist darauf hin, dass dieses Schiff groß genug für alle Tiere war, „je ein Paar ... von den unreinen Tieren" und sieben von den reinen, jeweils „nach ihrer Art" (1 Mo 7,2; 6,20). Gemäß Maarten beherbergt die Erde rund zwei Millionen „Arten" von Tieren; daher müssten viele Millionen Tiere die Arche durch eine enge Tür in einer sehr kurzen Zeit betreten haben. Selbst wenn man diese irrsinnige Tatsache beiseitelässt, bleibt die Frage: Wie sind diese Tiere zur Arche gekommen? Einige Schneckenarten, so erzählte Maarten seiner Mutter, finden sich

---

1. *Alarm um die Bibel*, Schriftenmissions-Verlag, Gladbeck 1963, S. 3.
2. http://www.brainyquote.com/quotes/authors/r/richard_dawkins.html.
3. Maarten 't Hart, *Magdalena*, Singel Uitgeverijen, Amsterdam 2015.

nur in Skandinavien. Sie kommen am Tag höchstens fünf Meter vorwärts, was bedeutet, dass ihre Reise mindestens einige Jahre gedauert haben muss. Doch dann ist da die weitere Komplikation, dass sie nur eine kurze Lebensspanne besitzen und auf dieser Reise gestorben sein müssen. Und wie sollen all diese Tiere während der Seefahrt ernährt worden sein? Und wie hat Noah darüber hinaus sichergestellt, dass diese Tiere währenddessen einander nicht aufgefressen haben? Und dann müsse man noch an all den Dung denken. Usw. usw. Natürlich ist Maarten 't Hart's Definition einer „Art" nicht dieselbe gewesen, die der Verfasser der Sintflutgeschichte gebrauchte, aber sein Buch spiegelt die Art der Zweifel wider, die viele Leser dieser Geschichte nicht einfach abschütteln können.

Vor einiger Zeit besuchte ich Australien und wollte natürlich Kängurus sehen. Das Känguru ist nur eins aus der Familie der Beuteltiere. Die Tatsache, dass diese Geschöpfe nur in Australien zu finden sind, verursacht zahlreiche wissenschaftliche Probleme und warf bei mir Fragen über die biblischen Geschichten der Schöpfung und der Sintflut auf. Ich konnte mich der Frage nicht erwehren, wie diese Tiere von Australien in den Nahen Osten und von dort wieder zurück nach Down Under gehüpft sein sollen. Selbst wenn es vor der Sintflut keine Wasserbarriere gegeben hat, muss es sicher eine nach der Flut gegeben haben, so wie die Bibel sie beschreibt. Ich weiß, dass ich nicht der einzige Adventist bin, der solche Fragen hat. Viele der Einwände gegen eine wörtlich zu verstehende Sintflutgeschichte sind von konservativen Gelehrten widerlegt worden, aber nicht alle Christen finden diese Antworten wirklich überzeugend.

Viele junge Adventisten sind verwirrt, wenn sie in öffentlichen Schulen von der Evolutionstheorie erfahren. Einige sagen ihren Biologielehrern mutig, dass die Lehrbücher verkehrt seien und sie diesen (sogenannten wissenschaftlichen) Blödsinn nicht glauben werden. Sie möchten bei dem bleiben, was sie von ihren Eltern und in ihrer Gemeinde gehört haben: dass Gott die Welt in nur sechs normalen Tagen geschaffen hat. Deshalb können all diese modernen Ansichten über eine allmähliche Evolution über zig-Millionen Jahre nicht wahr sein! Aber viele ihrer Klassenkameraden sind sich da nicht sicher. Könnte die Wissenschaft nicht doch Recht haben? Was sie in ihrem Biologielehrbuch lesen, hört sich viel logischer an, als das, was sie in der Bibel finden. Darüber hinaus sind offenbar viele Gelehrte, die diese Angelegenheit ernsthaft studiert haben, überzeugt worden, dass die biblische Schöpfungsgeschichte tatsächlich eine schöne Geschichte ist, aber als Mythos und nicht als Historie angesehen werden muss. Können sich diese hoch gebildeten Leute alle irren?

Dieses Problem betrifft nicht nur Teenager, die in einem christlichen Umfeld aufgewachsen sind und allmählich kritischer werden und etwas nicht bloß deshalb akzeptieren, weil es ihre Eltern sagen oder weil ihr Pastor darauf besteht, dass sie einfach glauben müssten, was die Bibel sagt. Ich kenne einige Gemeindeglieder – auch welche in meinem Alter –, die Zeit ihres Lebens an die Schöpfungsgeschichte geglaubt haben, aber irgendwann sich selbst (und manchmal auch anderen) eingestanden haben, dass sie skeptisch geworden sind über ein wörtliches Verständnis der ersten Kapitel der Bibel. Sie sind zu der Schlussfolgerung gekommen, dass es da zu viele lose Enden gibt. Zum Beispiel soll die ganze Menschheit dieselben Voreltern haben, Adam und Eva. Wie erklären wir dann, dass die Welt von Menschen so vieler verschiedener Hautfarben bevölkert ist? Und wie passen all die verschiedenen Saurierarten in die Geschichte?

Noch viele andere Fragen tauchen bei vielen Gläubigen auf. Warum wird die Schöpfungsgeschichte zweimal erzählt – in 1. Mose 1,1–2,4a und in Kap. 2,4b-25? Und ist das Elend und Leiden auf der Welt tatsächlich durch das Essen einer Frucht in einem wunderschönen Garten entstanden (1 Mo 3)?

Ich weiß, dass es Antworten für diese und viele andere Fragen gibt. Und einige Christen werden zufrieden sein, wenn sie diese Antworten hören, und ihre Zweifel beiseiteschieben. Aber vielen Zweiflern erscheinen diese Antworten zu einfach und wenig überzeugend zu sein. Und oftmals tauchen neue Fragen auf, wenn ein Problem gelöst ist.

Wenn Gemeindeglieder mit mir über ihre Zweifel an den biblischen Erzählungen über die Schöpfung und die Sintflut sprechen, dann versuche ich nicht mehr, sie zu überzeugen, dass die meisten ihrer Fragen mit wissenschaftlichen Argumenten beantwortet werden können und wir noch Antworten in den Angelegenheiten finden können, die uns jetzt noch verwirren. Vor Jahren mag ich das noch versucht haben. Ich war ein eifriger Leser von Büchern von sogenannten kreationistischen Autoren – Adventisten wie Nichtadventisten. Viele ihrer Argumente leuchteten mir ein; aber mein Vertrauen in die Stärke ihrer Argumente löste sich wieder und wieder schnell auf, nachdem ich einige Bücher gelesen hatte, die die Evolutionstheorie verteidigen. Mit der Zeit habe ich erkannt, dass die biblische Botschaft, von Gott erschaffen zu sein, und die Implikationen, die sich daraus für uns ergeben, viel wichtiger sind, als unsere Neugier darüber zu befriedigen, *wann und wie* Gott uns geschaffen hat.

Die Schöpfungsgeschichten und die Sintflutgeschichte sind genau das – *Geschichten*. Sie sind nicht als historische Berichte darüber gedacht, was zu einer bestimmten Zeit in der Vergangenheit geschah, die wir auf eine Zeit vor 6000 bis 10 000 Jahren festlegen können. Dies bedeutet jedoch nicht, dass diese Geschichten deshalb unwahr oder bedeutungslos wären. Die Schöpfungsgeschichten in 1. Mose 1–2 sind eine eindrucksvolle Aussage über die Wahrheit, dass Gott unser Schöpfer ist und wir ihm Respekt und Loyalität schulden. Wir zeigen dieses tiefe Bewusstsein unserer Geschöpflichkeit in einer sehr konkreten Weise, indem wir jeden siebten Wochentag zum Gedenken an diese Tatsache absondern. Die Schöpfungsgeschichten erinnern uns weiter daran, dass Gott als Schöpfer der Eigentümer von allem ist und wir als Geschöpfe sein Eigentumsrecht anerkennen sollten, indem wir uns als treuer Haushalter erweisen.

Und was ist mit der Sintflutgeschichte? Es gibt keine Zweifel daran, dass es in ferner Vergangenheit eine große Katastrophe gegeben hat. Eine große Zahl von Flutgeschichten in Kulturen in aller Welt bewahrt genau wie die biblische Flutgeschichte die kollektive Erinnerung an solch ein Ereignis. Hat die Sintflut die gesamte Erdoberfläche bedeckt oder müssen wir sie als eine Katastrophe verstehen, die die Welt betraf, die die Leute damals kannten? Wir sollten uns an solchen Fragen nicht festfahren. Die „Wahrheit" der Sintflutgeschichte besteht darin, dass Gott gerecht ist und seine Geduld zu Ende geht, wenn Menschen weiterhin gegen ihn rebellieren, er aber auch ein liebender Gott ist, der Menschen nicht im Stich lässt, die ihm treu bleiben.

Bedeutet dies, dass ich niemals mehr mit Fragen über Schöpfung und Evolution zu ringen habe? Nein, viele Fragen bleiben. Aber ich habe herausgefunden: Auf das zu achten, was die biblischen Geschichten *bedeuten*, statt laufend zu fragen, was genau *geschehen ist*, ist ein viel zufriedenstellenderer Weg, mit meinen Zweifeln auf diesem Gebiet umzugehen.

DIE DREIEINIGKEITSLEHRE

Zweifel an der Dreieinigkeitslehre sind in adventistischen Kreisen nicht erst kürzlich aufgetreten. Tatsächlich waren viele Adventisten (einschließlich der meisten ihrer frühen Leiter) lange Zeit entschiedene Antitrinitarier, das heißt: Sie glaubten nicht an die Dreieinigkeit Gottes. Uriah Smith, jahrzehntelang Chefredakteur der adventistischen Gemeindezeitschrift und bekannter Autor von umfangreichen Kommentaren über Daniel und die Offenbarung, argumentierte zum Beispiel beim Text von Offenbarung 1,8 (der Christus als „das Alpha und das Omega" bezeichnet, NLB), dass Christus zwar lange vor der Schöpfung der Welt existierte, aber nicht von aller Ewigkeit her wie der Vater. Christus habe einen Beginn irgendwann in der weit entfernten Vergangenheit gehabt. Wie andere frühe adventistische Leiter, darunter James White, der ebenfalls aus der Bewegung der Christian Connexion kam (wie ich bereits erwähnte), glaubte Smith, der Sohn sei dem Vater untergeordnet, und bezeichnete die Dreieinigkeitslehre von drei ewigen, völlig ebenbürtigen Wesen als unbiblisch. Zwar machte Ellen White niemals antitrinitarische Äußerungen, aber erst im höheren Alter hat sie am Ende des 19. Jahrhunderts ihre Unterstützung der Dreieinigkeitslehre ausgedrückt, indem sie den Vater, den Sohn und den Heiligen Geist als gleich ewige und gleichrangige göttliche Wesen bezeichnet hat. Interessanterweise gebrauchte sie jedoch niemals den Begriff Trinität.

Es dauerte bis weit in das 20. Jahrhundert hinein, dass die Kirche der Siebenten-Tags-Adventisten offiziell erklärte, vollständig in das trinitarische christliche Lager zu gehören, obwohl es weiterhin abweichende Stimmen gab. In jüngerer Zeit sind jene, die die Dreieinigkeitslehre bezweifeln oder ablehnen, anscheinend wieder auf dem Vormarsch.[1] Und obwohl viele Gemeindeglieder auf der „linken" Seite Fragen und Zweifel an dieser christlichen Schlüssellehre haben, kommen die lautstärksten Stimmen gegen diese Lehre eher aus der „rechten" Seite des theologischen Spektrums. Es gibt konservative Adventisten, die überzeugt sind, dass die Trinitätslehre in Wirklichkeit eine römisch-katholische Lehre ist (und daher per Herkunft falsch sein muss) und der Adventismus wachsam sein müsse, nicht zum römischen Katholizismus abzudriften, und zum historischen, antitrinitarischen Glauben seiner Begründer zurückkehren sollte.

Obwohl die Dreieinigkeitslehre ein Eckstein der christlichen Theologie ist, wird in adventistischen Kreisen merkwürdigerweise der Zweifel an dieser zentralen Lehre allgemein als viel weniger bedeutsam angesehen als der Zweifel an einer wörtlichen sechs Tage-Schöpfung oder einer wörtlichen Interpretation des himmlischen Heiligtums. Und meine Beglaubigung als adventistischer Pastor wäre eher gefährdet, wenn ich mir öffentlich eine Zigarette anzünden würde, als wenn ich Zweifel an der Trinität Gottes in einer Predigt äußern würde. Die Unsicherheit über diese wichtige Lehre hat für die meisten adventistischen Leiter nicht das gleiche Gewicht wie die Unsicherheit über einige andere Lehren, die wir weiter unten und im nächsten Kapitel kurz besprechen werden.

Die Dreieinigkeitslehre ist wichtig, aber ich möchte einige Einschränkungen hinzufügen. Zu definieren, wer und was Gott ist, liegt jenseits unseres menschlichen Zugriffs. Die christliche Kirche hat das versucht. Lange Debatten auf mehreren Konzilien

---

1. Merlin D. Burt, „History of Seventh-day Adventist Views on the Trinity", in: *Journal of the Adventist Theological Society,* Jg. 17/1 (Frühjahr 2006), S. 125–139. siehe auch Richard Rice, „God", in: Gary Charter, Hg., *The Future of Adventism,* Griffin & Lash Publ., Ann Arbor (Michigan) 2015, S. 3–24, und Woodrow Whidden u. a., *The Trinity: Understanding God's Love, His Plan of Salvation and Christian Fellowships,* Review and Herald, Hagerstown (Maryland) 2002.

haben zu der traditionellen Trinitätslehre geführt. Die Teilnehmer an diesen Diskussionen benutzten die passendsten Worte, die sie finden konnten. Griechische und lateinische Konzepte waren die Wurzeln einiger dieser Begriffe, wie zum Beispiel das Wort „Person". Die Lehre besagt, dass Gott eine Einheit ist, die in drei Personen existiert. Aber sobald wir dies sagen, müssen wir erkennen, dass das Wort „Person" etwas anderes bedeutet, wenn wir es auf Gott anwenden statt auf Menschen. Die „Personalität" Gottes übertrifft unsere bei weitem. Was wir ausdrücken möchten, ist, dass Gottes Personalität irgendwie vergleichbar dessen ist, was wir eine „Person" nennen, aber weit darüber hinausgeht. Es ist jedoch der beste Begriff, den wir haben. Für mich besagt die Dreieinigkeitslehre, dass es eine Gottheit gibt, die uns zu ihrem „Bild" schuf (was auch immer das genau bedeutet; vgl. 1 Mo 1,26–27), und es kein Pantheon von vielen verschiedenen Göttern gibt, die von Menschen nach ihrem Bild geschaffen wurden. Und zweitens sagt sie mir, dass der Status von Jesus Christus und vom Heiligen Geist völlig göttlich und dem Vater ebenbürtig ist. Es kann nicht anders sein, wenn Christus mein Erlöser und der Geist in der Lage sein soll, meine geistlichen Bedürfnisse vollständig zu erfüllen.

Ich möchte vor der Ansicht warnen, dass wir in unserer Theologie zu den Glaubensüberzeugungen der ersten und zweiten Generation von Adventisten, die unsere Bewegung begründet haben, zurückkehren sollten. Diese Haltung steckt voller Gefahren. Sie führt leicht dazu zu verleugnen, dass unsere Kirche – durch Gottes Gnade – theologisch gereift ist und das auch weiterhin tun wird, sofern wir nicht in der Denkweise stecken bleiben, dass Fortschritt im nostalgischen Rückfall in die Vergangenheit besteht.

DIE MENSCHLICHE NATUR CHRISTI

War Jesus Christus göttlich und menschlich zur selben Zeit? Wie kann das sein? Und wie müssen wir die Menschlichkeit Christi verstehen? War er genau so wie wir oder nicht ganz? Die frühe Kirche brauchte einige Jahrhunderte des Studiums und heftiger Debatten, bevor ihre Leiter auf den Konzilien in Nicea (im Jahr

325), Chalcedon (451) und an anderen Orten zu detaillierten Formulierungen über die zwei Naturen Christi gelangten, die die Mehrheit der Bischöfe zufriedenstellte. Seitdem haben die christlichen Kirchen offiziell bekannt, dass Christus „wahrer Gott und [zugleich] wahrer Mensch" ist.

Die meisten frühen Adventisten machten sich kaum Gedanken über das Geheimnis der zwei Naturen Christi. Sie konzentrierten sich auf den gegenwärtigen Status und die Rolle Christi. Sie glauben, dass Jesus in den Himmel aufgefahren war als unser „Hoherpriester" und seit 1844 im himmlischen Heiligtum mit einer Aktivität beschäftigt war, die im alttestamentlichen Heiligtumsdienst am großen „Versöhnungstag" vorgeschaltet wurde (3. Mose 16). Aber im Laufe der Zeit erforderte das Thema der zwei Naturen Christi größere Aufmerksamkeit. Insbesondere seit der Veröffentlichung des Buches *Seventh-day Adventists Answer Questions on Doctrine*[1] ist dies zu einer kontroversen Angelegenheit geworden, weil das Buch die menschliche Natur Christi in einer Weise definierte, die für viele Adventisten neu und unannehmbar war und ist.

Im Wesentlichen gibt es drei konkurrierende Ansichten über die menschliche Natur Christi:
- Christus war in allem genau so wie wir. Er besaß dieselben menschlichen Schwächen und erfuhr dieselben Neigungen zur Sünde wie alle Menschen seit dem Sündenfall.
- Christus war völliger Mensch in dem Sinne, dass er die Art der menschlichen Natur annahm, die Adam vor dem Sündenfall besaß.
- Christus besaß unsere „gefallene" menschliche Natur, aber ohne die ererbten Neigungen zur Sünde, mit denen wir zu

---

1. Dieses Buch ergab sich aus ausführlichen Gesprächen in den Jahren 1955–56 zwischen einigen Repräsentanten der adventistischen Kirche und zwei evangelikalen Leitern, Donald Barnhouse und Walter Martin. Sie wollten mehr über die Lehren der Siebenten-Tags-Adventisten wissen, bevor Martin ein Buch über den Adventismus veröffentlichte. Siehe George R. Knight, *Seventh-day Adventists Answer Questions on Doctrine* – Annotated Edition, Andrews University Press, Berrien Springs (Michigan) 2003.

kämpfen haben. Dieser „Vorteil" wurde jedoch mehr als kompensiert durch die Tatsache, dass er viel stärker versucht wurde, als wir es jemals werden.

Welche dieser drei Ansichten hat die stärkste biblische Unterstützung? Darin gehen die Ansichten weit auseinander. Sich den Schriften Ellen Whites zuzuwenden, um eine eindeutige Antwort zu finden, hilft nicht wirklich weiter, denn ihre Aussagen über die Natur Christi weisen uns in verschiedene Richtungen, und durch eine selektive Auswahl ihrer Aussagen kann man Unterstützung für jede dieser Ansichten finden.[1]

Viele Gemeindeglieder werden ihre Achseln zucken und sagen: „Was soll die ganze Aufregung? Ist diese Sache wirklich wichtig? Wir können doch sicher niemals hoffen zu verstehen, wie eine Person göttlich und menschlich zugleich sein kann. Wir sollten uns deshalb über dieses Geheimnis nicht das Gehirn zermartern." Diese Angelegenheit ist jedoch wichtiger, als sie oberflächlich gesehen erscheint, denn sie hat einige wichtige Auswirkungen, die Gläubige am Rande unzufrieden mit ihrer Kirche machen. Das will ich nun erklären.

Zunächst einmal sollten wir den Wortlaut des Artikels 4 unserer Glaubensüberzeugungen ansehen (die kursiven Hervorhebungen wurden von mir hinzugefügt).

Gott, der ewige Sohn, wurde Mensch in Jesus Christus. Durch ihn ist alles geschaffen, der Charakter Gottes offenbart, die Erlösung der Menschheit bewirkt und die Welt gerichtet. Ewig wahrer Gott, *wurde er auch* wahrer Mensch: *Jesus Christus. Er wurde gezeugt durch den Heiligen Geist und geboren von der Jungfrau Maria. Er lebte als Mensch,* wurde versucht als Mensch und war dennoch die vollkommene Verkörperung der Gerechtigkeit und Liebe Gottes. *Seine Wunder bezeugten die Macht Gottes und bestätigten ihn als den von Gott verheißenen*

---

1. Eine gut zugängliche Zusammenfassung der vielen Aussagen Ellen Whites über die menschliche Natur Christi findet sich in Dennis Fortin, „Ellen White and the Human Nature of Christ", https://www.andrews.edu/~fortind/EGWNatureofChrist.htm.

Erlöser. Er litt und starb aus freiem Willen für unsere Sünden und an unserer Stelle am Kreuz, wurde von den Toten auferweckt und ist in den Himmel aufgefahren, um für uns im himmlischen Heiligtum zu dienen. Er wird wiederkommen in Herrlichkeit zur endgültigen Errettung seines Volkes und zur Wiederherstellung aller Dinge.

Einige wichtige Dinge sind hervorgehoben: 1. Christi vollkommene Göttlichkeit, 2. seine Jungfrauengeburt, 3. seine volle Menschlichkeit und 4. die Tatsache, dass er uns als vollkommenes Vorbild dienen kann. Es wird in diesem Artikel gesagt, dass Christus „Mensch" war, aber die Formulierung vermeidet bewusst irgendeine präzise Definition dieses Begriffes. Persönlich wäre ich sehr glücklich, es dabei zu belassen. Denn wie können wir jemals etwas definieren, das völlig einmalig ist? Wir haben nichts, mit dem wir es vergleichen können. Nicht jeder ist jedoch bereit, mit diesem merkwürdigen Paradox wahrer Göttlichkeit und wahrer Menschlichkeit in einer Person zu leben.

DIE VOLLKOMMENHEIT DES CHARAKTERS

Die ganze Angelegenheit hat einen breiteren Aspekt. Es wird argumentiert: Falls Christus die Art der menschlichen Natur angenommen hat, die Adam *vor* dem Sündenfall besaß (ohne Neigungen zur Sünde), kann er nicht unser vollkommenes Vorbild sein. Denn wenn es so wäre, hätte er einen entscheidenden Vorteil gegenüber uns besessen, und daher könnten wir nicht dafür verantwortlich gemacht werden, wenn wir nicht dem Maßstab entsprechen, den er für uns gesetzt hat. Falls andererseits Christus die Art menschlicher Natur angenommen hat, die Adam *nach* dem Sündenfall besaß, und er dennoch in der Lage war, sündlos zu bleiben, dann wäre es im Prinzip auch für uns möglich, an einen Punkt zu gelangen, an dem wir ohne Sünde leben können. Mit anderen Worten: *Vollkommenheit ist möglich* – nicht nur auf der künftigen Welt, sondern bereits hier auf dieser Erde, wenn wir uns selbst Christus ganz hingeben und entschlossen sind, all unser Fehlverhalten zu überwinden und täglich in Übereinstimmung mit dem Willen Gottes zu leben.

Wenige Adventisten (falls überhaupt einige) werden verneinen, dass Gott möchte, dass wir geistlich wachsen und unser Leben an unserem großen Vorbild Jesus ausrichten. Aber die große Mehrheit der Gemeindeglieder wird auch erkennen (denke und hoffe ich), dass sie Sünder sind und weit davon entfernt, vollkommen zu sein, und niemals vollständig sündlos sein werden bis zu dem Moment, wenn sie zu vollkommenen Wesen für eine neue Welt erschaffen oder verwandelt werden. Sie sind überzeugt, dass die Bibel in einem Punkt sehr deutlich ist: Niemand ist ohne Sünde. Und jeder, der behauptet, ohne Sünde zu sein, betrügt sich selbst (vgl. 1 Joh 1,8).

Ohne in eine Menge theologischer Detailfragen zu gehen, denke ich, dass man durchaus sagen kann, dass die Vorstellung, die Vollkommenheit sei menschlich erreichbar, viele auf den gefährlichen Weg der Gesetzlichkeit geführt hat. Sie ist stets eine Falle für konservative Christen und insbesondere für Siebenten-Tags-Adventisten gewesen. Die Erlösung erfolgt durch den Glauben an Jesus Christus und nicht durch das, was wir tun. Aber für jene, die die ewige Gültigkeit des Gesetzes Gottes betonen, war es stets eine große Versuchung, bei Gott durch den genauen Gehorsam gegenüber seinem Gesetz Pluspunkte zu sammeln. Deshalb kann die Annahme, dass wir vollkommen leben könnten, weil Jesus Christus vollkommen und in allen Dingen genau so wie wir war, sehr leicht zu einer gesetzlichen Herangehensweise an die Religion führen, wobei die meiste Freude des Evangeliums auf der Strecke bleibt. Und viele Gemeindeglieder haben den Eindruck (ob gerechtfertigt oder nicht), dass jene Adventisten, die nach Vollkommenheit streben, nicht immer die angenehmsten Leute sind, mit denen man umgeht. Falls diese „Perfektionisten" den Umgangston in einer Ortsgemeinde bestimmen können, fühlen sich viele Gemeindeglieder am Rande, als ob ihnen die Luft abgeschnürt wird und sie nicht mehr in der Lage sind, in dieser gesetzlichen Umgebung frei zu atmen. Viele von ihnen werden schließlich aufgeben und die Gemeinde verlassen.

Die Vorstellung, dass Vollkommenheit erreichbar ist, hat weitere Auswirkungen und ist eng verbunden mit der sogenannten Theologie der letzten Generation der Gläubigen. Anhänger dieser

Sichtweise verbinden einige Elemente aus der adventistischen Tradition: das Konzept der großen Auseinandersetzung zwischen Gut und Böse, das Thema der „Übrigen", die Möglichkeit der moralischen Vollkommenheit und die Rolle Christi im himmlischen Heiligtum.

Ich will versuchen, diese Theologie der letzten Generation kurz zusammenzufassen. Vor der Wiederkunft Christi werden die treuen Gläubigen, „die Gottes Gebote halten" (einschließlich des Sabbats) und die „das Zeugnis Jesu haben" (den „Geist der Weissagung" = die Schriften Ellen Whites, Offb 19,10c), die relativ kleine Gruppe der treuen „Übrigen" bilden (Offb 12,17). Sie werden an den Punkt gelangen, an dem sie alle Sünden überwunden und den Stand charakterlicher Vollkommenheit erreicht haben. Dies ist erforderlich, denn die „Gnadenzeit" endet, wenn Christus seinen Mittlerdienst im himmlischen Heiligtum beendet. In der allerletzten Zeit der Weltgeschichte, bevor Christus erscheint, müssen jene, die zu den „Übrigen" gehören, vollkommen sein, weil sie eine Zeitlang ohne einen Mittler leben müssen. Darüber hinaus wird Christus erst wiederkommen, wenn es diese Übrigen gibt, die Christi Charakter vollkommen widerspiegeln.

Dies mag eine vereinfachte Version dieser theologischen Auffassung sein, aber sie beschreibt das Wesentliche. Der hauptsächliche Architekt dieser „Theologie" war M. L. Andreasen (1876–1962), ein prominenter adventistischer Theologe, der später energisch die Aussagen im Buch *Questions on Doctrine* kritisierte (speziell die über die Natur Christi) und deshalb kurz vor seinem Tod seine Beglaubigung verlor. Es gab Zeiten in der adventistischen Geschichte, in denen diese Theologie sehr einflussreich war, zum Beispiel während der Zeit, als Robert Pierson Präsident unserer Kirche war (1966–79). Sie erlebte eine starke Rückkehr in jüngerer Zeit und hat einen starken Unterstützer in Ted N. C. Wilson, dem derzeitigen Generalkonferenzpräsidenten.

Viele Gemeindeglieder – nicht nur die am Rande – fühlen sich bei dieser Sichtweise sehr unwohl, denn sie hat einen völlig anderen Klang als die freudige, geradlinige Botschaft des Evangeliums der Erlösung und der Freiheit in Jesus Christus. Sie mögen nicht alle einzelnen Argumente kennen, mit denen diese Sichtweise der menschlichen Natur Christi, die Betonung der Vollkommenheit und die Theologie der letzten Generation begründet wird, sehen aber, wie sie viele ihrer Verfechter negativ beeinflusst und oftmals eine intolerante Haltung gegenüber Gemeindegliedern mit anderen Sichtweisen fördert. Sie mögen nicht den Gedankengang dahinter verstehen, keine Bücher darüber gelesen oder all die relevanten Aussagen Ellen Whites dazu studiert und verglichen haben. Und Zweifel ist vielleicht nicht die beste Beschreibung ihrer Gefühle gegenüber dieser Art des Adventismus, aber sie haben den weitgehend intuitiven Sinn dafür, dass dies nicht „ihr Ding" ist. Diese Theologie bringt nicht die Art der religiösen Erfahrung hervor, die ihren Glauben fördert und sie freudig stimmt. Und wenn sie in ihrer Gemeinde zu viel von dieser Theologie hören, dann möchten sie dem gern entkommen. Das kann ich völlig verstehen, denn mir geht es genauso.

KAPITEL 8

Und was ist mit diesen Lehren?

Es wird oft behauptet, dass die Heiligtumslehre die einzige Lehre sei, die im Adventismus wirklich einzigartig ist. Dieses Element des adventistischen Erbes zu verlieren würde daher den wahren Grund für die Existenz der adventistischen Kirche als eine eigenständige Konfessionsgemeinschaft gefährden. Es gibt andere christliche Gemeinschaften, die den Sabbat am siebten Wochentag halten, und viele Freikirchen verkünden die Wiederkunft Christi, aber es gibt keine exakten Parallelen zur adventistischen Sichtweise des Heiligtums.

Die Heiligtumslehre ist jedoch nicht nur *einzigartig*, sondern auch die *umstrittenste* Lehre und wurde von vielen Nichtadventisten und Gemeindegliedern angegriffen und kritisiert. Man kann eine fortlaufende Geschichte des Zweifels über und des Widerstandes gegen diese Lehre, so wie sie traditionell formuliert wird, nachverfolgen.

DIE ENTWICKLUNG DER „HEILIGTUMSWAHRHEIT"

In alttestamentlichen Zeiten richtete Gott eine dramatische Darstellung ein, um den Israeliten die Entzweiung zwischen ihm und der Menschheit einzuprägen, die nur durch ein gnädiges Eingreifen Gottes überbrückt werden kann. Dieses Eingreifen war sehr aufwendig: Es erforderte ein kostbares Opfer. Ein ausgeklügeltes Opfersystem wurde dem Volk verordnet, um die Botschaft zu vermitteln, dass alle Opfer auf das letztendliche Opfer hinwiesen, das die Beziehung zwischen den Menschen und Gott wiederherstellen würde. Jesus Christus war dieses Opfer, aber er wurde auch durch die Priester dargestellt, insbesondere den Hohenpriester, der die Rolle Christi als unser großer Hoherpriester „vorausschattete", wie es im Hebräerbrief dargestellt wird (vgl. Hbr 8,1–5). Daher war alles, was im alttestamentlichen Heiligtumsdienst geschah – all die verschiedenen täglichen und jährlichen Dienste –, und alle Personen, die im Heiligtum Dienst taten, ein kollektives Symbol für Jesus Christus und dessen Erlösungswerk.

Auf der Grundlage verschiedener biblischer Prophezeiungen (speziell aus Daniel 7–9) entwickelte William Miller die Theorie, dass Christi Wiederkunft nahe bevorstehe und „im Jahr 1843" (mit Jahresanfang und -ende gemäß der jüdischen Zählweise) erwartet werden könne. Nach einer ersten Enttäuschung im März 1844 spezifizierten andere den Zeitpunkt, und schließlich stimmten die milleritischen Verkündiger überein, dass die Wiederkunft am 22. Oktober 1844 stattfinden würde. Dieser schicksalhafte Tag wurde jedoch für die Milleriten zum Tag der „großen Enttäuschung", denn er verging ohne irgendein Zeichen für das Kommen Christi.

In den Tagen und Wochen nach dieser entmutigenden Erfahrung fragten sich die Adventgläubigen, was schief gegangen war. Hatte es einen Fehler in ihren Berechnungen gegeben? Oder waren die Berechnungen richtig und der Irrtum lag in dem Ereignis, das an diesem Tag stattfinden sollte? Eine Gruppe dieser Adventgläubigen kam bald zu der Schlussfolgerung, dass an diesem Tag Christus seinen Dienst als Hoherpriester im himmlischen Heiligtum erst begonnen (statt beendet) hatte. Er hätte ein spezielles Werk begonnen, das durch das ausführliche Ritual am großen Versöhnungstag im israelitischen Heiligtumsdienst (3 Mo 16) vorausgeschattet wurde. Sie argumentierten weiter, dass der jährliche Versöhnungstag in gewissem Sinn auch ein Gerichtstag war (vgl. 3 Mo 23,27–30). Die Sünden, die das Volk während des Jahres am Heiligtum bekannt und für die sie ihre Sündopfer gebracht hatten, wurden am *Yom Kippur*, dem Versöhnungstag, ausgetilgt. Dieser jährliche Dienst weise auf das Werk Christi im Himmel während des sogenannten Untersuchungs- oder

Vorwiederkunftsgerichts hin, in dem entschieden wird, wer schließlich errettet oder verlorengehen wird.

Worin liegen die Probleme für viele Adventisten? In der Vergangenheit haben sich die Zweifel besonders auf zwei Angelegenheiten konzentriert. Die ersten betraf die Frage, ob das Erlösungswerk Christi tatsächlich am Kreuz vollbracht wurde oder ob die Sühne unvollständig war, bis Christus sein hohepriesterliches Werk im himmlischen Heiligtum durchgeführt hat. Für viele Adventisten war (und ist) es wichtig zu betonen, dass Christi Opfer am Kreuz endgültig war und sein Versöhnungswerk nicht in eine erste und eine zweite Phase aufgeteilt wird, wie es die traditionelle adventistische Heiligtumslehre anscheinend tut.

Zweitens betrafen die Fragen die Rolle Asasels, der beim Ritual am großen Versöhnungstag in 3. Mose 16 erwähnt wird. Gegen Ende der Zeremonien wurde der Bock, über den der Hohepriester alle Sünden der Israeliten bekannt hatte, in die Wildnis zu Asasel geschickt (V. 10.20–22.26). Gemäß der traditionellen adventistischen Erklärung hat jedes Detail des alttestamentlichen Rituals ein Gegenstück im wahren Versöhnungstag, an dem Christus seinen hohepriesterlichen Dienst versieht. Asasel wird als Synonym für Satan verstanden. Gegen diese Sichtweise erhob sich Protest, denn sie impliziert anscheinend, dass Adventisten glauben, Satan spiele eine Rolle bei der Erlösung von der Sünde.

In jüngerer Zeit sind die Einwände vieler Zweifler an der Heiligtumslehre (ich selbst weitgehend eingeschlossen) mehr allgemeiner Natur und/oder beziehen sich auf andere Aspekte. Die Opponenten finden es schwierig zu akzeptieren, dass es einer Art tatsächlichem Bauwerk im Himmel bedarf mit einer Einrichtung und Gegenständen und zwei getrennten Abteilungen, wie viele Adventisten behaupten. Sie können kaum glauben, dass Jesus Christus im Oktober 1844 von einer Abteilung dieses himmlischen Ortes in die nächste ging, wo er seitdem geblieben ist und daran wirkt sicherzustellen, dass im himmlischen Berichtswesen der menschlichen Sünden keine Fehler gemacht werden. Sie fragen: Müssen wir tatsächlich an solch eine wörtliche Anwendung der alttestamentlichen Symbolik glauben?

Ein wahrscheinlich noch grundlegenderer Einwand ist die Tatsache, dass die traditionelle adventistische Heiligtumslehre nicht mit der neutestamentlichen Beschreibung des himmlischen Heiligtumsdienstes beginnt, wie sie sich im Hebräerbrief findet, sondern mit dem alttestamentlichen Bericht über den Versöhnungstag. Statt das alttestamentliche Ritual im Lichte der Erklärungen zu interpretieren, die wir im Neuen Testament finden, wird diese spätere (inspirierte!) Interpretation dem alttestamentlichen Modus unterworfen.

Für mich ist die Beschreibung der Rolle Christi als unser Mittler entscheidend. Ich bin nicht an seinen Bewegungen an einem himmlischen Ort interessiert, sondern möchte mich auf die zentrale Wahrheit konzentrieren: Jesus Christus ist und bleibt unser Mittler und garantiert unseren unbegrenzten Zugang zu Gott.

DIE BERECHNUNG DES JAHRES 1844

Für viele ist die Bedeutung des Jahres 1844 ein heiliger Aspekt der adventistischen Lehre. Ältere Adventisten werden sich an die Grafiken mit den Darstellungen der 2300 Jahre erinnern mit dem Jahr 457 v. Chr. an einem Ende und 1844 am anderen Ende und dem Symbol des Kreuzes in der Mitte dazwischen. Heute wären die meisten Adventisten, die auf die Wichtigkeit des Zeitpunktes 1844 beharren, nicht in der Lage zu erklären, wie man überhaupt zu dem Datum 22. Oktober 1844 kommt. Tatsächlich erfordert das eine ziemlich komplexe Argumentation. Und die Zweifler sagen, dass es auch eine ganze Reihe von Annahmen erfordert, die sich als ziemlich unsicher erweisen.

Die traditionelle adventistische Lehre hält daran fest, dass Daniel 8,14 eine Zeitvorhersage enthält, die uns in das Jahr 1844 bringt, in dem etwas Bedeutendes im Himmel geschehen sei. Um zu dieser Schlussfolgerung zu kommen, muss man eine Reihe von Schritten gehen. Zuerst muss man akzeptieren, dass das Buch Daniel tatsächlich von einem Propheten geschrieben wurde, der im sechsten vorchristlichen Jahrhundert am babylonischen und später am persischen Königshof wirkte und einige prophetische Botschaften übermittelte, die sich von seiner Zeit bis zum Ende der Weltgeschichte erfüllen sollten. Heutzutage glauben jedoch die meisten Experten des Buches Daniel, dass dieser Teil der Bibel erst im zweiten Jahrhundert vor Christus von einem unbekannten Autor geschrieben wurde, der den Namen des Propheten Daniel benutzte, um seinem Dokument größere Autorität zu verleihen. Heutzutage würde dieses Vorgehen als Täuschung angesehen werden, aber in antiken Zeiten war das eine weit verbreitete Praxis.

In der adventistischen Standardinterpretation bezieht sich die böse Macht (das „kleine Horn"), die in Daniel 7 und 8 eine Schlüsselrolle spielt, auf die Römisch-katholische Kirche. Die meisten Gelehrten argumentieren heutzutage jedoch dafür, dass dieses „kleine Horn" den griechischen König Antiochus IV. Epiphanes symbolisiert, der das jüdische Volk hart bedrängte und den Tempel in Jerusalem im Jahr 168 v. Chr. entweihte (vgl. 1 Makk 1,21–68).

Um zu der traditionellen adventistischen Sichtweise über die Zeitvorhersage der 2300 Tage zu gelangen, die 1844 enden sollen, muss man sich gegen die Ansicht der Mehrheit der Gelehrten wenden und an der Abfassungszeit im sechsten Jahrhundert festhalten und die alternative Theorie verwerfen, die viele überzeugender finden. Es sollte jedoch erwähnt werden, dass es auch einige gute Argumente für die Frühdatierung des Buches Daniel gibt. Persönlich bin ich der Meinung, dass einige Teile eine frühe Abfassungszeit widerspiegeln, während andere Teile zu einer viel späteren Zeit hinzugefügt sein mögen. Es ist jedoch gut zu wissen, dass die Ansichten über das Buch Daniel ziemlich unterschiedlich sind.

Der nächste Schritt, um zu dem Datum 22. Oktober 1844 zu gelangen, besteht darin anzunehmen, dass Daniel 8, wo die Zeitperiode der 2300 Tage erwähnt wird, mit Daniel 9 verbunden ist, wo sich angeblich der Startpunkt dieser prophetischen Zeit findet. Daniel verstand die Vision von Kap. 8,14 über die 2300 Tage nicht und rätselte über deren Bedeutung (Dan 8,26–27). Laut Daniel 9 gab ihm der Engel Gabriel eine Erklärung, in der eine neue Zeitperiode erwähnt wird: 70 Jahrwochen sind für einen bestimmten Zweck „abgeschnitten" worden (so Dan 9,24a wörtlich). Traditionell wurde argumentiert, dass die Zeitperiode der 70 Wochen (= 490 Jahre) der erste Teil der 2300 Tage ist. Wenn wir also den Anfangspunkt der 70 Wochen ermitteln können, dann wissen wir auch, wann die 2300 Tage von Daniel 8,14 begannen. Das Problem, das viele Ausleger sehen, besteht jedoch darin, dass eine beträchtliche Zeitspanne (etwa 12 Jahre) zwischen Daniels Visionen in Kapitel 8 und 9 vergangen war, die die Verbindung zwischen den beiden Kapiteln nicht so wahrscheinlich macht, wie Adventisten traditionell angenommen haben.

Und dann kommt die nächste Hürde. Laut der adventistischen Lehre wird der Ausgangspunkt für die 70 Wochen und damit mutmaßlich für die 2300 Tage in Daniel 9,25 genannt. Dieser Text erwähnt einen Zeitpunkt, an dem ein Herrscher eine Verfügung erlassen würde, die den Juden, die als Exilanten in Babylon lebten, erlauben würde, in ihr Heimatland zurückzukehren und Jerusalem wiederaufzubauen. Gemäß der traditionellen adventistischen Interpretation wurde dieses Dekret durch den persischen König Artaxerxes I. (in der Bibel Artahsasta genannt) im Herbst 457 v. Chr. erlassen. Es gibt jedoch drei derartige Erlasse (vgl. Esra 1,1–4; 6,1–15, 7,6–8.11–26), und nicht alle Ausleger stimmen darin überein, dass sich Daniel 9,25 auf den Erlass des Artaxerxes bezieht; daher können wir nicht 457 v. Chr. als den sicheren Ausgangspunkt der 70 Wochen und der 2300 Tage herauspicken.

Damit sind wir aber noch nicht beim letzten Schritt angekommen, den wir gehen müssen, um schließlich in das Jahr 1844 zu kommen. Eine entscheidende Annahme besteht darin, dass in biblischen Zeitvorhersagen ein *prophetischer Tag* als ein *wörtliches Jahr* zu interpretieren ist. Wenn dies der Fall ist, und wenn die Wahl des Jahres 457 v. Chr. als Anfangsdatum korrekt ist, und wenn die in Daniel 8,14 und 9,25 genannten Zeitperioden gleichzeitig beginnen, dann sind die 2300 Tage tatsächlich 2300 Jahre und reichen bis 1844. Aber gibt es eine solide Grundlage für dieses sogenannte Jahr-Tag-Prinzip?

Das Jahr-Tag-Prinzip ist keine adventistische Erfindung, sondern wurde von vielen Auslegern der biblischen Prophezeiungen in der Vergangenheit benutzt. Dies geschah jedoch in einer Zeit, als die Mehrheit dieser Ausleger die apokalyptischen Vorhersagen (insbesondere in den Büchern Daniel und Offenbarung) als eine

Beschreibung der Weltgeschichte bis zur Wiederkunft Christi ansahen. Heutzutage ziehen die meisten Bibelgelehrten andere Herangehensweisen an diese prophetischen Teile der Bibel vor, und weisen darauf hin, dass die Texte, die gewöhnlich zur Untermauerung dieses Prinzips genannt werden (4 Mo 14,34 und Hes 4,5–6), nicht sehr schlüssig sind – insbesondere, wenn sie in ihrem Kontext gelesen werden. Nur wenige verteidigen noch das Jahr-Tag-Prinzip.[1]

Eine weitere Angelegenheit bezüglich des Datums 22. Oktober 1844, die für die meisten Adventisten (nicht nur für die am Rande) rätselhaft bleibt, ist die spezielle Art des jüdischen Kalenders, die benutzt wurde, um zu bestimmen, auf welchen Tag der jüdische Versöhnungstag (der 10. Tag des 7. jüdischen Monats, Tischri, vgl. 3 Mo 23,27) im Jahr 1844 fiel. William Miller und seine späteren Mitstreiter entschieden sich für den Kalender einer speziellen jüdischen Bewegung, der Karaïten, die besonders genau dem Pentateuch folgt. Für die meisten Gemeindeglieder, die versuchen, die Grundlagen der Heiligtumslehre zu verstehen, bleibt es ein Geheimnis, weshalb sie diesem speziellen Kalender folgten und nicht dem traditionellen jüdischen.

Es gibt noch weitere Probleme. Der hebräische Text von Daniel 8,14 ist sehr schwierig, und daher gibt es unterschiedliche Übersetzungen. In der Lutherbibel lesen wir: „Bis zweitausenddreihundert Abende und Morgen vergangen sind; dann wird das Heiligtum wieder geweiht werden." Die englische *King James-Bibel*, die die frühen Adventisten benutzten, spricht von der Reinigung des Heiligtums. Wörtlichere Übersetzungen besagen, dass „das Heiligtum gerechtfertigt" (EB) oder „wieder in seinen rechtmäßigen Status zurückversetzt" würde (*English Standard Version*). Die ganze Lehre steht oder fällt mit der Identifikation

---

1. Ausführliche Begründungen des Jahr-Tag-Prinzips finden sich in William H. Shea, *Ausgewählte Studien prophetischer Interpretation*, Biblical Research Institute der Generalkonferenz der Siebenten-Tags-Adventisten, Kap. III und IV (Originalausgabe: *Selected Studies on Prophetic Interpretation*, 1982). In Kap. II werden Gründe angeführt, warum Antiochus IV. nicht das „kleine Horn" aus Daniel 8 sein kann.

dieses Heiligtums (wörtlich steht hier im Hebräischen *qodesch,* „Heiliges") und der Interpretation seiner „Reinigung" oder „Rechtfertigung". Für den traditionellen Adventismus, der das Buch Daniel in das sechste Jahrhundert v. Chr. platziert, ist es klar, dass hier das himmlische Heiligtum gemeint sein müsse, da der Tempel in Jerusalem am Ende der 2300 Jahre schon lange nicht mehr existierte, und seine „Reinigung" eine Verbindung zu den Zeremonien am großen Versöhnungstag herstellt.

Viele Adventisten, insbesondere die am Rande, fragen sich, wie etwas so Kompliziertes wie die traditionelle adventistische Heiligtumslehre entscheidend für unseren Glauben sein kann. Sie glauben, dass Christus ihr himmlischer Mittler ist und sie sich wegen ihm ihrer Erlösung gewiss sein können. Die Vorstellung eines wörtlichen Heiligtums im Himmel, wo Christus seit 1844 die letzte Phase seines Erlösungsdienstes vollzieht, erscheint ihnen nicht sehr überzeugend. Und wie relevant kann es heute sein, anderen von etwas zu erzählen, was angeblich 1844 geschah? Ist es nicht viel wichtiger, sich über die Bedeutung der Evangeliumsbotschaft im 21. Jahrhundert Gedanken zu machen?

Es sollte hinzugefügt werden, dass Zweifel über die traditionelle Heiligtumslehre sich nicht auf Gemeindeglieder am Rande beschränkt.[1] Es gibt Anhaltspunkte und einige solide Daten, die nahelegen, dass viele Adventisten tief greifende Bedenken gegenüber der traditionellen Heiligtumslehre haben und insbesondere über die Interpretation von Daniel 8,14 und der

---

1. Siehe Jean-Claude Verrecchia (Lehrer am adventistischen Newbold-College in England), *God of No Fixed Address: From Altars to Sanctuaries, Temples to Houses* (Wipf and Stock, Eugene, Oregon, 2015). Dieses wichtige Buch untersucht neue Wege bezüglich der Heiligtumslehre. Bisher ist es auf Englisch, Französisch und Niederländisch erschienen. Verrecchia spricht sich für eine offene Neueinschätzung der traditionellen adventistischen Sichtweise dieser Lehre aus, nachdem er das weit verbreitete Unbehagen unter Adventisten mit der traditionellen Interpretation betont hat. Siehe auch Werner E. Lange (damals Buchlektor des Advent-Verlages), „Eine erweiterte Deutung von Daniel 8,14", in: *Adventisten heute,* November 2013; erweiterte online-Version verfügbar unter http://www.advent-verlag.de/cms/cms/upload/adventistenheute/AH-2013-11/AH-2013-11_Daniel_8-Update-11_27_2013.pdf.

Berechnungsweise, die auf diesem Text beruht.[1] Es gibt auch mehr als nur anekdotische Evidenz darüber, dass ein bedeutender Prozentsatz der adventistischen Pastoren nicht mehr die traditionelle Sichtweise unterstützt.[2]

Jenen, die Zweifel darüber haben, ob das Konzept mit 1844 ein wesentliches Element der adventistischen Lehre ist, kann ich einen gewissen Trost bieten. Du stehst nicht allein da, wenn du dich dies fragst, sondern befindest dich in der Gesellschaft vieler Adventisten. Wenn ich über das Thema 1844 spreche oder schreibe, erinnere ich mich immer an die Sorge meiner Mutter, dass sie diesen Glaubenspunkt anderen nicht erklären konnte, weil sie sich nicht an alle Einzelheiten erinnern konnte. Sie bekannte mir, dass sie sich deshalb schuldig fühlte. Sie betonte, es wirklich versucht zu haben, aber bald nachdem sie erneut darüber gelesen hatte, würde sie es wieder vergessen. Ich sagte ihr, sie solle sich keine Sorgen machen. Ja, ich erinnerte mich, wie die Argumentationsweise mit 1844 konstruiert war, aber ich fragte mich zunehmend, wie etwas so Kompliziertes eine entscheidende Lehre sein könne, insbesondere wenn sie so wenig für eine treue, lebenslange Adventistin wie meine Mutter bedeutete!

VORHERSAGEN ÜBER DIE ENDZEIT

Ein weiterer Bereich, der eine wesentliche Quelle für Unbehagen und Zweifel unter Adventisten am Rande darstellt, ist die

---

1. Dr. David Trim, Direktor des Office of Archives and Statistics der Kirche der Siebenten-Tags-Adventisten, berichtete auf der Herbstsitzung des Generalkonferenz-Exekutivausschusses über das Ergebnis einer Umfrage unter 4000 Adventisten aus der ganzen Welt; von ihnen gaben 38 Prozent an, dass sie die Lehre über das Heiligtum und das Untersuchungsgericht nicht oder nicht ganz akzeptieren.
2. Eine Umfrage unter über 200 Pastoren in der Region von Los Angeles (USA) im Jahr 2000 ergab, dass 41 Prozent nicht die traditionelle Version der adventistischen Heiligtumslehre akzeptieren. Siehe Aivars Ozolins Veröffentlichung „Doctrinal Dissonance and Adventist Leadership: Recapturing Spiritual Wholeness through Crisis", online unter http://lasierra.edu/fileadmin/documents/religion/School_of_Religion_2011-12/ASRS_2011/05_Aivars_Ozolins_Doctrinal_Dissonance.pdf zu finden.

traditionelle Herangehensweise an die Vorhersagen von Daniel und der Offenbarung im Allgemeinen. Obwohl die Details der traditionellen Interpretation dieser Prophezeiungen nicht in den Glaubensüberzeugungen ausgeführt werden, ist das Äußern von Zweifeln darüber ziemlich verstörend für viele Adventisten, die darauf beharren, dass der Adventismus seine Identität verliert, wenn wir nicht länger „die Wahrheit" so glauben und verkündigen, wie sie in den klassischen Werken von Uriah Smith über Daniel und die Offenbarung erklärt wird oder in einer etwas aktuelleren Version von den heutigen Publikationen unserer offiziellen und (in noch größerem Maße) unabhängiger adventistischer Verlage des „rechten Flügels" dargestellt werden. Persönlich erfuhr ich die Missbilligung des Biblical Research Institute der Generalkonferenz (und einer Reihe von adventistischen Kirchenleitern), als ich meine Doktorarbeit über die adventistische Haltung gegenüber dem römischen Katholizismus geschrieben und für eine kritische Revision einiger unserer traditionellen Sichtweisen plädiert hatte.[1]

Gemäß der adventistischen Interpretation von Daniel und der Offenbarung berichten uns diese biblischen Bücher über die große Auseinandersetzung zwischen Gut und Böse durch die Zeitalter hindurch. Die Symbole werden auf historische Ereignisse und auf bestimmte politische und geistliche *Mächte* angewandt und manchmal auch auf eindeutig zu identifizierende *Personen* der Vergangenheit, Gegenwart und Zukunft. Der Abfall in der christlichen Kirche soll in der päpstlichen Kirche seinen Höhepunkt erreicht haben, als sie in der Vergangenheit Gottes Volk verfolgt hat und das mit noch größerer Rache in der Zukunft wieder tun wird – mit der Unterstützung des „abgefallenen" Protestantismus und verschiedener okkulter Mächte. Alles läuft unaufhaltsam auf einen düsteren Höhepunkt kurz vor der Wiederkunft Christi zu, wenn ein kleiner Überrest von treu gebliebenen Gläubigen der unbarmherzigen Gegnerschaft aller

---

1. Reinder Bruinsma, *Seventh-day Adventist Attitudes toward Roman Catholicism, 1844-1965*, Andrews University Press, Berrien Springs (Michigan) 1994.

Feinde Gottes entgegentreten muss, die zusammen das geistliche „Babylon" der Offenbarung bilden.

Dieser Überrest ist gemäß dieser Sichtweise die Kirche der Siebenten-Tags-Adventisten bzw. die Kerngruppe der Gemeindeglieder, die der Wahrheit der drei Engelsbotschaften von Offenbarung 14 treu bleiben. In dieser letzten Auseinandersetzung wird der Sabbat eine immer wichtigere Rolle spielen. Sonntagshalter werden am „Malzeichen des Tieres" erkannt werden (Offb 13,16–17 EB), während Sabbathalter das „Siegel Gottes" tragen werden (Offb 7,2–3). Sonntagsgesetze werden in einer weltweiten, tödlichen Kampagne gegen Gottes „Übrige" verkündet werden, in der der römische Katholizismus mit der Unterstützung des abgefallenen Protestantismus mit den Vereinigten Staaten von Amerika zusammenarbeiten wird.

Zugegebenermaßen brandmarken die meisten Adventisten, die diese Sichtweise vertreten, nicht alle Nichtadventisten als Teil „Babylons" und verurteilen nicht alle Mitchristen, die Gott nach bestem Wissen und Gewissen dienen. Es ist jedoch eindeutig, dass dieses gesamte adventistische prophetische Szenario zu keinerlei engen Verbindung mit anderen christlichen Gemeinschaften oder zur Kooperation mit anderen Kirchen ermutigt. Alle positiven Signale von ökumenischen Organisationen gegenüber der adventistischen Kirche werden tendenziell mit Misstrauen betrachtet, weil wir (meinen zu) wissen, wohin sie schließlich führen werden.

Es ist eine Untertreibung zu sagen, dass sich viele Adventisten am Rande mit diesem generellen Szenario nicht mehr wohlfühlen. Sie stellen die Richtigkeit vieler der historischen Anwendungen infrage, die gemacht wurden. Sie wissen, dass in der Vergangenheit viele Interpretationen verändert werden mussten, als die Ereignisse sich nicht in der Weise entwickelt hatten, wie es erwartet wurde. Sie fragen sich, ob Katholiken tatsächlich unsere Feinde sind und ob andere Christen unser Misstrauen verdienen. Und sie fragen: Ist die katholische Kirche von Papst Franziskus dieselbe wie die mittelalterliche Institution, die die Inquisition durchführte? Stehen nicht alle Christen in der heutigen Welt vor denselben Herausforderungen? Ist der grassierende Säkularismus unserer Zeit nicht eine viel größere Gefahr als die Formen des Christentums, die sich vom Adventismus unterscheiden? Sollten wir uns über das Grassieren des Islam – selbst in Westeuropa – nicht viel größere Sorgen machen als über die ökumenische Bewegung, die einige Aspekte haben mag, die wir nicht mögen?

Selbst wenn man zustimmt, dass der Adventismus zu Recht beansprucht, eine spezielle Botschaft verkündigen zu müssen, die einige Aspekte des Evangeliums betont, die von anderen Kirchen vernachlässigt werden – rechtfertigt das die Überzeugung, dass nur Adventisten die „Gemeinde der Übrigen" bilden werden und deshalb die einzige Glaubensgemeinschaft ist, die es am Ende „schaffen" wird? Für Gemeindeglieder am Rande bilden die traditionellen adventistischen prophetischen Ansichten mehr und mehr einen Anlass zu Zweifeln. Sie fragen sich: *Möchte ich in dieser Atmosphäre leben, in der es als gegeben angenommen wird, dass wir die einzigen sind, die Recht haben, und alle anderen sich irren? Sollte ich mich nicht viel eher auf Jesus als meinen Freund konzentrieren als auf andere Christen als meine Feinde?*

Es war gut, dass der Lehrer, der in meinen ersten Jahren auf einem adventistischen College versuchte, uns zu helfen, die Bücher Daniel und Offenbarung zu verstehen, immer wieder hervorhob, dass nicht alle adventistischen Ausleger sich in allen Angelegenheiten einig waren und es bedeutende Veränderungen in den adventistischen Erklärungen gegeben hatte. Die Ansichten über die prophetische Rolle der Türkei in der Zeit des Ersten Weltkrieges hatten sich als fehlerhaft erwiesen, und andere Vorhersagen auf der Basis von Daniel und der Offenbarung waren ebenfalls nicht eingetroffen. Als ich meine Collegeausbildung begann, war „Harmagedon" ein heißes Thema (vgl. Offb 16,13–16). Die Wogen gingen hoch über die Frage, ob sich dies auf einen wörtlichen letzten Kampf (über Öl!) irgendwo im Nahen Osten bezieht oder es ein symbolischer Begriff für einen geistlichen Kampf in der Endzeit ist, wenn jeder Mensch sich entscheiden muss, auf welcher Seite er steht? Allmählich wurde die letzte Sichtweise die dominierende.

Dieses und viele andere Beispiele führen mich dazu vorzuschlagen, dass wir vorsichtig sein sollten, eine genaue Zeittafel aufzustellen oder ein detailliertes Endzeitszenario auf der Grundlage dieser beiden biblischen Bücher zu entwickeln. Es ist viel wichtiger, die darunter liegende Botschaft für alle Zeiten zu verstehen, und es zu unterlassen, diese apokalyptischen Bücher als ein Puzzle anzusehen, bei dem Dutzende Teile zusammenpassen müssen. Im letzten Kapitel werde ich kurz auf diesen wichtigen Punkt zurückkommen.

DIE ROLLE ELLEN G. WHITES

Eine Angelegenheit, die ebenfalls eine sorgfältige Betrachtung erfordert, ist unsere Haltung gegenüber Ellen G. White. Ich bin der Letzte, der sagen würde, dass sie keine Bedeutung mehr für die Kirche der Siebenten-Tags-Adventisten hat. Anderseits kann ich die Probleme gut verstehen, die viele Adventisten am Rande damit haben, wie sie häufig auf einen Sockel gestellt wird, und mit der Art und Weise, wie viele ihre Schriften als das letzte Wort in einer Angelegenheit benutzen. Es ist höchste Zeit, dass wir eine realistische Sicht über die Person und das Wirken Ellen Whites bekommen.

Wenige Adventisten – falls überhaupt welche – werden leugnen, dass Ellen White eine sehr wichtige Rolle in der adventistischen Kirche gespielt hat. Sie wird heutzutage oftmals und zu Recht als eine der drei Mitbegründer unserer Kirche bezeichnet. Die allermeisten Adventisten werden auch zustimmen, dass sie eine außergewöhnliche Frau war, die trotz einer sehr begrenzten Schulbildung einen wesentlichen Einfluss auf das Denken der frühen Adventisten und auf die Entwicklung der Philosophie unserer Kirche in Bereichen wie Bildung, Gesundheit und Evangelisation hatte. Die Meinungen gehen auseinander, wenn ihre Fähigkeiten und Leistungen als Ergebnis der prophetischen Gabe beschrieben werden und sie in den Status einer Prophetin erhoben wird.

Als Ellen White 1915 starb, war ihr Status nicht so erhoben, wie er es in manchen Kreisen unserer Kirche heute ist. Tatsächlich widerstanden die Leiter unserer Kirche den Plänen von William White, dem ältesten Sohn Ellens, all das Material zu publizieren, das sie in unveröffentlichter Manuskriptform hinterlassen hatte.¹ Später, in den 1920er- und 30er-Jahren, begann sich das Blatt zu wenden. Eine fundamentalistischere Sichtweise der Inspiration erlangte zunehmende Unterstützung in unserer Kirche, und sie betraf auch die Ansichten über die Schriften Ellen Whites. Diese Veränderung der Haltung führte unter anderem zur Herausgabe einer langen Reihe von Zusammenstellungen (*compilations*), das heißt: von Sammlungen von Zitaten aus allem, was sie über ein bestimmtes Thema geschrieben hatte (oftmals ohne Berücksichtigung des Kontextes).²

Als immer mehr Bücher von Ellen White veröffentlicht, in viele Sprachen übersetzt und stark beworben wurden, wurde die Rolle des „Geistes der Weissagung" immer ausgeprägter. Selbst in Teilen Europas, in denen man diesem Trend ziemlich zögerlich gegenüberstand – insbesondere von Leitern wie Ludwig R. Conradi –, hat sich die Situation verändert. In meiner Heimat, den Niederlanden, waren die Pastoren gewöhnlich im Predigerseminar Neandertal ausgebildet worden, aber nach dem Zweiten Weltkrieg gingen sie auf das Newbold-College in England, wo Ellen White eine viel wichtigere Rolle zugeschrieben wurde.

Diese Entwicklung ging nicht unangefochten vonstatten. 1976 warf der Historiker Ronald L. Numbers (geb. 1942) einen Stein in den adventistischen See, der auf der ganzen Welt Wellen erzeugte. Sein Buch *Prophetess of Health: A Study of Ellen G. White* blieb trotz großer Anstrengungen der Leiter der Kirche zur Schadensbegrenzung recht einflussreich. Numbers stellte Ellen Whites Ansichten über die Gesundheit in den Kontext des 19. Jahrhunderts und brachte überzeugende Beweise, dass die meisten ihrer Ratschläge über eine gesunde Lebensweise und

---

1. Die Geschichte des Konfliktes zwischen William White und seiner Familie und den Leitern der Generalkonferenz wird in dem sorgfältig recherchierten Buch von Gilbert Valentine *The Struggle for the Prophetic Heritage* beschrieben (Institute Press, Muak Lek, Thailand 2006).
2. Einige bekannte der vielen Zusammenstellungen sind *Adventist Home* (Auszüge in *Glück fängt zu Hause an*), *Messages to Young People* (*Ruf an die Jugend*), *Last Day Events* (*Christus kommt bald*), *Counsels on Diet and Foods* (*Bewusst essen – bewusst leben*) und *Counsels on Sabbath School Work* (*Ratschläge für die Sabbatschule*).

einfache Naturheilverfahren nicht so einzigartig waren, wie bis dahin behauptet worden war. Tatsächlich war das meiste dessen, was sie schrieb und befürwortete, eindeutig von anderen „Gesundheitsreformern" jener Zeit inspiriert.[1]

Eine weitere Schockwelle, die eher einem Tsunami im adventistischen See glich, löste 1982 ein Buch des adventistischen Pastors Walter Rea aus. Er präsentierte unleugbare Beweise, dass Ellen White viel von anderen Autoren übernommen und oftmals lange Abschnitte abgeschrieben hatte, ohne die Quellen anzugeben.[2] Andere Entdeckungen folgten diesem Plagiatsvorwurf. Donald R. McAdams legte beispielsweise eine detaillierte Studie der historischen Fehler in einigen Büchern Ellen Whites vor, hauptsächlich in *Der große Kampf zwischen Licht und Finsternis*.[3]

Das Ellen G. White-Estate – die Organisation, die für die Aufsicht über das literarische Erbe Ellen Whites zuständig ist – tat alles, was es konnte, um den Stachel aus diesen schädigenden Offenbarungen zu nehmen. Es gab auch (nach meiner Ansicht nicht immer zufrieden stellende) Antworten auf schwierige Fragen heraus, die über einige ungewöhnliche Aussagen Ellen Whites gestellt worden waren.[4] Andere Autoren wollten ihre Autorität und Bedeutung aufrechterhalten, betonten aber mehr die menschliche Seite der Prophetin, als es davor getan worden war.[5]

---

1. Ronald L. Numbers, *Prophetess of Health: A Study of Ellen G. White*, Harper & Row, New York 1976.
2. Walter Rea, *The White Lie*, M & R Publications, Turlock (Kalifornien) 1982.
3. Siehe Donald R. McAdams, *Shifting Views of Inspiration: Ellen White Studies in the 1970s* (1980), online unter https://archive.org/stream/DonaldR.McadamsShiftingViewsOfInspirationEllenWhiteStudiesInThe1980_mcadams_shiftingViewsOfInspiration_ellenWhiteStudiesInThe1970s_spectrum_v10_n4_27-41_djvu.txt.
4. Siehe http://www.whiteestate.org/issues/issues.asp.
5. Wie z. B. George R. Knight in seinen populären Büchern *Ellen White lesen und verstehen* und *Ellen Whites Leben und Welt* (Advent-Verlag, Lüneburg 2001). Ebenso Graeme Bradford, *Prophets are Human und People are Human* (*Look what they did to Ellen White*), Signs Publishing House, Warburton (Australien), 2004 bzw. 2006, und Alden Thompson, *Sind Propheten unfehlbar? Wie Ellen G. White mein Inspirations- und Gesetzesverständnis veränderte*, Advent-Verlag, Lüneburg 2007.

Ich habe zwei kürzlich erschienene Bücher als sehr hilfreich empfunden, um ein realistischeres Bild Ellen Whites zu bekommen. Gilbert Valentine untersuchte die Dynamik in den Beziehungen zwischen Ellen White und drei Generalkonferenzpräsidenten. Es zeigt deutlich, dass Ellen White starke Ansichten über deren (mangelnde) Tauglichkeit für ihr Amt hatte und wie sie in ihrem Umgang mit ihnen manchmal ziemlich politisch oder sogar manipulativ war.[1] Ein weiteres Buch mit Abhandlungen von 18 adventistischen und nichtadventistischen Gelehrten behandelt auf einer akademischeren Ebene viele Aspekte der Person und des Wirkens Ellen Whites. Es präsentiert Informationen über sie, die bisher wenig bekannt oder völlig unbekannt waren.[2] Eine Antwort auf dieses und andere kürzlich erschienene Bücher, die vom White-Estate koordiniert worden ist, zeigt, dass die Kirche offenbar den Eindruck hat, dass die Forschungsarbeiten von Gelehrten, die verschiedene problematische Angelegenheiten hervorgehoben haben, nicht unbeantwortet bleiben sollten.[3] Das ist alles Teil eines Prozesses, der ohne Zweifel weitergehen wird.

Viel hängt natürlich davon ab, wie der Begriff „Prophet" definiert wird. War Ellen White eine Person, die von Gott in der Anfangsphase der adventistischen Glaubensgemeinschaft gebraucht wurde wie zum Beispiel Martin Luther in der Zeit der protestantischen Reformation oder John Wesley in der Entwicklungsphase des Methodismus? Oder war sie eine Prophetin, die in dem Sinne inspiriert war, dass alles, was sie geschrieben hat, in jedem Detail auf uns angewandt werden soll, die wir unter ganz anderen Umständen leben und die Kirche „betreiben"? Sollen wir uns auch für eine „schlichte Lesart" bezüglich der Schriften Ellen Whites entscheiden? Und ist das,

---

1. Gilbert M. Valentine, *The Prophet and the Presidents – Power, Politics and Change 1887–1913*, Pacific Press, Nampa (Idaho) 2011.
2. Terry Dopp Aamodt, Gary Land und Ronald L. Numbers, Hg., *Ellen Harmon White: American Prophet*, Oxford University Press, New York 2014.
3. Merlin D. Burt, Hg., *Understanding Ellen White, The Life and Work of the Most Influential Voice in Adventist History*, Pacific Press, Nampa (Idaho) 2015.

was sie sagte und schrieb, das letzte Wort über die Interpretation der Bibel und das entscheidende Kriterium, um die richtige Lehre (die „Wahrheit") zu bestimmen?

Während die offizielle adventistische Lehre eindeutig ist, dass Ellen White zwar die prophetische Gabe besaß, aber nicht dieselbe Autorität wie die Bibel besitzt, sind viele Adventisten am Rande beunruhigt über die unleugbare Tatsache, dass in der tatsächlichen Praxis ihre Aussagen nicht im Lichte der biblischen Schriften geprüft werden, sondern dass es oft umgekehrt ist. Viele benutzen offenbar Ellen White als einen unfehlbaren Führer zur korrekten Bedeutung und Anwendung der Bibel. Darüber hinaus werden ihre Aussagen oft auf heutige Situationen angewandt, ohne den völlig anderen Zusammenhang zu beachten, in dem sie lebte und wirkte. Viele Adventisten – nicht nur die am Rande – sind verärgert, wenn eine Predigt mehr Zitate von Ellen White als aus der Bibel enthält (was leider häufig geschieht) und wenn das Mantra „Ellen White sagt …" (oder gar: „Der Geist der Weissagung sagt …") benutzt wird, um alles zu begründen.

Zugegebenermaßen haben viele, die Ellen White kritisieren, kaum ihre Bücher gelesen und wissen wenig über ihre wichtige Rolle in der frühen Adventgeschichte. Aber es wäre zu einfach zu sagen, dass irgendwelche Zweifel über den Dienst Ellen Whites schnell verschwinden würden, wenn Gemeindeglieder einfach mehr von dem lesen, was sie geschrieben hat. Es gibt viele, die solche Bücher von ihr wie *Patriarchen und Propheten*, *Das Leben Jesu* und *Der große Kampf* gelesen und darin viele erbauliche und inspirierende Gedanken gefunden haben. Aber sie sind nicht notwendigerweise davon überzeugt, dass alles, was Ellen White schrieb, historisch völlig korrekt ist und ihre Sichtweise von biblischen und historischen Ereignissen die einzig mögliche Perspektive darstellt. Darüber hinaus haben sie auch einiges *über* Ellen White gelesen und entdeckt, dass sie nicht immer das für sich beansprucht hat, was viele ihrer Bewunderer für sie beanspruchen. Und zu ihrer Bestürzung haben sie auch erfahren, dass sie häufig in ihren Büchern Material von anderen Autoren „geborgt" hat. Sie haben entdeckt, dass Ellen White eine ganz normale Frau war (weit davon entfernt, vollkommen zu sein), die nicht durchgängig dasselbe sagte, ihre Meinung geändert und manchmal ihre Denkweise mit den Jahren modifiziert hat.

Gemeinsam mit vielen Adventisten am Rande protestiere ich gegen die Art und Weise, in der Ellen White oftmals auf einen Sockel gestellt und zur entscheidenden Schiedsfrau für alles gemacht wird. Wie ihnen missfällt mir dieser Trend in mancher Ortsgemeinde, wenn Ellen White als Heilige behandelt und als Instrument benutzt wird, um andere Gemeindeglieder zu kritisieren, die in einer theologischen oder den Lebensstil betreffenden Angelegenheit eine andere Meinung haben. Und wie sie spüre ich eine Abneigung, wenn hohe Kirchenleiter Ellen Whites Aussagen benutzen – oftmals völlig aus dem Zusammenhang gerissen –, um jedes Problem zu lösen und jede Frage zu beantworten. Tatsächlich glaube ich, wie viele Gemeindeglieder am Rande, dass die Art und Weise, in der Aussagen Ellen Whites bzw. des „Geistes der Weissagung" *benutzt* werden (diesen Begriff wähle ich absichtlich), die Gefahr in sich birgt, die adventistische Kirche zu einer Sekte zu machen.

Für mich besteht die Frage nicht darin, ob Ellen White als eine göttlich inspirierte Person angesehen werden muss, die eine entscheidende Rolle im frühen Adventismus spielte und weiterhin viele Gläubige durch ihre geistlichen Einsichten inspiriert. Die Frage ist, in welcher Weise Gott sie inspiriert hat. Wenn wir alle Belege ansehen – und die oben erwähnten Studien haben uns sehr geholfen, zu einem besseren Verständnis zu gelangen –, erkennen wir, dass Ellen White in einem bestimmten historischen Kontext sprach und schrieb – mit ihrem einzigartigen methodistischen Hintergrund aus dem 19. Jahrhundert – und beeinflusst wurde von den Menschen, denen sie begegnete, und den Büchern, die sie las.

Es ist offensichtlich, dass inspiriert zu sein nicht bedeutet, dass jedes einzelne Wort von ihren Lippen oder aus ihrer Feder auf irgendeine übernatürliche Weise offenbart wurde. Viele Auseinandersetzungen in der adventistischen Kirche hätten vermieden werden können, wenn ihre früheren Leiter williger gewesen wären, allen Gemeindegliedern das mitzuteilen, was viele von ihnen schon lange über Ellen White wussten.

Allmählich ist versucht worden, ein vollständigeres Bild darüber zu vermitteln, wie Ellen White wirkte und wie ihre Bücher entstanden sind. Insbesondere der Kirchenhistoriker George R. Knight hat wesentlich dazu beigetragen. Viele Adventisten müssen ihre lang gehegten Ansichten korrigieren und eine menschlichere Ellen White entdecken anstelle einer Prophetin, die das letzte, göttlich inspirierte Wort über alles besitzt und deren Aussagen sogar die Autorität der Bibel übersteigen.

In biblischen Zeiten redeten viele Propheten im Namen Gottes. Einige von ihnen werden nur nebenbei in der Bibel erwähnt, und selbst einige der „großen" Propheten wie Elia und Elisa haben uns keine Schriften hinterlassen. Andererseits mögen die Schriftpropheten mehr geschrieben haben, als wir heute im biblischen Kanon finden. Mit der Zeit wurde eine Auswahl getroffen und der biblische Kanon etabliert. Dies muss – so denke ich – richtungweisend sein im Hinblick auf die Schriften Ellen Whites. Die Zeit wird das Ihre tun, und allmählich mag sich ein Konsens darüber herausstellen, was als Kern dessen angesehen werden soll, was sie geschrieben hat. Meiner Ansicht nach stünden solche Bücher wie *Der bessere Weg* (früher *Der Weg zu Christus*), *Das Leben Jesu* (illustrierte Neuausgabe *Der Sieg der Liebe*) und *Bilder vom Reiche Gottes* (früher *Christi Gleichnisse*) zuoberst auf der Liste. Adventisten, die einen guten Eindruck von dem gewinnen wollen, was sie geschrieben hat und wie man von ihren Schriften persönlich profitieren kann, sollten mit diesen oder ähnlichen Büchern beginnen.

Adventisten am Rande der Gemeinde, die Probleme mit der Rolle Ellen Whites haben, täten gut daran, einige der Bücher zu lesen, die ich hier erwähnt habe oder auf die in den Fußnoten verwiesen wurde. Es wird ihnen helfen, eine ausgewogene Sichtweise Ellen Whites zu bekommen. Viele der Prinzipien, die sie betont hat, sind heute für uns immer noch wertvoll. Aber wenn wir ihre Bücher lesen, sollten wir nicht vergessen, dass sie im viktorianischen Zeitalter schrieb und den Begrenzungen der wissenschaftlichen Erkenntnis jener Zeit unterlag. Darüber hinaus war sie keine ausgebildete Historikerin oder Theologin. Ihre historischen Bezüge sind nicht hieb- und stichfest, und ihr Gebrauch der

Bibel folgt oftmals der Beweistext-Methode. Die Sprache, die sie benutzte, ist für viele von uns heute umständlich, und wir können kaum erwarten, dass insbesondere junge Leute in großer Zahl zu ihren Schriften greifen.

All dies bedeutet nicht, dass ihre Schriften keinen Nutzen mehr für uns heutige Adventisten besitzen, aber wir sollten in ihnen nicht mehr suchen, als wir vernünftigerweise erwarten können. Als Adventisten tun wir gut daran, die von ihr selbst geschriebenen vollständigen Bücher (eher als die späteren Zusammenstellungen) als Andachtslektüre zur Bereicherung unseres geistlichen Lebens wertzuschätzen. Letzten Endes glaube ich, dass wir viele Gründe haben, dankbar für das zu sein, was Gott der adventistischen Kirche durch den Dienst Ellen Whites gegeben hat.

ANGELEGENHEITEN DES LEBENSSTILS

Neben bestimmten Lehren, die viele Gemeindeglieder fragen lassen: *Kann ich sie noch glauben?*, sind Angelegenheiten des Lebensstils Anlass für oft gehörte Zweifel. Wie biblisch sind die adventistischen „Regeln" über Nahrungsmittel, Schmuck, Freizeitgestaltung, Zusammenleben ohne Trauschein (einschließlich gleichgeschlechtlicher Beziehungen)? Sind einige dieser Einschränkungen nicht einfach Überreste eines calvinistisch-puritanischen Erbes, das in den Neuenglandstaaten der USA im 19. Jahrhundert herrschte? Basieren viele von ihnen nicht in erster Linie auf Aussagen Ellen Whites statt auf denen der Bibel? Stehen nicht zumindest einige dieser Verbote im Konflikt mit dem evangelischen Prinzip der Freiheit in Christus?

Fairerweise muss gesagt werden, dass Zweifel in diesem Bereich manchmal ein Verlangen widerspiegeln, sein eigenes Verhalten zu rechtfertigen, und oftmals nicht gründlich durchdachte, theologisch begründete Zweifel sind. In vielen Fällen wurzeln Lebensstilangelegenheiten tief in kulturellen Gegebenheiten, und die Ansichten darüber spiegeln eher die eigene Meinung darüber wider als ein klares „So spricht der Herr". Wenige – falls überhaupt jemand – werden bestreiten, dass Adventisten sich christlich verhalten und ihr tägliches Leben nach biblischen

Prinzipien ausrichten sollten. Dennoch müssen wir die Freiheit des Evangeliums bei der Interpretation dieser Prinzipien gemäß unserem eigenen Gewissen in Anspruch nehmen – mit der Bereitschaft, unsere Ansichten zu ändern, wenn wir zu einem besseren Verständnis der zugrunde liegenden Prinzipien kommen. Und muss ich noch erwähnen, dass wir es unterlassen sollten, einander zu richten oder andere zu drängen, die Regeln zu akzeptieren, die wir für uns selbst erkannt und angenommen haben?

Es könnte noch viel mehr über Zweifel an bestimmten Glaubenslehren gesagt werden, aber nun ist es höchste Zeit, zu der wichtigen Frage überzugehen, ob eine Kirchenorganisation Loyalität gegenüber einer langen Reihe von Lehren verlangen kann, ohne eine Meinungsvielfalt zu erlauben und ohne Toleranz jenen gegenüber zu fordern, die Ansichten vertreten, die sich von den offiziellen Kirchenlehren unterscheiden, wie sie in den 28 Glaubensüberzeugungen formuliert worden sind. Können jene Gemeindeglieder, die einige davon bezweifeln, immer noch als „wahre" Adventisten angesehen werden? Können sie mit gutem Gewissen adventistische Gemeindeglieder bleiben? Müssen sie am Rande bleiben, oder können sie am Gemeindeleben vollständig teilnehmen? Können sie für sich eine befriedigende Rolle in der Kirche der Siebenten-Tags-Adventisten (wieder)finden? Oder verlangt die Aufrichtigkeit einen vollständigen Ausstieg aus der adventistischen Gemeinschaft? Das wird das Thema des nächsten Kapitels sein.

KAPITEL 9

Was genau muss ich alles glauben?[1]

In der Zeit, als unser Sohn die christliche Grundschule in der niederländischen Stadt besuchte, in der wir lebten, bot meine Frau der Schule an, Schülern zu helfen, ihre Lesefähigkeit zu verbessern. Ihr Angebot wurde geschätzt, aber es gab ein kleines Problem: Diese Schule hatte eine ausdrücklich calvinistische Identität und verlangte von allen Lehrern und Freiwilligen, eine Erklärung zu unterzeichnen, dass sie den sogenannten „drei Formen der Einheit" zustimmten. Meine Frau hatte noch nie etwas von diesen drei Dokumenten gehört; daher wollte sie nicht etwas unterzeichnen, was sie nie gelesen hatte. Letztendlich bot sie ihre Dienste der benachbarten öffentlichen Schule an.

Was sind diese „drei Formen der Einheit"? Es handelt sich um drei Dokumente, die die niederländischen Calvinisten auf einer Synode 1619 als verbindlich festgelegt haben. Das bekannteste davon ist der Heidelberger Katechismus, das zweite das Belgische Bekenntnis. Das dritte hat mit der Auseinandersetzung über den „freien Willen" zu tun, die zwischen den nach Jakobus Arminius (1560–1609) genannten Arminianern (sie betonten die Freiheit

---

1. Dieses Kapitel enthält Material, das in meinen wöchentlichen Blogs (www.reinderbruinsma.com) vom 31. Juli, 6. und 13. August 2015 veröffentlicht wurde und in einem Kapitel, das ich für die *Festschrift* für Dr. Jon Dybdahl verfasst habe: „Are all truths Truth? Some Thoughts on the Classification of Beliefs", in: Rudi Maier, Hg., *Encountering God in Life and Mission – A Festschrift Honoring Jon Dybdahl*, Department of World Mission, Andrews University, Berrien Springs 2010, S. 173–188.

der Entscheidung in der Erlösung) und denen tobte, die die doppelte Prädestination lehrten. Obwohl die Schuladministratoren erklärten, dass die Unterzeichnung der Erklärung eine bloße Formalität sei, störte sich meine Frau an der Tatsache, dass sie verpflichtet war, ihre Zustimmung zu diesen alten Dokumenten und den lehrmäßigen Ansichten darin zu erklären.

Bis heute gehören diese drei Dokumente zu den sogenannten Bekenntnisschriften der Protestantischen Kirche in den Niederlanden (PKN, eine 2004 gebildete Vereinigung von zwei reformierten und einer protestantischen Kirche). Bedeutet dies, dass die Mitglieder dieser Kirche (und anderer Kirchen calvinistischer Tradition in den Niederlanden und anderen Ländern) wissen, was diese Dokumente enthalten? Ich befürchte, dass die meisten keines davon gelesen haben und bestenfalls eine vage Vorstellung über ihren Inhalt haben. Aber viele Diskussionen über bestimmte Aussagen dieser Dokumente haben gezeigt, dass es selbst heute extrem schwierig ist, auch nur einen einzigen Absatz oder einige wenige Worte darin zu verändern. Dahin führt es normalerweise, wenn eine Kirche ein Glaubensbekenntnis (Credo) annimmt.

Genau an eine solche Entwicklung dachten die frühen Leiter der Adventisten, als sie es ablehnten, ein formelles Glaubensbekenntnis anzunehmen. Sie hatten gesehen, dass in den Glaubensgemeinschaften in den Vereinigten Staaten solche Dokumente fast denselben Grad an Autorität angenommen hatten wie die Bibel, und hatten erfahren, wie schwierig es war, eine offene Diskussion selbst über Nebenaspekte eines formellen Glaubensbekenntnisses zu führen. Alles war ein für alle Mal definiert, und man musste an dem festhalten, was weise Männer in der Vergangenheit entschieden hatten. Die adventistischen Leiter verkündeten daher laut und stolz: „Die Bibel ist unser Glaubensbekenntnis. Wir lehnen jedes von Menschen verfasste Glaubensbekenntnis ab."[1]

---

1. *Advent Review and Sabbath Herald*, 8. Oktober 1861, S. 148; siehe dazu George R. Knight, *Es war nicht immer so ... Die Entwicklung adventistischer Glaubensüberzeugungen*, Advent-Verlag, Lüneburg 2002, S. 17f.

Aber allmählich verschwand die Abneigung, ein Glaubensbekenntnis zu entwickeln. Und heute haben wir ein Dokument, das als die „28 Glaubensüberzeugungen der Siebenten-Tags-Adventisten" bekannt ist. Es ist zu mehr als einer Auflistung der wichtigsten adventistischen Glaubenspunkte geworden; sie sind zu einem Prüfstein der Rechtgläubigkeit geworden. Unterm Strich bedeuten sie: *Dies alles musst du glauben, wenn du wirklich Mitglied unserer Kirche sein willst.*

Bedeutet dies, dass alle Siebenten-Tags-Adventisten mehr oder weniger wissen, was die 28 Glaubensüberzeugungen enthalten? Sicher nicht! Manchmal habe ich das etwas erforscht und bin zu dem Schluss gekommen, dass die meisten niederländischen Adventisten in der Lage sein mögen, etwa ein Dutzend der Glaubenspunkte aufzulisten. Und wenn wir ehrlich sind, müssen wir zugeben, dass die meisten neu getauften Mitglieder keine klare Vorstellung über den Inhalt vieler dieser 28 Glaubensüberzeugungen besitzen. In entfernten Ländern ist die Situation wahrscheinlich nicht besser. Ich bezweifle, dass die meisten der 30 000 Personen, die vor nicht langer Zeit nach einer einige Wochen dauernden Evangelisationskampagne in Zimbabwe getauft worden sind, oder die mehr als 100 000 Männer und Frauen, die im Mai 2016 in Ruanda getauft wurden, in der Lage sind, mehr als eine Handvoll der adventistischen Glaubenspunkte aufzuzählen. Oberste Leiter unserer Kirche waren in diese Massentaufen involviert und priesen Gott für die „reiche Seelenernte". Doch dieselben Kirchenleiter haben bei verschiedenen Gelegenheiten geäußert, dass man kein guter Adventist sein könne, wenn man nicht allen 28 Glaubensüberzeugungen zustimme. Es hat den Anschein, dass hier etwas nicht zusammenpasst.

Zweifelsohne sind die 28 Glaubensüberzeugungen ein wichtiges Dokument; dennoch dürfen wir es nicht wichtiger nehmen, als es tatsächlich ist. Die Glaubensüberzeugungen dürfen niemals den sterilen Status eines Glaubensbekenntnisses annehmen, das als eine Kontrollliste benutzt werden kann, um die Rechtgläubigkeit (oder deren Mangel) eines Adventisten festzustellen. Das steht völlig im Widerspruch zur adventistischen Tradition.

BRAUCHEN WIR GLAUBENSLEHREN?

Viele fragen sich: *Brauchen wir wirklich Glaubenslehren? Und falls ja: Welche Lehren sind entscheidend und welche weniger wichtig?* Im Denken vieler Christen sind Glaubenslehren oder Dogmen mit Theologie und mit einer rein intellektuellen Herangehensweise an den Glauben verbunden. *Warum* – fragen sich viele – *ist es nicht genug, einen einfachen, kindlichen Glauben zu haben?*

Obwohl der Glaube und die Lehre manchmal in Spannung zueinander stehen mögen, sind sie keine Gegensätze, sondern eng miteinander verbunden und ergänzen einander. Lehren bzw. Theologie *resultieren* aus dem Glauben, *fördern* aber auch unseren Glauben. Gemäß der bekannten Aussage des mittelalterlichen Theologen Anselm von Canterbury ist „der Glaube auf der Suche nach Verständnis". Diese Suche ist nicht lediglich ein individuelles Forschen nach Wahrheit, sondern findet im Kontext einer Gemeinschaft statt. Eine Gemeinschaft von Gläubigen möchte natürlich verstehen, was sie glaubt, und will dies in irgendeiner systematischen Form beschreiben. Sie möchte die Implikationen ihres Glaubens in Theorie und Praxis kennen. Die meisten Christen werden sagen, dass die Lehren, an die sie glauben, auf die Bibel gegründet sind – aber das ist eine zu starke Vereinfachung, denn die Bibel zu lesen und zu studieren geschieht nicht in einem Vakuum, sondern stets in einer Gemeinschaft, in einem geschichtlichen Zusammenhang und in einer bestimmten Kultur. Viele unterschiedliche Glaubensgemeinschaften berufen sich auf die Bibel als ihre einzige Grundlage.

Meiner Meinung nach können wir die Rolle von Lehren in unserer Glaubenserfahrung mit der der Grammatik im Bereich der Sprache vergleichen. Die Grammatik ist nicht dasselbe wie die Sprache, aber sie gibt der Sprache die Struktur. Sie hilft uns, uns verständlich zu machen, wenn wir anderen Leuten erklären, was wir glauben. Je geschickter wir in unserem Gebrauch der Sprache sind, die durch die Grammatik strukturiert wird, umso besser werden wir in der Lage sein, bestimmte Vorstellungen anderen zu kommunizieren. Dies trifft in gewisser Weise auch auf die Rolle von Lehren in Bezug auf den Glauben zu. Wir müssen zumindest eine grundlegende Kenntnis der „Grammatik" der

Sprache des Glaubens besitzen, wenn wir den Inhalt unseres Glaubens sinnvoll weitergeben wollen. Wenn wir an Gott glauben – wenn wir ihm vertrauen und uns mit ihm verbinden wollen –, dann wollen wir natürlicherweise auch mehr über ihn und seine Erwartungen an uns wissen. Die personale Dimension (wir vertrauen *jemandem*) muss stets zuerst kommen, aber es gibt auch eine sachliche Dimension in unserem Glauben (das *Was* und *Wie*), eine Erkenntnis und ein Handeln aufgrund dieser Erkenntnis.

Glaubenslehren sind – so wird gewöhnlich gesagt – ein Versuch, die Wahrheit in menschliche Sprache zu übersetzen. Diese legt uns viele Begrenzungen auf, selbst wenn der Heilige Geist als ein wichtiger Akteur in diesem Prozess anerkannt wird. Denn es wird immer unmöglich bleiben, göttliche Konzepte angemessen in menschlichen Kategorien, Vorstellungen, Symbolen und Worten auszudrücken. Wir dürfen diese entscheidend wichtige Tatsache nicht aus dem Auge verlieren. Dennoch bleiben die Lehren – mit der nötigen Anerkennung ihrer rein menschlichen Formulierung – wichtig, um dem Ausdruck unseres Glaubens eine Struktur zu geben.

IST ALLES GLEICH WICHTIG?

Nicht alle Dinge im Leben sind gleich wichtig. Wir sagen oft: „Das Wichtigste ist, gesund zu sein!" Gesundheit wird allgemein als wichtiger angesehen als der soziale Status. Glücklicherweise stellen die meisten Menschen Familie und Freunde höher als materielle Dinge. Das Leben wird sehr armselig, wenn jemand nicht zwischen den Dingen entscheiden kann, die wirklich wichtig sind, und denen, die eine geringere Priorität besitzen.

Dasselbe gilt auch für den Bereich der Kirche und des geistlichen Lebens. Die höheren Verwaltungsebenen (in der adventistischen Kirche die Generalkonferenz, die Divisionen, Verbände und Vereinigungen) spielen sicher eine Rolle im Wirken der Adventgemeinden, aber das eigentliche Glaubensleben spielt sich in den Gemeinden ab. In ähnlicher Weise ist ein gutes Verständnis theologischer Angelegenheiten wichtig, aber eine enge Verbindung mit Christus und ein Glaube, der uns im täglichen Leben aufrechterhält, ist wesentlich wichtiger. Daher ist es auch ganz natürlich zu fragen, ob alle christlichen Lehren gleich wichtig sind und ob alle

Glaubensüberzeugungen (*Fundamental Beliefs*) unserer Kirche tatsächlich *fundamental*, das heißt in gleichem Maße grundlegend sind.

Oftmals höre ich Gemeindeglieder sagen: „Wenn etwas ein Teil der biblischen Wahrheit ist, können wir nicht sagen, dass es im Vergleich unwichtig oder weniger wichtig als etwas anderes ist. Wahrheit ist Wahrheit! Wer sind wir zu behaupten, dass eine bestimmte Wahrheit nicht so wichtig ist wie ein anderer Aspekt der Wahrheit?" Aber ehrlicherweise müssen wir zugeben, dass die Dinge nicht so liegen. Die meisten Adventisten (tatsächlich denke ich, dass es alle sind) spüren intuitiv, dass bestimmte Dinge ihr Adventistsein bestimmen, während andere nicht zur selben Kategorie gehören. Beispielsweise ist für uns alle (so hoffe ich) der Sabbat wichtiger als unsere Enthaltsamkeit von Schweinefleisch.

Am 20. Mai 2004 hat Albert Mohler jun., der Präsident des Southern Baptist Theological Seminary in Louisville (Kentucky, USA) auf seiner Webseite einen Artikel mit dem Titel „A Call for Theological Triage and Christian Maturity" gepostet.[1] Das Wort *triage* kommt von einem französischen Wort, das hauptsächlich im medizinischen Bereich gebraucht wird und „vorselektieren" bedeutet. In Kriegszeiten oder wenn sich eine Katastrophe ereignet hat, muss entschieden werden, wer zuerst medizinische Hilfe braucht. Nicht alle Verwundungen sind lebensgefährlich, während andere tödlich enden, falls sie nicht sofort behandelt werden. In ähnlicher Weise – so argumentiert Mohler – müssen Christen „eine Skala der theologischen Dringlichkeit" bestimmen, das heißt: Sie müssen Glaubenslehren in der Reihenfolge ihrer Wichtigkeit einstufen. Er behauptet, dass es „erstrangige theologische Themen" gibt, die Lehren einschließen, die „für den christlichen Glauben zentral und wesentlich" sind. Jene, die diese Lehren leugnen, würden aufhören, Christen zu sein. Daneben gäbe es zweitrangige Lehrangelegenheiten. Auch sie sind wichtig, aber in anderer Weise. Sie kennzeichnen Christen, die zu einer bestimmten

---

1. Albert Mohler, „A Call for Theological Triage and Christian Maturity", http://www.albertmohler.com/commentary_read.php?cdate= 2004-05-20.

Konfessionsgemeinschaft gehören. Eine völlige Leugnung dieser Lehren würde es zumindest schwierig machen, in einer Glaubensgemeinschaft zu bleiben, die diese Lehren als charakteristischen und wesentlichen Teil ihrer Identität ansieht. In dritter Reihe gäbe es theologische Positionen, über die selbst Mitglieder derselben Gemeinde oder derselben Kirche uneinig sein mögen, ohne ihre Mitgliedschaft zu gefährden. Mohler argumentiert, dass solch ein „Vorselektieren" wichtig sei, weil es uns helfen wird, Streit über drittrangige Angelegenheiten zu vermeiden, als ob sie erstrangige Lehren wären, und es andererseits ein starkes Signal sendet, dass die erstrangigen Lehren nicht so behandelt werden sollten, als ob sie in die zweite oder dritte Reihe gehören. Offenbar hat dies auch wichtige Implikationen für die Art und Weise, in der eine Kirche ihre Botschaft verkündet – insbesondere in Bezug auf die Betonung, die spezielle Facetten ihrer Lehren erhalten.

Mohler war nicht der erste, der diese Angelegenheit aufwarf, und er wird auch nicht der letzte sein. Die Frage, was die „wesentlichen" oder „erstrangigen" Glaubenslehren sind, stellt sich in zweifacher Weise: 1. Was ist der *Kern* des christlichen Glaubens? 2. Was sind die *Schlüssellehren* der Kirche, zu der ich gehöre?

Wenn man Gemeindeglieder in verschiedenen Kirchen oder in verschiedenen Gemeinden derselben Kirche fragt, was sie als die wesentlichen Aspekte der Theologie ihrer Kirche ansehen, wird man viele verschiedene Antworten bekommen. Dies ist auch in der Kirche der Siebenten-Tags-Adventisten der Fall. Wenn man Gemeindeglieder fragt, was die adventistischen Schlüssellehren sind, werden sie kaum die ganze Liste der 28 Glaubensüberzeugungen zitieren, sondern nur einige davon erwähnen – und nicht immer dieselben. Dies gilt sowohl für Gemeindeglieder am Rande als auch für Adventisten, die nicht dieselben Zweifel und Besorgnisse wie sie hegen.

Ein anderes wichtiges Element in unserer Erörterung ist die Tatsache, dass die Lehren einer religiösen Tradition nicht statisch sind, sondern dazu tendieren, sich mit der Zeit zu verändern. Veränderungen oder Entwicklungen (wie manche lieber sagen) von Lehren war und ist ein ständiges Charakteristikum der christlichen Kirchen. Falls du dich fragst, ob das der Fall ist, brauchst du nur in eine theologische Bibliothek zu gehen (oder im Internet zu surfen), und wirst entdecken, dass über die Geschichte der christlichen Lehren und deren Veränderungen und Entwicklungen Tausende Bücher geschrieben worden sind. Es gibt verschiedene Theorien über die Wege, auf denen lehrmäßige Entwicklungen stattfinden.[1] Einige argumentieren, dass spätere lehrmäßige Entwicklungen in den meisten Fällen nur frühere christliche Lehren verdeutlichen, während andere Autoren wesentlich größere, tatsächliche Veränderungen entdecken.

Im Verlauf ihrer Geschichte haben Adventisten ihre Ansicht über viele Dinge verändert. Ganz am Anfang war die kleine Gruppe von Adventgläubigen, die 1844 die „große Enttäuschung" erlebt hatte (als Jesus entgegen ihren Erwartungen nicht in den „Wolken des Himmels" erschien) und den Sabbat annahm, überzeugt, dass die „Tür der Gnade" bereits geschlossen war. Christus habe die erste Abteilung des himmlischen Heiligtums verlassen (sodass es keine Vergebung mehr für Ungläubige gibt), und das ewige Schicksal aller Menschen sei bereits besiegelt. Diese „Adventisten der geschlossenen Tür" – darunter waren auch James und Ellen White – sahen keine Notwendigkeit mehr, Menschen, die nicht wie die Milleriten auf die Wiederkunft Christi gewartet hatten, die Erlösungsbotschaft zu bringen, denn das würde keine Wirkung haben. Nur Milleriten könnten gerettet werden; sie müssten aber noch den Sabbat annehmen. Es dauerte jedoch nur einige Jahre, bis die meisten Sabbathalter ihre Ansicht geändert hatten und einen umfassenderen Missionseifer entwickelten, weil sie erkannten, dass alle Menschen die Botschaft von der baldigen Wiederkunft Christi und dem gegenwärtigen Gericht (Offb 14,7b) erfahren mussten.

Oder um ein anderes Beispiel zu nennen: In der Frühzeit des Adventismus wurde die Rolle des Gehorsams gegenüber Gottes Geboten so stark betont, dass die Wahrheit der Erlösung als Gottes gnädige Gabe unter einer dicken Schicht der Gesetzlichkeit verborgen war. Ich habe auch bereits auf die Veränderung in Bezug

---

1. Siehe Rolf J. Pöhler, *Continuity and Change in Christian Doctrine*, Peter Lang, Frankfurt a. M. 1999, S. 51–95.

auf die Dreieinigkeitslehre hingewiesen und erwähnt, dass viele Vorhersagen, die aufgrund des traditionellen adventistischen Verständnisses der Prophezeiungen gemacht worden waren, mit der Zeit korrigiert werden mussten, zum Beispiel die traditionelle Ansicht über Harmagedon, die Vorhersagen über die Türkei zur Zeit des Ersten Weltkrieges und Erwartungen zur Zeit des Zweiten Weltkrieges.[1]

Eine eingehende Analyse der lehrmäßigen Veränderungen im Verlauf der Adventgeschichte zeigt, dass sie hauptsächlich von einer Art waren. Adventisten haben Elemente ihrer Sichtweisen verändert, aber als die Kirche fest etabliert war, taten sie wenig, um neue Lehren zu formulieren. Mit der Zeit erkannten adventistische Leiter jedoch die Notwendigkeit, bestimmte Betonungen in der Art zu verändern, wie sie ihre lehrmäßigen Ansichten ausdrückten, um eine Ausgewogenheit herzustellen und ihre christliche Identität zu untermauern. Aber selbst diese Verschiebung der Betonung stellt eine tatsächliche Veränderung dar, die oftmals mit der Zeit bedeutende Auswirkungen hatte.[2]

---

1. Fritz Guy, Thinking Theologically: *Adventist Christianity and the Interpretation of Faith*, Andrews University Press, Berrien Springs (Michigan) 1999, S. 87–89.
2. Unter den frühen Autoren, die große Anstrengungen unternommen haben, um „neue" adventistische Lehreinsichten historisch zu untermauern, waren John N. Andrews mit seinem gut recherchierten Buch über den Sabbat und Uriah Smith mit seinem Buch über die bedingte Sterblichkeit der Seele. Später verfasste LeRoy E. Froom als sein *magnum opus* sein vierbändiges Werk *The Prophetic Faith of our Fathers* (Review and Herald, Washington D.C. 1950–54), in dem er zu zeigen versuchte, wie das „neue" prophetische Verständnis des Adventismus lediglich eine Wiederentdeckung von Auslegungen war, die von vielen Theologen und Kirchenleitern in vorangegangenen Jahrhunderten verkündet wurden. Dies, behauptete er, gelte auch für die adventistische Wiederentdeckung einiger grundlegender christlicher Lehren wie die Trinität und die volle Göttlichkeit und Ewigkeit Christi, die er als „ewige Wahrheiten" bezeichnete. Die Veröffentlichung des ziemlich umstrittenen Buches *Seventh-day Adventists Answer Questions on Doctrine* im Jahr 1953 gibt einen weiteren Beweis der gespürten Notwendigkeit, einige adventistische Lehren zu verdeutlichen und zu zeigen, dass sie mit orthodoxen christlichen Dogmen übereinstimmen. Selbst heute jedoch glauben viele, dass dieses Buch viel mehr als das tat, nämlich eine bedeutende, substantielle dogmatische Umorientierung andeutete.

Es gibt keinen Zweifel, dass es in den adventistischen Lehren und in der Weise, wie sie schriftlich und anderweitig ausgedrückt wurden, Veränderungen gegeben hat. Diese Veränderungen sind oft allmählich erfolgt und haben selten die Form einer plötzlichen, direkten Verleugnung einer Überzeugung gehabt, die man vorher vertreten hatte. George Knight, der führende Experte der adventistischen Geschichte, behauptet: „Die Geschichte der adventistischen Theologie ist gekennzeichnet durch fortlaufende Umgestaltung".[1] Mit anderen Worten: Lehrmäßige Veränderungen sind keine Sache der Einbildung, sondern sie sind tatsächlich erfolgt.

Ein weiterer Faktor, der erwähnt werden muss, ist das Beharren der frühen adventistischen Leiter (unter ihnen vor allem Ellen White) auf der dynamischen Natur der „gegenwärtigen Wahrheit", die sich in der eindeutigen Möglichkeit „neuen Lichtes" zeigt. Ellen White schrieb 1892:

Sollen wir unsere Pfähle der Lehren einen nach dem anderen einschlagen und dann versuchen, dass die ganze Bibel mit unserer etablierten Meinung übereinstimmt? ... Lang gehegte Meinungen dürfen nicht als unfehlbar angesehen werden ... Wir müssen viele Lektionen lernen und viele, viele verlernen. Nur Gott und der Himmel sind unfehlbar. Jene die meinen, dass sie niemals eine gehegte Ansicht aufgeben müssen, niemals Anlass haben, eine Meinung zu ändern, werden enttäuscht werden.[2]

Im gleichen Jahr drückte sie sich in ähnlicher Weise aus:

Es gibt keine Entschuldigung für die Ansicht, es gäbe keine Wahrheit mehr, die offenbart werden soll, und all unsere Auslegungen der Bibel seien irrtumslos. Die Tatsache, dass bestimmte Lehren von unseren Gemeindegliedern viele Jahre lang als Wahrheit angesehen wurden, ist kein Beweis dafür, dass

---

1. *Es war nicht immer so*, S. 10 (korrigiert nach dem Originalwortlaut in *A Search for Identity*, S. 12).
2. Ellen G. White, *Advent Review and Sabbath Herald*, 26. Juli 1892; zitiert in: *Counsels to Writers and Editors*, S. 36f.

unsere Ansichten unfehlbar sind. Das Alter wird aus keinem Irrtum eine Wahrheit machen, und die Wahrheit kann es sich leisten, fair zu sein. Keine Glaubenslehre wird durch genaue Untersuchung irgendetwas verlieren.[1]

Selbst heute hat die Kirche der Siebenten-Tags-Adventisten (zumindest in der Theorie) eine Prozedur, um „neues Licht" zu studieren, das auftaucht. Es ist wichtig, die eben erwähnten Fakten im Auge zu behalten, wenn wir die Angelegenheit der Unterscheidung zwischen verschiedenen Ebenen der lehrmäßigen Wichtigkeit erörtern. Sie helfen uns auch, nicht zu sehr über die Gefahren des Relativismus und Subjektivismus besorgt zu sein, wenn Gemeindeglieder Fragen über den Kern der adventistischen Lehren stellen und einige Veränderungen befürworten.

DIE „SÄULEN" UNSERES GLAUBENS

Es kann nicht bestritten werden, dass Siebenten-Tags-Adventisten vom Beginn ihrer Bewegung an glaubten, dass bestimmte Elemente ihrer Botschaft wichtiger als andere waren. Die 1872 formulierten Glaubenspunkte informierten die Leser, dass ihre Absicht darin bestand, „die hervorstechenden Merkmale" des adventistischen Glaubens zu formulieren.[2] Ellen White verwies oft auf die „Säulen der Wahrheit" und die „Wahrzeichen" (*landmarks*) des adventistischen Glaubens. Auch wenn ihre Verwendung dieser Begriffe recht fließend war, ist es doch eindeutig, dass sie nicht alle Glaubenslehren als gleich wichtig ansah.[3]

---

1. *Advent Review and Sabbath Herald*, 20. Dezember 1892; zitiert in: *Counsels to Writers and Editors*, S. 35.
2. Gary Land, *Adventism in America*, Wm. B. Eerdmans, Grand Rapids (Michigan) 1986, S. 231.
3. Siehe Reinder Bruinsma, „Are all truths Truth? Some Thoughts on the Classification of Beliefs", a. a. O., S. 180, wo sich Zitate aus verschiedenen Schriften Ellen G. Whites finden: *Selected Messages*, Bd. 2, S. 104–107 (auf Deutsch in: *Für die Gemeinde geschrieben*, Bd. 2, S. 103–106); *Counsels to Writers and Editors*, S. 29–31, *The Great Controversy*, S. 409 (auf Deutsch in: *Der große Kampf zwischen Licht und Finsternis*, S. 411); siehe auch Ellen G. White, *Manuskript 24*, November oder Dezember 1888, zitiert in: *Selected Messages*, Bd. 3, S. 172.

Die Tatsache, dass Ellen White und andere frühe adventistische Leiter zwischen der Wichtigkeit bestimmter Lehren differenzierten, basierte nicht auf einer sorgfältigen theologischen Analyse, sondern wurde durch ihre Sichtweise der Mission unserer Kirche veranlasst. Sie waren überzeugt, dass sie die Wahrheiten verkündigen sollten, die vom traditionellen christlichen Glauben verborgen und nun wiederentdeckt worden waren. Sie lebten und wirkten in einer Umwelt, von der sie sicher annehmen konnten, dass die meisten Menschen, auf die ihre Verkündigung anziehend wirkte, den grundlegenden christlichen Lehren des konservativen Protestantismus bereits zustimmten. Dies erklärt, warum diese allgemein geglaubten Lehren nicht hervorgehoben wurden.

Nur allmählich, als sich unsere Kirche weiterentwickelte, wuchs die Erkenntnis, dass diese Elemente der christlichen Botschaft, die zur rechtgläubigen christlichen Tradition gehören, nicht vernachlässigt werden durften, während man die speziell adventistischen Lehren betonte. Dies zeigt sich auch in den Büchern Ellen Whites. Ein Zitat aus dem Jahr 1893 kann als gute Illustration dienen: „Christus und sein Charakter und Werk ist das Zentrum und der Umfang aller Wahrheit; er ist die Kette, mit der die Juwelen der Lehren verbunden sind."[1] Eine solche Aussage hätte sie nicht in den frühen Jahren ihres Dienstes gemacht.

Die Vorstellung, dass nicht alle 28 Glaubensüberzeugungen dasselbe Gewicht besitzen, wird anscheinend auch von der Tatsache gestützt, dass das Taufbekenntnis, zu dem laut der Gemeindeordnung alle Taufkandidaten ihre Zustimmung geben müssen, nur 13 Lehrpunkte enthält, die wesentlich bündiger formuliert sind als die entsprechenden Lehren in den 28 Glaubensüberzeugungen. Interessanterweise wird ein wesentlich kürzeres „alternatives" Taufbekenntnis" ebenfalls als annehmbar angesehen. Es enthält einen Hinweis auf die „Lehren der Bibel, wie sie in den Glaubensüberzeugungen der Siebenten-Tags-Adventisten zum

---

1. Ellen White, *Advent Review and Sabbath Herald*, 15. August 1893.

Ausdruck kommen", während in dem regulären Taufbekenntnis solch ein Hinweis nicht notwendig erscheint, obwohl es nicht so vollständig ist wie der volle Text der 28 Glaubensüberzeugungen.[1] Soll die Auflistung, zu der die Taufkandidaten ihre Zustimmung geben sollen, vielleicht als grundlegender angesehen werden als die 28 Glaubensüberzeugungen?

Die Ansichten der Gemeindeglieder über die 28 Glaubensüberzeugungen gehen weit auseinander. Es gibt Adventisten, die eine sehr hohe Sichtweise von ihnen haben und jede Zeile und sogar jedes Wort als semi-inspiriert ansehen. Auf der anderen Seite gibt es die weit verbreitete Empfindung, dass die Formulierung der Glaubensüberzeugungen zu detailliert ist und merkwürdigerweise Maßstäbe für den Lebensstil mit lehrmäßigen Angelegenheiten vermischt.[2]

Wenn die Prämisse gültig ist, dass einige Glaubenslehren wichtiger sind als andere, wie können wir dann vermeiden, dass unsere persönlichen Vorlieben die „Vorselektion" bestimmen? Können wir vernünftige Kriterien finden, durch die wir eine Hierarchie der Lehren in der adventistischen Theologie ableiten können?

Welches Modell wir auch entwickeln mögen – eine grundlegende Tatsache wird in der Bibel eindeutig von Christus selbst genannt. In Johannes 14,6 lesen wir, dass er sich selbst als *die Wahrheit* bezeichnete; das bedeutet: Alle Wahrheit geht von ihm aus. Jede Lehre, die beansprucht, „Wahrheit" zu sein, muss sich deshalb auf die Person und das Wirken Christi beziehen. *Er ist das Zentrum, und er muss die Grundlage jedes wahrhaft christlichen „Systems" von „fundamentalen" Wahrheiten sein.* Darum geht es im Evangelium – der guten Nachricht. „Diese Botschaft ist die Kraft Gottes, die jeden rettet, der glaubt." (Röm 1,16 NLB) „Jesus Christus und sonst niemand kann die Rettung bringen." (Apg 4,12

---

1. Siehe *Gemeindeordnung, Ausgabe 2016,* Advent-Verlag, Lüneburg 2016, S. 59–61.
2. Bryan W. Ball, „Towards an Authentic Adventist Identity", in: Borge Schantz and Reinder Bruinsma, Hg., *Exploring the Frontiers of Faith – Festschrift for Jan Paulsen,* Saatkorn-Verlag, Lüneburg 2009, S. 67.

GNB) Die Annahme oder Ablehnung dieser fundamentalen Wahrheit entscheidet, ob sich jemand in Gottes Lager befindet oder nicht. Folgende Aussage von Jesus bestätigt dies: „Wer an den Sohn glaubt, der hat das ewige Leben. Wer aber dem Sohn nicht gehorsam ist, der wird das Leben nicht sehen, sondern der Zorn Gottes bleibt über ihm." (Joh 3,36) Die „Erkenntnis unseres Herrn Jesus Christus" ist entscheidend, und die Gläubigen müssen sicherstellen, dass sie nicht „unfruchtbar" bleibt (2 Ptr 1,8). Johannes benutzt noch stärkere Ausdrücke: Jeder, „der leugnet, dass Jesus der Christus ist", ist ein „Lügner" und „Antichrist" (1 Joh 2,22). George Knight unterstreicht die Wichtigkeit dieses Ausgangspunktes, indem er sagt: „Eine Beziehung zu Jesus und das Verständnis des Kreuzes Christi und anderer zentraler Elemente des Erlösungsplanes informiert das Verständnis einer Person von den Glaubenslehren."[1]

Wie gehen wir nun weiter vor, nachdem wir diesen entscheidenden Punkt geklärt haben?

ZWEI, DREI ODER VIER KATEGORIEN?

Die erste Frage, die im Buch *Seventh-day Adventists Answer Questions on Doctrine* behandelt wird, lautet: „Welche Lehren haben Siebenten-Tags-Adventisten mit den allgemeinen Christen gemeinsam, und in welchen Aspekten der christlichen Ansichten unterscheiden sie sich?" In der Antwort werden drei Kategorien von Lehren unterschieden:
- Lehren, die Adventisten „mit konservativen Christen und den historischen protestantischen Bekenntnissen gemeinsam" haben;
- „einige umstrittene Lehren, die wir mit einigen, aber nicht mit allen konservativen Christen gemeinsam haben", und
- „einige Lehren, die für uns charakteristisch sind".[2]

---

1. George R. Knight, „Twenty-seven Fundamentals in Search of a Theology", *Ministry*, Februar 2001, S. 5–7.
2. *Seventh-day Adventists Answer Questions on Doctrine*, S. 21–25.

Die gesamte Anzahl von Lehren, die in diesen drei Kategorien aufgelistet wurden, beträgt 36. Diese drei Kategorien erinnern uns an Albert Mohler, den ich weiter oben bereits zitiert habe, und der ebenfalls drei verschiedene Lehrebenen vorschlug. Andere Autoren haben eine ähnliche Herangehensweise und Glaubenslehren in zwei oder drei Ebenen vorgeschlagen.[1] Diese Art der Kategorisierung mag hilfreich sein zu verdeutlichen, welche Lehren einzigartig für die jeweilige Kirche sind, zu der man sich bekennt, und welche nicht; aber es hilft uns nicht dabei zu bestimmen, welche adventistischen Lehren grundlegender als andere sind. Die Anpassung, die Woodrow Whidden vorgenommen hat, hilft uns dabei, einen Schritt voran zu kommen. Er schlägt vor, dass wir die Lehren, die das gemeinsame rechtgläubige christliche Erbe widerspiegeln, von denen unterscheiden müssen, die speziell adventistisch sind.[2] Darüber hinaus behauptet er, dass es adventistische Lehren gibt, die man „wesentlich" nennen kann – jene Elemente, die „das wesentliche Gerüst der adventistischen Lehrrede" bilden –, und andere, die man als „nicht wesentlich" ansehen kann.[3] Im Gegensatz zu Whidden ist George Knight der Ansicht, dass Lebensstilangelegenheiten auch in diese Klassifikation der Lehren hineinpassen müssten.[4]

Ich möchte ein Modell vorschlagen, in dem diese verschiedenen Elemente kombiniert sind. Ich behaupte damit definitiv nicht, dass dies das letzte Wort in dieser Angelegenheit ist, aber dieses Modell hat mir geholfen, die Frage besser in den Griff zu bekommen, was für meine geistliche Pilgerreise mehr und was weniger wichtig ist. Grafisch besteht das Modell aus konzentrischen Kreisen:

---

1. Siehe zum Beispiel Robert C. Greer in seinem weithin gefeierten Buch *Mapping Postmodernism: A Survey of Christian Options,* InterVarsity Press, Downers Grove (Illinois) 2003), S. 172ff.
2. Woodrow W. Whidden II, *Ellen White on the Humanity of Christ,* Review and Herald, Hagerstown (Maryland) 1997, S. 77–88.
3. Ebd., S. 80.
4. George R. Knight, „*Twenty-seven Fundamentals in Search of a Theology*", a. a. O., S. 5–7.

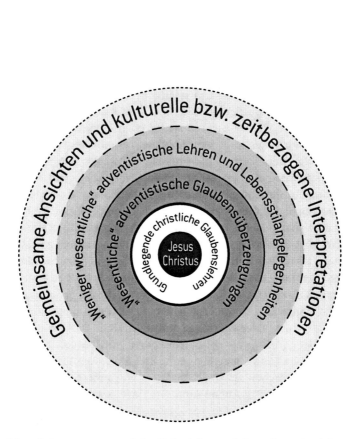

Ich möchte es wagen, einige Beispiele von Lehren bzw. Ansichten für jede dieser Kategorien vorzuschlagen.

In die erste Kategorie würde ich beispielsweise Gott als Dreieinigkeit, den dreieinigen Gott als Schöpfer und Erhalter des Universums, die Erlösung, das ewige Leben und das Gericht durch Jesus Christus, die aktive Gegenwart des Heiligen Geistes, die Inspiration der biblischen Schriften, den offenbarten Moralkodex, die Hauptelemente des Erlösungsprozesses und den Missionsauftrag einordnen.

In der zweiten Kategorie würden einige wesentliche Glaubenspunkte des Adventismus ihren Platz finden wie der biblische Sabbat, die „baldige" Wiederkunft Christi, die Taufe durch Untertauchen, die Wichtigkeit des Abendmahls, der hohepriesterliche Dienst Christi, der Mensch als Haushalter Gottes, der Tod als eine Art bewusstlosen „Schlaf" und das Fortbestehen der geistlichen Gaben.

Die dritte Kategorie würde meiner Ansicht nach solche Punkte umfassen wie die adventistische Philosophie der prophetischen Interpretation, das Zehntengeben, Ernährungsvorschriften, den zeitlichen Aspekt des Gerichts vor der Wiederkunft (1844) und vielleicht den Ritus der Fußwaschung.

In den letzten Kreis würde ich bestimmte spezielle prophetische Interpretationen, kontroverse Angelegenheiten bezüglich der Inspiration Ellen Whites, die nicht endende Diskussion über das, was am Sabbat erlaubt ist und was nicht, die Gottesdienstgestaltung und Einzelheiten über das Tragen von „Schmuck" usw. einordnen.

Mir ist bewusst, dass viele Adventisten mit solch einem Modell nicht glücklich sein werden. Einige werden es entschieden ablehnen oder noch stärker reagieren. Mir ist insbesondere bewusst, dass die Nennung von Beispielen für jede Kategorie sich als eine ziemlich gefährliche Übung erweisen könnte angesichts meiner Rolle in unserer Kirche. Aber ich glaube, dass es viele Gemeindeglieder gibt, die eine Diskussion über dieses Thema begrüßen würden und die ein Verlangen haben nach einer ehrlichen Debatte darüber, was wirklich zum Kern des Adventismus gehört und was nicht in gleicher Weise wesentlich ist.

EINIGE IMPLIKATIONEN

In einer Diskussion über die Klassifizierung unserer Glaubenslehren müssen wir – so glaube ich – einige Dinge im Gedächtnis behalten. Als erstes möchte ich noch einmal betonen, dass alle Lehraussagen sich in klarer Weise auf das Zentrum Jesus Christus beziehen müssen. Eine lehrmäßige Wahrheit wird nur zur echten Wahrheit, wenn sie mit der Person und dem Werk unseres Herrn Jesus Christus verbunden ist.

Zweitens sind die Linien zwischen den Kategorien nicht immer völlig eindeutig. Aus diesem Grund habe ich einige unterbrochene Linien gezeichnet. Die entscheidende Frage ist: Können wir einige Schlüssellehren nennen, die ohne Zweifel eindeutig zu der jeweiligen Kategorie gehören? Adventisten am Rande sind insbesondere an einer überzeugenden Antwort auf diese Frage interessiert. Wenn es einen Kern von Glaubenslehren gibt, dann würde ich die Lehren vorschlagen, die ich bei den ersten beiden Kategorien genannt habe.

Drittens habe ich die grundlegenden christlichen Glaubenslehren ganz absichtlich von den wesentlichen adventistischen Glaubensüberzeugungen getrennt, obwohl sie in vielfacher Weise zusammenhängen. Es ist beispielsweise nicht hilfreich, das relative Gewicht des Sabbats in Bezug auf die Dreieinigkeitslehre zu vergleichen und sich zu fragen, welcher von beiden Lehrpunkten wichtiger ist. Das wäre, Äpfel mit Birnen zu vergleichen. Die adventistische Identität wird von einer festen Verpflichtung gegenüber beiden Lehren bestimmt. Die Tatsache, dass wir zuerst *Christen* sind, und als Christen uns auch entschieden haben, *Adventisten* zu sein, macht uns zu *adventistischen Christen*.[1] Die hauptsächliche Aufmerksamkeit auf die grundlegenden *christlichen* Lehren zu legen ist eine beständige Erinnerung daran, dass wir heutzutage nicht voraussetzen können, dass Menschen diese Lehren kennen und glauben, wenn sie anfangen, sich mit der *adventistischen* Version des Christentums zu beschäftigen.

Viertens bedeutet die Bezeichnung „weniger wesentlich" genau das, was sie ausdrückt. Sie sollte nicht als „unwichtig" verstanden werden. Zugegebenermaßen ist jeder Prozess der Klassifizierung von Lehren ein subjektives Vorgehen. Dabei können Fehler gemacht werden. Aber er ist nicht *völlig* subjektiv, und er ist nicht notwendigerweise ein sicheres Rezept für Unheil. Es gibt die Leitung durch das inspirierte Wort Gottes und durch den Heiligen Geist. Darüber hinaus müssen wir uns daran erinnern, dass – solange wir unvollkommene Menschen sind – alle theologische Aktivität subjektiv und in gewissem Sinne riskant bleiben wird. Aber wir sollten sie nicht als zu gefährlich ansehen, als ob sie auf eine todbringende Rutschbahn führt. In jedem Fall ist die Benutzung des Rutschbahn-Argumentes gewöhnlich ein Zeichen der Schwäche oder eine Ausflucht statt eines prinzipiell klaren Denkens.

---

1. Bryan W. Ball, „Towards an Authentic Adventist Identity", a. a. O., S. 58.

Fünftens hat es mehr als ein Jahrhundert gedauert, bis Adventisten zu der gegenwärtigen Zusammenfassung unserer Glaubensüberzeugungen gelangt sind. Lehrentwicklungen brauchen Zeit. Deshalb kann nicht erwartet werden, dass wir über Nacht zu einem Konsens über den Kern der adventistischen Glaubenslehren gelangen. Das wird Geduld erfordern ... und Toleranz!

Sechstens bin ich fest überzeugt, dass – wenn eine weitere Revision der Glaubensüberzeugungen stattfinden sollte – das Dokument nicht noch mehr erweitert und detaillierter, sondern vielmehr gekürzt werden sollte. Ich würde einen neuen Text begrüßen, der sich auf die Glaubenslehren beschränkt, die „grundlegend christlich" und „wesentlich adventistisch" sind. In diesem Zusammenhang ist es wertvoll, eine Aussage von Robert Greer zu zitieren:

> *Lehraussagen ... sollten nicht zu umfassend sein. Wenn eine Lehraussage zu umfassend ist, läuft sie Gefahr, gefährlich verführerisch zu werden, weil sie (a) eine Endgültigkeit des christlichen Denkens bietet, die für einige Leute attraktiv und beruhigend ist; (b) die Notwendigkeit beseitigt, kritisch zu denken; (c) den Heiligen Geist verstummen lässt, der erneut aus der Heiligen Schrift zu einer Person oder Gemeinschaft sprechen möchte; und (d) einen Triumphalismus ausbrütet, der von theologischen Gesprächen über konfessionelle oder kirchliche Grenzen hinweg eher abschreckt als dazu ermutigt.*[1]

LIBERAL ODER KONSERVATIV?

Fast unvermeidlich tauchen die Etiketten „liberal" und „konservativ" in einer Diskussion über das „Gewicht" bestimmter Glaubenslehren auf. Entsprechende Bezeichnungen sind die noch schlimmeren Begriffe „linker" und „rechter Flügel". Ich wünsche mir, dass wir diese Begriffe ganz meiden, denn sie sind sehr unpräzise, ausgrenzend und tendenziell mit Vorurteilen oder Verdammung beladen.

---

1. Robert C. Greer, a. a. O., S. 174.

„Liberal" genannt zu werden hat der Karriere mancher Pastoren und Theologielehrer geschadet oder noch Schlimmeres verursacht. Andererseits hat die Tatsache, als „Konservativer" bekannt zu sein, die Türen (und Kanzeln) für andere verschlossen. Einige protestieren, wenn sie als „liberal" eingestuft werden, während andere stolz darauf sind, den Ruf zu haben, zum „linken Flügel" der Kirche zu gehören. Einige Studenten, die Pastor werden wollen, wählen bewusst ein College oder eine Universität mit Theologieprofessoren, die als konservativ bekannt sind, während dies für andere ein starker Antrieb ist, solch ein College zu meiden.

Was die Bibel über unsere Beziehung zu anderen sagt, hat eine direkte Bedeutung für die unglückliche Polarisierung zwischen Liberalen und Konservativen. Wir sollen unseren „Nächsten lieben wie uns selbst"; für jemanden, der konservativ ist, muss dies definitiv auch seine liberalen Mitgläubigen einschließen, und für jemanden, der zum „linken Flügel" der Kirche gehört, muss dies jene einschließen, die sich auf dem „rechten Flügel" befinden. Unglücklicherweise fällt es Liberalen und Konservativen oft schwer, miteinander in einer angenehmen und konstruktiven Weise umzugehen, und beide hören kaum aufeinander. In vielen Fällen erkennen Gemeindeglieder nicht, dass das Bild nicht so eindeutig ist, wie sie es sich vorstellen, denn Leute sind selten völlig liberal oder hundert Prozent konservativ. Sie mögen in manchen Angelegenheiten liberal, aber überraschend konservativ in vielen anderen Dingen sein. Es gibt Gemeindeglieder, die in ihrer Theologie sehr liberal sind, aber in ihrem Lebensstil ziemlich konservativ – und umgekehrt. Ich habe mit einigen jungen Männern gesprochen, die eifrig am traditionellen Adventismus hängen, was die Lehren unserer Kirche betrifft, mir aber dann erzählen, dass sie mit ihrer Freundin zusammenleben!

Alden Thompson, ein bekannter Theologieprofessor an der adventistischen Walla Walla-Universität (im US-Bundesstaat Washington), weist auf drei verschiedene „Geschmacksrichtungen" bei liberalen und konservativen Adventisten hin. Was er sagt, erklärt nicht alles, findet bei mir aber definitiv Anklang. *Liberale lieben Fragen*, erklärt Thompson, während *Konservative Antworten haben wollen*. Bezüglich des Lebensstils kann man sagen, dass Konservative die Einsamkeit der Berge lieben, während Liberale in die Stadt strömen, um unter Menschen zu sein. Und Konservative erfahren Gott als eine machtvolle Gegenwart, während er für Liberale eher eine distanziertere Realität ist.[1]

Der adventistische Gelehrte Fritz Guy fasst seine Sichtweise von Konservativen und Liberalen folgendermaßen zusammen: *„Konservative* sind vor allem besorgt, *die Wahrheiten zu behalten*, die wir bereits besitzen, eingebettet in eine Abstufung, der wir zu vertrauen gelernt haben; während andererseits *Liberale nach neuen Wahrheiten oder neuen Interpretationen alter Wahrheiten suchen wollen."*[2] Falls das die richtige Definition eines Liberalen ist, werde ich dieses Etikett gern als einen Ehrentitel annehmen! Man könnte jedoch argumentieren, dass der Begriff „progressiv" gegenüber der Bezeichnung, „liberal" zu sein, zu bevorzugen ist. Professor Guy behauptet, dass die meisten von uns tatsächlich dazu neigen, „liberal" oder „konservativ" zu sein, dass wir aber „progressiv" werden können, wenn wir voneinander lernen, genauer aufeinander hören und versuchen, gemeinsam in der Erkenntnis zu wachsen.[3]

FUNDAMENTALISMUS

Ein anderes Wortpaar ist wahrscheinlich zumindest ebenso bedeutsam, wenn wir die Vielfalt der Lehrauffassungen diskutieren, nämlich *Fundamentalismus* gegenüber *Relativismus*. Der christliche Glaube wird bedeutungslos, wenn wir völligen Relativismus unterstützen – wenn nichts gewiss ist und keine Werte oder Ideale unsere Loyalität fordern.

Wie ich bereits in einem vorhergehenden Kapitel sagte, haben wir keine harten „Beweise" für die Existenz des Gottes, der uns in der Bibel begegnet und der sich weiter in Jesus Christus offenbart hat; wir haben jedoch genügend Belege, um den „Sprung in

---

1. Alden Thompson, *Beyond Common Ground: Why Liberals and Conservatives Need Each Other*, Pacific Press, Nampa (Idaho) 2009, S. 121.
2. Fritz Guy, *Thinking Theologically*, S. 27.
3. Ebd., S. 29.

den Glauben" zu wagen und die Implikationen dieses Glaubens anzunehmen. Ich habe auch bereits auf die negativen Aspekte des Fundamentalismus hingewiesen. An diesem Punkt unserer Diskussion möchte ich diese noch einmal hervorheben, da der adventistische Konservatismus zumindest dazu neigt, mit dem Fundamentalismus zu flirten.

„Der Fundamentalismus – ob religiös oder säkular – wird mehr von Zweifeln als von Vertrauen inspiriert, mehr durch Angst als durch stillen Glauben und feste Überzeugung."[1] Diese Aussage stammt von James D. Hunter (geb. 1955), einem bekannten amerikanischen Soziologen, der viel zur Popularisierung des Begriffs „Kulturkrieg" beigetragen hat. Hunter argumentiert, dass der Fundamentalismus größtenteils negativ ist: *Er lehnt das ab, was er als gefährlich ansieht, und reagiert hauptsächlich auf Bedrohungen.*[2]

„Für einen Fundamentalisten ist es viel einfacher, Feinde außerhalb der Tradition ins Visier zu nehmen, als nach Antworten innerhalb zu suchen … Er bietet keine konstruktiven Vorschläge für die alltäglichen Probleme, die die meisten Leute beschäftigen, und er liefert keine grundlegenden Lösungen für die Probleme des Pluralismus und der Veränderungen. Tatsächlich tut er genau das Gegenteil."[3]

An diese Worte sollten wir uns erinnern, wenn wir an die gegenwärtigen Debatten in der adventistischen Kirche denken. Die Traditionalisten (oder Fundamentalisten, Konservativen, die vom „rechten Flügel" oder welche Bezeichnung wir auch benutzen mögen) neigen dazu, reaktiv zu sein, immer in der Verteidigung, stets vor Gefahren zu warnen, die sie sehen oder sich einbilden. Sie möchten nicht zu viele Fragen hören – ganz sicher nicht von Gemeindegliedern am Rande – behaupten aber, bereits alle Antworten zu besitzen.

---

1. James Davison Hunter, „Fundamentalism and Relativism Together: Reflections on Genealogy", S. 17–34, in: Peter L. Berger, Hg., *Between Relativism and Fundamentalism: Religious Resources for a Middle Position*, Wm. B. Eerdmans, Grand Rapids (Michigan) 2010, S. 34.
2. Ebd., S. 32.
3. Ebd., S. 33.

WER SIND DIE „WAHREN" ADVENTISTEN?

Die *offizielle* Antwort auf die Frage, wer als „wahrer" Adventist anzusehen ist, müsste lauten: Jene, die allen 28 Glaubensüberzeugungen zustimmen. Aber falls diese Antwort korrekt ist, würde es die meisten, wenn nicht alle Gläubigen am Rande ausschließen. Und falls völlige Übereinstimmung mit allen Details dieser Glaubensüberzeugungen gefordert wird (in der Weise, in der sie gegenwärtig formuliert sind), müsste ich sagen, dass ich kein „wahrer" Adventist bin. Sollte mich das davon abhalten, ruhig zu schlafen? Nein, gewiss nicht.

Ich muss mir keine unnötigen Sorgen über meine Mitgliedschaft in der Kirche der Siebenten-Tags-Adventisten machen (zumindest so lange, wie ich „normal" und nicht homosexuell bin). Falls die Leiter der Generalkonferenz zu dem Schluss kämen, dass ich zu viele häretische Ansichten hätte, um mich als wahren Adventisten zu bezeichnen, oder falls die Leitung des niederländischen Verbandes ernsthafte Probleme mit manchen Dingen hätte, die ich sage oder schreibe, dann können sie mich eindringlich bitten, meine Ansichten zu ändern, oder entscheiden, dass sie mich nicht mehr einladen, auf bestimmten Veranstaltungen zu predigen oder Vorträge zu halten. Sie mögen sich auch weigern, zukünftige Veröffentlichungen von mir zu befürworten und zu fördern. Sie können sich entschließen, für mich zu beten, oder sie mögen gar ihre Hände in Verzweiflung ringen. All das können sie tun, aber sie können nicht meine Gemeindemitgliedschaft anrühren.

Ausschließlich meine Ortsgemeinde kann beschließen, mich als ihr Mitglied zu akzeptieren oder mir die Mitgliedschaft zu entziehen. Es ist jedoch nicht sehr wahrscheinlich, dass sie meine Mitgliedschaft irgendwann bald überprüfen, sofern ich nicht plötzlich ein extrem unmoralisches Verhalten an den Tag lege oder die Gottesdienste ernsthaft störe. Deshalb können Gemeindeglieder am Rande beruhigt sein; solange wie die Adventgemeinde, deren Mitglied sie sind, ihren Namen auf der Gemeindeliste belässt, sind sie *bona fide*-Mitglieder der Kirche der Siebenten-Tags-Adventisten. Darüber hinaus sind Adventgemeinden allgemein sehr zögerlich darin, die Verbindungen zu Gemeindegliedern abzubrechen – selbst solchen am Rande –, die nicht selbst schriftlich verlangen, dass ihre Mitgliedschaft aufgehoben wird. (Und selbst dann ist es manchmal nicht so einfach, dass ein Name von der Gemeindeliste gestrichen wird.)

Aber wir sollten das nicht nur aus einer administrativen Perspektive betrachten, als ob die Gemeindemitgliedschaft nur darin besteht, dass der eigene Name auf einer Gemeindeliste steht. Nicht jeder ist berechtigt, auf dieser Liste zu stehen. Wenn jemand als ein Christ bezeichnet werden möchte, dann muss er – meine ich – einer Reihe von grundlegenden christlichen Lehren und Prinzipien zustimmen. Jemand verliert sein Recht, sich Christ zu nennen, wenn er nicht mehr an Gott glaubt und an Jesus Christus als jemand, der die entscheidende Rolle in der Beziehung zwischen Gott und der Menschheit spielt. Gleichermaßen glaube ich, dass ich einige wesentliche adventistische Überzeugungen mit meinen Mitgläubigen teilen muss, wenn ich mich Siebenten-Tags-Adventist nenne. An diesem Punkt ist es wichtig, eine klare Vorstellung von dem zu haben, was in den adventistischen Lehren tatsächlich „wesentlich" und was „weniger wesentlich" ist.

Ob ich ein *wahrer* Adventist bin, entscheide ich in letzter Hinsicht selbst. Ich selbst muss entscheiden, ob ich den Grundlagen des christlichen Glaubens zustimme und ob ich genügend Verbundenheit mit der adventistischen Interpretation des christlichen Glaubens und mit der adventistischen Glaubensgemeinschaft besitze, um mich selbst als „wahren" Adventisten zu bezeichnen. Auf dieser Grundlage habe ich überhaupt keine Bedenken, mich einen echten Adventisten zu nennen. Und ich glaube, dass das auch bei den meisten meiner Mitadventisten der Fall ist, einschließlich derer, die sich selbst als am Rande der Adventgemeinde stehend sehen.

Ich stimme von ganzem Herzen mit der Liste von Schlüsselaspekten des authentischen Adventismus von Professor Fritz Guy überein – dem Theologen, den ich bereits erwähnt habe. An die oberste Stelle seiner Liste stellt er, „einen offenen Geist für die gegenwärtige Wahrheit" zu haben. Dies bedeutet, dass ein echter Adventist niemals glaubt, die ganze „Wahrheit" zu besitzen. Wie die frühen adventistischen Meinungsführer muss ein wirklicher

Adventist bereit sein, seine Ansichten nötigenfalls zu ändern, dazuzulernen und sein Verständnis darüber zu vertiefen, was es bedeutet, ein adventistischer Christ in der heutigen Welt zu sein (und nicht, was es im 19. Jahrhundert bedeutete).

Wir sind echte Adventisten, beteuert Fritz Guy, wenn wir Christen sind, die „Gottes umfassende und universelle Liebe im Zentrum unserer persönlichen Existenz" haben. Um den Namen „Siebenten-Tags-Adventist" zu Recht zu tragen, müssen wir „die gegenwärtige Wichtigkeit des Sabbats" wertschätzen und die „hoffnungsvolle Erwartung der Wiederkunft Gottes in der Person von Jesus, dem Messias" hegen. Zwei andere wichtige Elemente, die Guy anführt, sind die „Ansicht einer mehrdimensionalen Ganzheit des Menschen" und „die Wahl der adventistischen Gemeinschaft als geistliches Zuhause verbunden mit der Annahme der adventistischen Vergangenheit als Teil der eigenen geistlichen Identität".[1]

Viele Gemeindeglieder am Rande werden sich mit Guys Beschreibung eines authentischen Adventisten wohl fühlen. Ich für meinen Teil würde alle, auf die seine Beschreibung zutrifft, als wahre Adventisten ansehen, ohne Rücksicht auf die vielen Zweifel, die sie hegen mögen. Ich möchte mich selbst und alle auffordern, die dieses Kapitel gelesen haben: *Lasst es uns wagen, Teil der adventistischen Glaubensgemeinschaft zu sein und zu bleiben, während wir zugleich unabhängig denken und niemals unsere persönliche Integrität aufs Spiel setzen.*

---

1. Guy, a. a. O., S. 92.

KAPITEL 10

Wie können wir mit Zweifeln umgehen?

Wir haben die Erörterung in diesem Buch damit begonnen, den Zustand der Kirchen in der westlichen Welt zu betrachten, und gesehen, dass sie sich in einer Krise befinden und auch Millionen Christen eine Glaubenskrise durchmachen. Viele bezweifeln sogar die Existenz eines barmherzigen und liebenden Gottes oder hegen Zweifel an anderen Dingen, die sie bisher geglaubt haben. Sie erkennen, dass einige wichtige traditionelle Lehren ihrer Kirche kein Echo mehr in ihrer Seele hervorrufen.

Wir haben uns insbesondere auf die Kirche der Siebenten-Tags-Adventisten konzentriert und bemerkt, dass viele die Adventgemeinden wieder verlassen haben und viele andere in der Nähe des Ausgangs stehen. Sie sehen Entwicklungen in ihrer Kirche, mit denen sie nicht leben können, und fragen sich, ob einige der traditionellen Lehren unserer Kirche noch eine Relevanz für ihr tägliches Leben besitzen. Ich habe diese große Gruppe von Gemeindegliedern, die mit ihrer Kirche unglücklich sind und allerlei Zweifel über den Inhalt ihres Glaubens hegen, als Gläubige am Rande bezeichnet.

Im zweiten Teil dieses Buches habe ich dargestellt, dass Glaubenszweifel nichts Ungewöhnliches sind und uns helfen können, zu reiferen Christen zu werden. Ich habe versucht, alle Zweifler zu ermutigen, einen (neuen) „Sprung in den Glauben" zu wagen, und meine Überzeugung ausgedrückt, dass wir genügend gute Gründe für das Wagnis dieses Sprunges haben, obgleich wir keinen absoluten Beweis haben, dass Gott existiert und sich um uns kümmert. Ich habe alle Gläubigen am Rande versucht zu ermutigen, ihre Kirche nicht aufzugeben, sondern sich auf eine Ortsgemeinde zu konzentrieren, in der sie sie selbst sein können, und ein Glied von ihr zu bleiben oder zu ihr zurückzukehren.

In den vorangegangenen Kapiteln habe ich Wege vorgeschlagen, wie wir mit Zweifeln an einigen adventistischen Glaubenslehren umgehen können, und dafür argumentiert, dass es nicht erforderlich ist, sklavisch „Ja und Amen" zu allen 28 offiziellen Glaubensüberzeugungen unserer Kirche zu sagen, um ein „wahrer" Adventist zu sein. Ich weiß, dass diese Sichtweise von vielen Leitern in unserer Kirche und vielen Gemeindegliedern heftig kritisiert werden wird; aber ich bin überzeugt, dass sie Raum schafft im Herzen und Verstand vieler Gemeindeglieder am Rande, die den Eindruck haben, dass ihnen durch die Starrheit einiger traditioneller Lehren, die sich in keiner sinnvollen Weise mehr auf ihr tägliches Leben beziehen, die Luft in der Gemeinde abgeschnürt wird.

An dieser Stelle greifen wir den Faden vom letzten Kapitel wieder auf. Ich werde auf einige allgemeine Herangehensweisen näher eingehen, wie wir mit unseren Zweifeln und Ungewissheiten umgehen können. Ich bin nicht naiv und werde nicht behaupten, dass alle Zweifel plötzlich verschwinden, wenn wir nur eifriger in der Bibel lesen und intensiver als zuvor beten. Dies bedeutet nicht, dass diese beiden Aspekte nicht wesentlich sind. Tatsächlich sind sie von überragender Bedeutung, wenn wir versuchen, konstruktiv mit unseren Zweifeln umzugehen.

EINE GEISTLICHE HERANGEHENSWEISE

Falls wir Zweifel darüber haben, welches Auto wir kaufen sollen oder welche Strategie wir in unserem Geschäft verfolgen sollen, dann mögen dabei nichtrationale oder emotionale Faktoren eine Rolle spielen. Dieser Art von Zweifeln muss jedoch im Grunde mit rationalen Argumenten begegnet werden. Welche Fahrzeuggröße kann ich mir leisten? Welche Ausstattung ist sinnvoll und notwendig? Soll ich einen größeren Kredit aufnehmen, um mein Geschäft zu vergrößern, oder wäre das angesichts der gegenwärtigen ökonomischen Lage und der harten Konkurrenz zu riskant?

Auch im Umgang mit Zweifeln im geistlichen Bereich können wir unseren Verstand nicht einfach ausschalten und lediglich unseren Emotionen und Gefühlen folgen. Aber unsere Intuition, unsere Gefühle und unser Empfinden werden eine wesentliche Rolle spielen. Wir können nur hoffen, unsere Zweifel in den Griff zu bekommen, wenn wir uns vom Heiligen Geist berühren lassen. Die Umgangsweise mit unseren Zweifeln kann vielleicht durch fünf Aspekte am besten zusammengefasst werden: 1. die Bibel lesen, 2. denken, 3. beten, 4. mit anderen reden, und 5. Geduld haben.

Wenn wir uns auf diesen Weg begeben, müssen wir mit dem beginnen, was ich den „Sprung in den Glauben" genannt habe. Dies mag naiv klingen, aber es ist die einzige Option. Wir müssen bereit sein, uns in die Sphäre des Glaubens ziehen zu lassen. Wir sollten „versuchen zu glauben", wie es Nathan Brown in seinem Buch mit diesem Titel ausgedrückt hat, das ich im zweiten Kapitel erwähnt habe.

Falls ich ein ernstes Gesundheitsproblem habe und vergeblich nach einem wirksamen Heilmittel gesucht habe, dann kann ich einen „Sprung in den Glauben" wagen, indem ich einen kompetenten Heilpraktiker konsultiere und die Medikamente nehme, die er verschreibt, selbst wenn ich mir nicht wirklich sicher bin, ob sie helfen werden. Dieser Vergleich ist natürlich unzureichend, aber dennoch sagt er uns etwas: Wenn wir uns in einem Dilemma befinden, ist alles einen Versuch wert! Deshalb: Lies die Bibel, bete zu Gott und gehe in eine Adventgemeinde, selbst wenn du dir noch nicht sicher bist, dass es dich zu endgültigen Antworten führen wird und dir den inneren Frieden und die Gewissheit verleihen wird, nach der du suchst.

DIE BIBEL LESEN

Adventisten reden gern darüber (oder brüsten sich sogar), die Bibel zu studieren. Neue Mitglieder nehmen gewöhnlich vor ihrer

Aufnahme an „Bibelstunden" teil, um mit der „Wahrheit" vertraut zu werden. Und wir haben unsere wöchentlichen Bibelstudien in der Sabbatschule. Der frühe Adventismus übernahm das Sonntagsschulmodell von anderen Glaubensgemeinschaften und passte es mit der Zeit auf seine speziellen Bedürfnisse an. Die Institution der Sabbatschule hat gewiss dazu beigetragen, die biblische Bildung der Gemeindeglieder zu fördern. Aber mehr und mehr Adventisten beginnen zu spüren, dass diese Art des „Bibelstudiums" viel zu wünschen übrig lässt.

Die meisten der vierteljährlichen „Studienanleitungen" behandeln ein bestimmtes Thema, das dann in 13 Unterthemen aufgeteilt wird. Der Autor der Studienanleitung wählt allerlei Bibeltexte aus, von denen er meint, dass sie etwas über das Thema aussagen, und versieht sie mit einigen erklärenden Kommentaren und Zitaten (vielfach von Ellen White). Oftmals sind die Bibeltexte ohne genaue Berücksichtigung des Kontextes zusammengestellt. Das wöchentliche Sabbatschulstudium zeigt, dass die traditionelle Beweistext-Methode immer noch sehr lebendig ist. Und selbst wenn während eines Vierteljahres ein bestimmtes Buch der Bibel studiert wird, wird dessen Hintergrund, zeitgeschichtlichem Kontext und spezieller Theologie verhältnismäßig wenig Aufmerksamkeit gewidmet.

Ich bin zu der Schlussfolgerung gekommen, dass wir vielleicht aufhören sollten, die Bibel zu *studieren*, und beginnen sollten, sie einfach zu *lesen* – wie eine Geschichte, der wir vom Anfang bis zum Ende folgen wollen. Wenn wir einen Roman lesen und die Handlung mögen, werden wir nicht hier und dort einen Absatz lesen und diese Teile in zufälliger Ordnung zusammenfügen. Wenn wir ein gutes Buch lesen, möchten wir der ganzen Handlung folgen und wollen unbedingt wissen, wie sie endet. In gewisser Hinsicht gilt das auch für die Bibel. Sie enthält die Geschichte von Gottes Interaktion mit uns Menschen und der Welt. Es wäre gut, diese Geschichte vom Beginn bis zum Ende zu lesen. Wir mögen hier und da einige Seiten überspringen (beispielsweise die langen Genealogien, die Opfergesetze und die Wiederholungen in den Chronikbüchern), aber wir sollten der Handlung geschichtlich folgen.[1] Dasselbe gilt für die einzelnen Teile der Bibel, die wir als die biblischen „Bücher" bezeichnen. Wir werden nur dann ihren vollen Nutzen erlangen, wenn wir sie ganz durchlesen. Einige von ihnen sind so kurz, dass man sie sogar auf einmal durchlesen kann.

Wenn wir diese Methode benutzen, werden wir herausfinden, dass einige bekannte Bibeltexte tatsächlich nicht das besagen, was wir oft gedacht haben. Wenn wir sie aus ihrem Zusammenhang reißen, können wir zu Schlussfolgerungen kommen, die sich als unberechtigt erweisen, nachdem wir gelesen haben, was vor und nach diesem Text steht. Und selbst wenn wir nicht alles verstehen, worauf wir stoßen, profitieren wir dennoch von unserem Lesen, indem wir die Gesamtbotschaft der Bibel oder einen Teil davon verstehen. Bücher über die Bibel hinzuzuziehen, wie zum Beispiel einen guten Kommentar, ist sicherlich nützlich, aber kann nicht den Platz des Bibellesens selbst einnehmen. Unglücklicherweise lesen viele Christen mehr *über* die Bibel als *in* ihr.

Die Bibel enthält viele ungewöhnliche Geschichten, aber wir sollten uns nicht zu viele Gedanken über deren Fremdartigkeit machen. Vielleicht sollten wir das sogar von Geschichten erwarten, die „frisch und vertrauensvoll von einer Generation zur nächsten gelesen werden sollen".[2] Indem wir sie lesen, „bekommen wir einen Eindruck von einer größeren Geschichte hinter den vielen kleinen Geschichten".[3] Nathan Brown fordert zweifelnde Gemeindeglieder auf, sich nicht zu sehr auf die Historizität der biblischen Geschichten zu konzentrieren – auf die immerwährende Frage, ob die in der Bibel beschriebenen Ereignisse tatsächlich genau in der Weise geschehen sind, wie sie aufgeschrieben und überliefert wurden. Er empfiehlt, dass

---

1. Ein Bibelleseplan, der die Bücher, Geschichten und Berichte der Bibel in eine chronologische Reihenfolge bringt und dabei Wiederholungen vermeidet, findet sich unter http://www.advent-verlag.de/cms/cms/upload/adventistenheute/AH-2016-01/AH-2016-01-Alternativer-Bibelleseplan.pdf.
2. Nathan Brown, *Why I Try to Believe*, S. 38.
3. Ebd., S. 41.

wir vorerst „unseren Unglauben zurückhalten" und uns mit den biblischen Geschichten beschäftigen sollten, wie wir es bei einem guten Roman oder Film tun würden. „Entscheide dich dafür, dich nicht von irgendwelchen Argumenten ablenken zu lassen, ob die Geschichte wahr ist oder überprüft werden kann, oder ob gegenwärtige wissenschaftliche Erkenntnisse solch eine Geschichte akzeptieren können. Beginne stattdessen, sie zu lesen, um die Tugenden, Schönheit, Weisheit und Wahrheit zu entdecken, die sie in sich als Geschichten bieten."[1]

NICHT DIE KARTOFFELN ZÄHLEN

Siebenten-Tags-Adventisten wurde oft gesagt, wie wichtig es ist, das Buch der Offenbarung zu studieren. Für die meisten bedeutet dies gewöhnlich, es stückweise zu lesen, Text nach Text oder Abschnitt nach Abschnitt, und einen oder mehrere der adventistischen Kommentare zu konsultieren, die geschrieben wurden, damit wir die ungewöhnlichen Symbole verstehen und den Inhalt der Prophezeiungen des Johannes auf historische Ereignisse in der Vergangenheit, Gegenwart und Zukunft anwenden können. Ich bin mehr und mehr davon überzeugt worden, dass dies nicht die fruchtbarste Herangehensweise ist – und sicherlich nicht dann, wenn man die Offenbarung zum ersten Mal liest.

Gelegentlich halte ich einige Vorträge über die Offenbarung. Heutzutage beginne ich sie, indem ich das Bild eines Gemäldes von Vincent van Gogh (1853–1890) zeige – einem berühmten niederländischen Impressionisten. Ich bitte meine Zuhörer, sich dieses Gemälde von den „Kartoffelessern" genau anzusehen. Es ist eine dunkle, düstere Szene, in der fünf Leute um einen Tisch herum sitzen und eine Öllampe von der Decke hängt. Sie essen alle aus einer Schüssel.

Nachdem mein Publikum das Bild eine Minute oder zwei sehen konnte, schalte ich den Projektor aus, und befrage es über einige Details des Gemäldes. Ich frage sie beispielsweise, wie viele Kaffeetassen und wie viele Kartoffeln sie in der Schüssel auf dem

---

1. Ebd.

Tisch gesehen haben. Ich bekomme nie die richtigen Antworten. Darauf haben sich die Leute nicht konzentriert. „Was habt ihr denn gesehen?", frage ich sie. Gewöhnlich antworten sie, dass sie Traurigkeit, Düsterheit und insbesondere Armut gesehen hätten. Das ist die zentrale Botschaft des Gemäldes – nicht über die Anzahl der Kaffeetassen oder der Kartoffeln zu informieren.

Danach fordere ich meine Zuhörer auf, das Buch der Offenbarung vom Anfang bis zum Ende zu lesen, vorzugsweise mehrere Male. Ich ermahne sie, nicht „die Kartoffeln zu zählen", sondern nach der Gesamtbotschaft zu suchen. In einem späteren Stadium sind sie an dem Thema vielleicht so sehr interessiert, dass sie auch etwas über die Einzelheiten wissen möchten. Wenn sie alle 22 Kapitel der Offenbarung gelesen haben, ohne sich darüber zu beunruhigen, was ein „Siegel", eine „Posaune", das „Tier aus dem Meer" und das „Tier aus der Erde" usw. bedeuten, und versucht haben, die gesamte Handlung und ihre Bedeutung zu erfassen, sind sie gewöhnlich darüber erstaunt, was sie gelernt haben. Sie erkennen in diesem ungewöhnlichen Teil der Bibel, dass es eine Dimension gibt, die man „übernatürlich" nennen kann – etwas jenseits unseres Lebens und hinter den Ereignissen, die auf der

Erde passieren. Es geschieht viel mehr, als man gewöhnlich erkennen kann. Die Gläubigen, die sich entschieden haben, im Kampf mit dem Bösen auf Gottes Seite zu stehen, erleben schwere Zeiten, aber irgendwie kommen sie immer durch. Gottes Feinde sind die Verlierer! Die Gerechten müssen Geduld üben, aber am Ende werden alle, die Gott treu bleiben, errettet werden. Das Buch der Offenbarung beginnt mit einer Vision, in der Christus mitten unter seinen Gemeinden wandelt und ihre Leiter in seiner Hand hält (Kap. 1,12–20). Und sie endet mit einer Beschreibung der neuen Erde in Frieden und Harmonie, in der Gott unter seinem Volk wohnt. Das ist die Botschaft, die sich uns erschließt, wenn wir das ganze Buch einfach lesen und zu uns sprechen lassen. Wenn wir das tun, werden wir entdecken, dass durch die menschlichen Worte der biblischen Verfasser Gottes Wort zu uns kommt.

Wenn wir die Bibel lesen, um unsere Seele zu ernähren – und nicht in erster Linie, um Informationen zu sammeln –, merken wir, dass viele der Schwierigkeiten, die uns zu Zweifeln an der Bibel veranlassen, weitgehend verschwinden oder weniger bedrohlich werden. Nehmen wir als Beispiel das Buch Jona. Lies die vier Kapitel; das wird nicht mehr als eine halbe Stunde dauern. Achte nicht „auf die Kartoffeln"; vergiss einfach (zumindest vorübergehend) den dreitägigen Aufenthalt Jonas im Bauch eines großen Fisches und den Busch, der so wunderbarerweise wuchs, ihm Schatten spendete, und urplötzlich wieder vertrocknete. Und mach dir keine Sorgen über einige Einzelheiten der Bekehrungsgeschichte der Bewohner Ninives, die selbst Tiere einschloss! Lies einfach die ganze Geschichte und versuche zu entdecken, was dir diese wenigen Kapitel sagen. Wenn wir das tun, sehen wir, wie Jona versuchte, Gott zu entkommen, aber ohne Erfolg. Es ist eine Geschichte über Mission und nicht über einen Fisch, der Menschen verschluckt. Wir lernen, wie Gott diesen Propheten zu einer bestimmten Aufgabe berief und ihn nicht aufgab, als dieser nicht willens war, unter Israels Erzfeinden zu predigen. Und übersieh nicht, wie Jona später in der Geschichte viel mehr über seinen Ruf als Prophet besorgt war als über die Rettung der Bewohner Ninives. Es ist eine Geschichte, die eine sehr direkte Anwendung auf unser Leben und unsere Beziehung zu Gott hat.

Ich könnte andere Beispiele von Teilen der Bibel anführen, die – gelinde gesagt – seltsam erscheinen, die aber eine klare Botschaft haben, wenn man sie ganz liest mit dem Verlangen, etwas zu finden, das unsere Seele nährt. Wenn wir lesen, müssen wir uns immer bewusst sein, dass wir an die Bibel als Ganzes oder ein biblisches Buch mit einer Reihe von Vorannahmen herangehen. Wir lesen die Bibel durch unsere eigenen Brillengläser. Ich kann sie nicht völlig objektiv lesen, wie sehr ich das auch versuchen würde. Das Zuhause, in dem ich aufwuchs, meine Ausbildung, meine Kultur und meine persönliche Geschichte „färben" die Art und Weise, in der ich sie lese. Menschen in der westlichen Welt lesen die Bibel nicht in derselben Weise wie Menschen in Entwicklungsländern. Stadtbewohner haben andere Brillengläser als die Leute vom Land. Reiche und arme Leute lesen nicht in derselben Weise. Viele Reiche haben vorzugsweise ein spezielles Interesse an Bibeltexten, die ihnen sagen, dass es in Ordnung ist, reich zu sein; Arme konzentrieren sich eher auf Texte, die Gerechtigkeit und Fairness fordern. Bibelleser in der westlichen Welt sehen in der Heiligen Schrift viele Dinge, die ihren Lebensstil zu unterstützen scheinen, während Menschen, die unter einem Unterdrückungsregime leben, von den Geschichten über Befreiung und Freiheit angesprochen werden.

Ich habe Adventisten sagen gehört: „Ich verstehe nicht, warum Christen weiterhin den Sonntag als Ruhetag ansehen, denn aus der Bibel wird doch ganz klar, dass wir den Sabbat halten sollen." Aber wir müssen uns erinnern: Das ist für *uns* klar, denn für uns stechen die Sabbattexte hervor, weil wir die Bibel durch die adventistische Brille lesen! Andere Christen tragen nicht dieselbe Brille und bemerken daher diese Sabbattexte kaum, weil sie einfach annehmen, dass der Tag, an dem Christus auferstand, den alttestamentlichen Sabbat ersetzt hat. Unglücklicherweise lesen fast alle von uns auf diese Weise die Bibel. Als Adventisten heben wir sofort die Texte hervor, die unsere Lehransichten unterstützen, und wir neigen automatisch dazu, die Bibeltexte zu ignorieren oder herunterzuspielen, die anscheinend nicht zu diesen Überzeugungen passen. Adventisten müssen sich deswegen nicht allzu schuldig fühlen, denn es ist ein allgemeines Phänomen, dass

Menschen das Gelesene durch die Brillengläser ihrer vorgefassten Meinung filtern.

Der erste Schritt beim Bibellesen sollte deshalb sein, uns die Tatsache bewusstzumachen, dass wir sie durch unsere eigenen Brillengläser lesen und andere dasselbe tun. Vor einiger Zeit empfahl mir jemand ein kleines Buch, dessen Inhalt mir sehr einleuchtete. Sein Titel lautet *Reading the Bible from the Margins;* es wurde von Miguel A. De La Torre geschrieben, einem kubanisch-amerikanischen Theologen. Er „zeigt, wie das übliche Lesen der Bibel für Leute oder Gruppen ‚am Rande' nicht immer akzeptabel ist. Die Armen und die Opfer von Diskriminierung wegen ihrer ethnischen Herkunft oder ihres Geschlechts können ganz andere Einsichten und Verständnisweisen biblischer Texte haben, die für alle Leser von großem Wert sein können."[1] Ich war getroffen von dem, was er über die unterschiedlichen Ansichten über die Gleichnisse Christi sagte, zum Beispiel über die Geschichte vom barmherzigen Samariter. Aus der westlich geprägten Perspektive ist die Lehre anscheinend: Bin ich bereit, einem Notleidenden zu helfen – unabhängig von den Umständen und wer diese Person ist? Für viele Menschen mit einem asiatischen Hintergrund ist die entscheidende Frage dagegen: Kann ich Hilfe von irgendjemandem annehmen?[2]

Während ich diese Abschnitte schrieb, ging mir auf, dass Gläubige am Rande ebenfalls die Bibel durch ihre eigenen Brillengläser lesen. Sie mögen jedoch beim Lesen von dem Geist, der die Bibel inspirierte, in einer Weise berührt werden, die den meisten ihrer Mitgläubigen entgeht.

DENKEN

Ein zentrales Element, um mit Zweifeln umzugehen, ist klares Denken. Ein wichtiges Prinzip der Interpretation der Bibel ist die Benutzung des gesunden Menschenverstandes. Wenn wir die Bibel lesen, sollten wir – nachdem wir den „Sprung in den Glauben"

---

1. Einbandrückseite von Miguel A. De La Torre, *Reading the Bible from the Margins*, Maryknoll, New York 2002.
2. Ebd., S. 26f.

gewagt haben – uns nicht vor harter intellektueller Arbeit scheuen. Aber dabei sollten wir den gesunden Menschenverstand walten lassen. Glaube ist kein Sprung in die Dunkelheit entgegen aller Vernunft und allen Beweisen. „Glaube sucht Verständnis", sagte Anselm. Os Guinness formulierte es folgendermaßen: „Ein Christ ist eine Person, die denkt, aber glaubt, während sie denkt."[1] Es ist notwendig, das Glauben nicht vom Denken zu trennen. Hat Jesus nicht gesagt, dass wir Gott nicht nur von ganzem Herzen und mit ganzer Seele, sondern auch „mit ganzem Verstand" lieben sollen (Mk 12,30 GNB)?

Fritz Guy erklärt, dass ein „dreipoliges Denken" nötig ist. Damit meint er, dass drei Aspekte in Betracht gezogen werden müssen, wenn wir zu verstehen versuchen, was die Bibel uns sagt. Die drei Aspekte, die uns leiten und in der Balance gehalten werden müssen, sind: 1. das christliche Evangelium, 2. der kulturelle Kontext und 3. das adventistische Erbe.[2] Die gute Nachricht von der Erlösung durch Jesus Christus muss stets im Zentrum unseres Denkens bleiben. Was wir in der Bibel lesen, muss stets im Lichte des Evangeliums „verdaut" werden. Nicht alles, was wir in biblischen Geschichten lesen, spiegelt die Werte des Evangeliums wider, wie zum Beispiel die Gewalt und Sklaverei, die Ungleichheit der Geschlechter und das soziale Unrecht, denen wir darin begegnen. Jene Teile der Bibel erzählen uns etwas über die geistliche Reise des Volkes Gottes in der Vergangenheit, aber sie spiegeln nicht immer den Charakter Gottes adäquat wider und stehen oft im Widerspruch zu dem Vorbild, das Christus uns gegeben hat. Daher dürfen diese Teile der Bibel nicht unsere Denkweise, unseren Glauben und unser Leben bestimmen.

Hier kommt der zweite „Pol" ins Spiel. Die Bibel wurde in einem bestimmten kulturellen Kontext geschrieben. Die Autoren waren in eine antike Kultur eingebettet. Vieles in der Bibel spie-

---

1. Os Guinness, „Pilgrim at the Spaghetti Junction: An Evangelical Perspective on Relativism and Fundamentalism", in: Peter L. Berger, Hg., *Between Relativism and Fundamentalism*, Wm. B. Eerdmans, Grand Rapids (Michigan) 2010, S. 171.
2. Fritz Guy, *Thinking Theologically*, S. 225–252.

gelt eine patriarchalische Gesellschaft mit kulturellen Normen und Gewohnheiten wider, die für uns nicht mehr normativ sein können. Wenn wir die Bibel lesen, müssen wir uns dieser kulturellen Einflüsse bewusst sein und versuchen, die wesentliche Botschaft der Bibel und ihre Prinzipien von der kulturellen Verpackung zu trennen. Dies ist für viele Adventisten nicht einfach – und ganz bestimmt nicht für jene, die eine „schlichte Lesart" der Bibel befürworten und jedes Gegenargument durch ein allzu einfaches „die Bibel sagt ..." zum Schweigen zu bringen versuchen.

Der dritte „Pol" in unserer Herangehensweise an die Bibel ist unser adventistisches Erbe. Wie ich bereits sagte, lesen wir die Bibel durch adventistische Brillengläser. Dies ist an sich nichts Negatives. Adventisten der Vergangenheit bringen ein reiches Erbe auf den Tisch mit Einsichten, die wir dankbar anerkennen sollten. Wir beginnen nie als eine *Tabula rasa*, sondern stehen immer auf den Schultern unserer Vorfahren. Ich erkenne, dass ein großer Teil meines theologischen Denkens tief beeinflusst wurde von einer Reihe adventistischer Gelehrter, die ich sehr schätze. Aber unser adventistisches Erbe ist nur einer der drei Pole und darf die anderen beiden nicht überstimmen. Während unser adventistisches Erbe nicht verleugnet oder verkleinert werden darf, müssen wir uns stets bewusst sein, dass es unser Denken beeinflusst und nicht nur etwas verdeutlichen kann, sondern manchmal auch Verzerrungen verursacht, die wir identifizieren und korrigieren müssen.

BETEN

Die Bibel zu lesen und ihren Inhalt gedanklich zu reflektieren ist notwendig, aber es ist wichtig sicherzustellen, dass dies nicht auf einer rein intellektuellen Ebene bleibt. In unserem „Sprung in den Glauben" ist die Erwartung eingeschlossen, dass Gott mit uns kommunizieren möchte. Christen sagen, dass er dies durch seinen Geist tut. Ich werde hier komplizierte theologische Fragen bezüglich der Person und des Wirkens des Heiligen Geistes abermals beiseitelassen. In Zusammenhang mit dem Thema dieses Kapitels möchte ich betonen, dass wir aus dem Lesen der Bibel und dem Nachdenken über ihren Inhalt nur dann den vollen geistlichen Nutzen ziehen werden, wenn wir Gott irgendwie erlauben, uns mitzuteilen, worauf wir uns konzentrieren sollen und wie sich das Gelesene auf unser derzeitiges Leben bezieht. Gebet ist der gewöhnliche Begriff für dieses Öffnen für den Einfluss Gottes.

Für viele Gläubige – nicht nur für jene am Rande – ist das Beten nicht einfach. Wenn wir versucht haben zu beten, mögen viele unserer Gebete leere Formeln geblieben und mehr der Gewohnheit entsprungen sein als wirklicher Überzeugung. Es ist oft nicht einfach, die richtigen Worte zu finden, um unsere tiefen Gefühle und Motive auszudrücken. Selbst die Jünger Christi fragten sich, wie sie beten sollen, und baten ihn: „Herr, lehre uns beten" (Lk 11,1). Daraufhin gab ihnen Jesus das sogenannte Vaterunser. Zusätzlich zu unserem „Sprung in den Glauben" müssen wir auch einen „Sprung des Vertrauens" wagen und erwarten, dass Gott uns hört, wenn wir ihn um Führung bitten.[1]

Wenn das Beten für dich keine gute Gewohnheit ist oder du nicht weißt, wie du beten sollst, dann kann das Nachsprechen der Worte des Vaterunsers ein guter Anfang sein. Oder wenn du einen Abschnitt der Bibel gelesen hast, dann unterbrich dein Nachdenken über die mögliche Bedeutung dieses Textes für dich und sage einfach: „Hilf mir, Gott, zu entdecken, was ich erkennen soll, und Antworten auf meine Fragen zu finden." Und dann bleib einige Momente lang einfach still; mit anderen Worten: Gib Gott die Gelegenheit, mit dir zu kommunizieren und dich auf die Dinge aufmerksam zu machen, die für dich wichtig sind oder dir einige deiner Fragen beantworten. *Sprich mit Gott* über deine Zweifel und bitte ihn um Führung bei der Suche nach Antworten.

MIT ANDEREN GLÄUBIGEN REDEN

Darüber hinaus ist es wichtig, mit anderen Christen zu reden. Es ist jedoch wichtig auszuwählen, mit wem du über deine Ungewissheiten und Zweifel sprichst. Einige Gemeindeglieder in deiner Adventgemeinde oder woanders werden nur verwirrt,

---

1. Philip Yancey, *Prayer. Does it Make any Difference?*, Zondervan, Grand Rapids (Michigan) 2006, S. 209.

wenn sie wissen, mit welchen Fragen oder Zweifeln du ringst – und das wird weder dir noch ihnen helfen. Aber wenn du dich sorgfältig umhörst, wirst du immer Leute finden, die ähnliche Erfahrungen wie du gemacht haben und die dankbar sein werden, wenn du deine Gedanken und Fragen ihnen mitteilst. In vielen Fällen wird es ihnen und dir helfen, miteinander zu reden. Es mag einen Freund geben, einen Pastor oder Gemeindeältesten, der für dich wie ein Lotse sein kann – jemand, der dich auf einige neue Gedanken bringen kann oder dich auf einen Bibelabschnitt oder auf ein Buch aufmerksam macht, die Zweiflern wie dir helfen können. Und du magst jemanden finden, der einen ähnlichen Weg gegangen ist, aber dir etwas voraus ist und in der Lage war, den richtigen Weg zu wählen, als er verschiedene Optionen hatte, und der dir daher helfen kann, dich geistlich neu zu verorten und besser mit deinen Zweifeln umzugehen.

FRAGEN ÜBER DIE LEHREN STELLEN

Früher oder später müssen Adventisten am Rande ihre Zweifel über bestimmte Lehren ihrer Kirche angehen. Zusätzlich zu dem, was ich im vorangegangenen Kapitel über die Rangfolge der Wichtigkeit der Glaubenslehren gesagt habe und wie viele davon ein wahrer Adventist glauben muss, möchte ich hier einen weiteren Punkt nochmals betonen: Wir sollten uns nicht scheuen, kritische Fragen über die Formulierung und Definition unserer traditionellen adventistischen Glaubenslehren zu stellen!

Roy Adams, ein früherer Redakteur der Gemeindezeitschrift *Adventist Review*, der versucht hat, die Diskussion über Details der traditionellen Heiligtumslehre zu eröffnen, nahm Anstoß an Gemeindegliedern, die denken, „dass die Standpunkte, die wir über jede Lehre oder theologische Angelegenheit eingenommen haben, für immer in Formaldehyd konserviert werden sollten, um niemals wieder untersucht, niemals modifiziert, niemals präzisiert zu werden".[1] Am Anfang seiner Dissertation über das

---

1. Roy Adams, „Sanctuary", in: Gary Chartier, Hg., *The Future of Adventism: Theology, Society. Experience*, Griffin & Lash, Ann Arbor (Michigan) 2015, S. 143.

adventistische Verständnis der Lehre vom himmlischen Heiligtum schrieb Adams: „Große philosophische oder theologische Angelegenheiten werden selten zur Zufriedenheit nachfolgender Generationen gelöst."[1] Ich stimme seiner Meinung völlig zu. Sie gibt mir Luft zum Atmen und die Freiheit, neu auf die Lehren meiner Kirche in einer offenen und kritischen Weise zu schauen.

GEDULD HABEN

Ich behaupte keinen Moment lang, dass die Herangehensweise an Zweifel, wie ich sie beschrieben habe, eine einfache Sache ist. Ich kenne keine schnelle Lösung. Aber einiges von dem, was ich geschrieben habe, mag dir helfen, den nötigen inneren Frieden zu finden, während du mit deinen Zweifeln ringst und nach Antworten suchst.

Ein wichtiger Bestandteil in diesem Prozess ist Zeit. Wir dürfen es nicht zu eilig haben im Umgang mit unseren Zweifeln – wir müssen Geduld haben. Oftmals sind die Zweifel über viele Jahre hinweg gewachsen, und es mag genauso lange dauern, um sie zu überwinden. Ich habe es sehr hilfreich gefunden, mich nur auf eine der Angelegenheiten zu konzentrieren, die mir seit längerer Zeit Unruhe bereiten, während ich andere Zweifel in einen Schrank mit einem starken Vorhängeschloss verschließe. Falls ich nach allerlei Lesen, Nachdenken und Beten – und oftmals nach vielen hilfreichen Diskussionen mit anderen – einige Antworten für eine bestimmte Angelegenheit gefunden habe, erlaube ich mir, ein anderes Thema aus dem Schrank zurückzuholen. Ich habe erfahren, dass dies meine Zweifel handhabbar macht. Wenn ich versuche, all meine Fragen zur selben Zeit zu beantworten, lässt mich das nur gestresst sein. Es verursacht Panik und hinterlässt bei mir den Eindruck, dass mir alles genommen werden könnte und nichts mehr sicher ist.

Os Guinness hat einige hilfreiche Anmerkungen gemacht, als er das Leben eines Christen als das eines Auto fahrenden

---

1. Ebd. zitiert, S. 154. Der Titel seiner Dissertation lautet: *The Doctrine of the Sanctuary in the Seventh-day Adventist Church: Three Approaches*, Andrews University Press, Berrien Springs (Michigan) 1981.

Pilgers auf einem „Spaghettiknoten" beschrieb – als jemand, der beständig darauf achten muss, welche Abfahrt er wählt, wenn sich so viele Möglichkeiten bieten.[1] Er warnt uns davor, dass Antworten auf unsere Zweifel zu finden nicht damit vergleichbar ist, über eine einfache Kreuzung zu fahren; deshalb vergleicht er unsere Suche mit der Fahrt durch einen „Spaghettiknoten".

Guinness legt nahe, dass es vier Phasen auf unserer Reise gibt, ein ausgewogener Christ zu werden:

1. Phase: Zeit für Fragen (dafür haben wir uns vor allem in den ersten Kapiteln dieses Buches Zeit genommen). Das bedeutet, dass wir ein Suchender werden und willig sein müssen – falls notwendig –, uns von früheren Ansichten zu trennen und für andere Sichtweisen offen zu sein.

2. Phase: Suche nach Antworten. Wir betrachten mögliche Alternativen, die die früheren Sichtweisen, über die wir uns nicht mehr sicher sind, ersetzen oder verändern können.

3. Phase: Belege finden. Wir testen unsere neuen Ansichten und versuchen zu bestimmen, wie sie in den größeren Rahmen unserer religiösen Überzeugungen passen. Für Adventisten bedeutet dies festzustellen, wie diese neuen Ansichten, mit denen wir uns wohl fühlen, in den Rahmen des Adventismus passen und wie wir „wahre" Adventisten bleiben können, obwohl wir von einigen (oder mehreren) traditionellen adventistischen Sichtweisen abweichen. Im zweiten Teil dieses Buches habe ich versucht, zur zweiten und dritten Phase beizutragen.

Aber Os Guinness sagt, dass wir die letzte Phase nicht vergessen dürfen, denn sie ist die wichtigste. Nachdem wir durch die drei ersten Phasen gegangen sind, kommt die Zeit für die (erneute) Hingabe – sicherzustellen, dass unsere neuen Einsichten eine konkrete Auswirkung auf unser tägliches Leben haben. Denn schließlich ist es das, was im Christsein wirklich zählt.

1998 veröffentlichte der adventistische Pacific Press-Verlag ein kleines Buch, das ich über die (damals) 27 Glaubens-

---

1. „Pilgrim at the Spaghetti Junction: An Evangelical Perspective on Relativism and Fundamentalism", in: Peter L. Berger, a. a. O., S. 164–179.

überzeugungen geschrieben hatte.[1] Es war ziemlich einfach und enthielt keine tiefe Theologie. Ich betrachtete kurz jede einzelne der Glaubensüberzeugungen und stellte mir dabei jeweils die Frage: *Welchen Unterschied macht es tatsächlich, wenn ich dies glaube?* Ich begann mit der Prämisse, dass „Wahrheit" etwas für mich *tun* müsse. Jesus sagte zu seinen Zuhörern, dass „die Wahrheit" sie „frei machen" würde (Joh 8,32). Die Wahrheit ist keine Theorie, kein philosophisches oder theologisches System, sondern ein „Werkzeug", das Menschen verändern soll. Indem ich also alle 27 Glaubensüberzeugungen durchging, fragte ich mich: *Wie macht mich diese Lehre zu einem besseren, ausgewogeneren, angenehmeren und geistlicheren Menschen?* Wenn sie sich bei mir nicht auswirkt, hat sie keinen wirklichen Wert.

Zu meiner Überraschung hat nichts, das ich davor oder danach geschrieben habe, so viele positive Reaktionen hervorgerufen. Dieses kleine Buch ist anscheinend bei vielen Lesern auf Anklang gestoßen. Wie ich wollten auch sie an etwas glauben, das tatsächlich Auswirkungen auf unser Leben hat und relevant ist oder – um einen traditionellen adventistischen Begriff zu gebrauchen – „gegenwärtige Wahrheit".

MEINE GEISTLICHE REISE

Ich brauche keine prophetische Gabe, um zu sagen, dass ich dem Ende meines Lebens viel näher bin als seinem Beginn. Wenn Menschen in den Ruhestand gehen, beginnen sie die Neigung zu spüren, auf das zurückzublicken, was in der Vergangenheit liegt. Am Beginn meines Dienstes hätte man mich wahrscheinlich als Fundamentalisten bezeichnet. Aber mein ganzes Leben hindurch habe ich immer Fragen gestellt; und auf viele von ihnen habe ich Antworten gefunden. Ich habe meine Ansichten in vielen Dingen verändert und allmählich eine theologische Verschiebung erfahren. Einige würden mich jetzt einen „liberalen" Adventisten nennen, während andere mich als „progressiv" bezeichnet haben

---

[1]. Reinder Bruinsma, *It's Time to Stop Rehearsing What We Believe and Start Looking at What Difference It Makes*, Pacific Press, Nampa (Idaho) 1998.

(ich mag dieses Etikett lieber!). Ich mag jedoch nicht in eine bestimmte Schublade gesteckt werden. Vielleicht kann ich meine geistliche Reise am besten zusammenfassen, indem ich sage, dass ich immer versucht habe, ein unabhängiger Denker zu sein, aber zugleich beständig bemüht war, meinem Herrn, meiner Kirche und mir selbst gegenüber treu zu sein.

Wenn ich eine Zusammenfassung geben sollte, wo ich gegenwärtig in meiner Reise als Christ und Adventist stehe, und gebeten werden würde, den wesentlichen Inhalt meines Glaubens darzulegen, würde mein persönliches Statement der Glaubensüberzeugungen etwa folgendermaßen lauten.

WAS ICH GLAUBE
- Gott ist drei in einem: Vater, Sohn und Heiliger Geist.
- Gott ist der Schöpfer von allem, und daher bin ich sein Geschöpf mit all den Vorrechten und Verantwortlichkeiten, die dies impliziert.
- Jesus Christus kam auf unsere Erde und hat das Sündenproblem durch seinen Opfertod und seine Auferstehung grundlegend gelöst – für die ganze Welt und für mich.
- Der Heilige Geist leitet mein Gewissen und hat mich mit gewissen Gaben ausgerüstet, sodass ich Gott besser dienen kann.
- Die Bibel ist ein inspiriertes Buch, das die Geschichte von Gottes Handeln mit der Menschheit berichtet und mir grundlegende Leitprinzipien vermittelt, sodass ich versuchen kann, so zu leben, wie Gott es beabsichtigt hat.
- Als ein Mensch bin ich dem Tod unterworfen, aber wenn ich sterbe, ist meine Identität irgendwie bei Gott sicher, und er wird mir einen Neuanfang zu einer ewigen Existenz schenken.
- Unsere gegenwärtige Welt ist vom Bösen in dämonischen Ausmaßen infiziert, sodass eine Lösung von außerhalb notwendig ist; Christus wird diesen Prozess vollenden, wenn er zu dieser Erde zurückkehrt und schließlich „einen neuen Himmel und eine neue Erde" schafft.
- Als ein Nachfolger Christi kann ich nur authentisch leben, wenn ich bewusst versuche, mein Leben nach den Prinzipien zu gestalten, die er gelehrt und mir vorgelebt hat.

- An jedem wöchentlichen Sabbat habe ich die einzigartige Gelegenheit, die körperliche und geistliche Ruhe zu erfahren, die Christus schenkt.
- Ich bin verantwortlich für den Gebrauch der Ressourcen dieser Erde und wie ich meine Zeit, meine materiellen Mittel und meine Fähigkeiten gebrauche und wie ich meinen Körper behandle.
- Gemeinsam mit allen wahren Christen bin ich ein Glied der Kirche Gottes.
- Durch meine Taufe bin ich Glied der Kirche Christi und werde durch die Feier des Abendmahls regelmäßig an Christi Leiden und Tod erinnert.
- Ich kann geistliches Wachstum zusammen mit den Gläubigen in der Gemeinschaft erfahren, zu der ich mich zugehörig fühle.
- Die Glaubensgemeinschaft, zu der ich gehöre, spielt eine wichtige Rolle in der weltweiten Verkündigung des Evangeliums und hat die Aufgabe, dabei einige wichtige Akzente zu setzen.

Natürlich kann solch eine Liste von Glaubensüberzeugungen niemals endgültig sein. Und es sollte beachtet werden, dass das Aufgeführte *für mich* grundlegend ist. Andere müssen darüber nachdenken, was *für sie* grundlegend ist, und werden sicher andere Formulierungen benutzen, bestimmte Punkte hinzufügen oder bestimmte Elemente auslassen.

Das ist der Knackpunkt der Sache: Es ist gut, von Zeit zu Zeit zu reflektieren, was wirklich in unserem Glauben grundlegend ist. Das hilft uns, zwischen vorrangigen und sekundären Dingen zu unterscheiden und sekundäre Dinge nicht so zu behandeln, als ob sie das Wichtigste wären.

Indem ich den letzten Abschnitt dieses Buches erreicht habe, kann ich dir als Leser/in sagen, dass das Schreiben meiner eigenen Seele gut getan hat. Ich hoffe ernsthaft, dass dieses Buch vielen von denen, die mit Zweifeln ringen oder als Gemeindeglieder am Rande stehen, eine Handhabe bietet, mit ihren Fragen und Zweifeln umzugehen; dass es die Erfahrung eines lebendigen Glaubens neu entfacht und ihnen hilft, sich vom Rand der

Adventgemeinde wegzubewegen und den Segen der größeren Beteiligung in unserer Glaubensgemeinschaft zu erfahren.

Ich weiß, dass die adventistische Kirche weit davon entfernt ist, vollkommen zu sein. *Aber Gott hält sie aus – und das sollten auch wir tun.*

CPSIA information can be obtained
at www.ICGtesting.com
Printed in the USA
LVOW10s2350131117
556116LV00029B/804/P